著名本土家庭教育科普作家徐亚灵的第三本家庭教育力作

常态下培养
最好的孩子

徐亚灵 著

CHANGTAIXIA
PEIYANGZUIHAO
DEHAIZI

ZHEJIANG UNIVERSITY PRESS
浙江大学出版社

天道至简
大师精诚

用亚灵智慧和实践
经验，将心灵医学与教育学
成功融为一体的功德之作

汤一新 拟题 [印章]

甲午孟春于乐山

汤一新为徐亚灵老师大作题字

轻松造就孩子的成功
成就众多父母一生的成功

汤一新欣贺

甲午玉春于乐山市中医医院

汤一新为徐亚灵老师大作题字

　　汤一新，四川省乐山市中医医院主任中医师，乐山市科协副主席，乐山市中医药学会会长。二级教授，国务院特殊津贴享受者，四川省有突出贡献的优秀专家。全国五一劳动奖章获得者，2008年北京奥运会火炬手。全国名老中医药专家，全国老中医药专家学术经验继承工作指导老师，四川省学术技术带头人，成都中医药大学中医师承博士学位导师，四川省专家评议（审）委员会专家评委，四川省非物质文化遗产"嘉州中医滋脾疗法"代表性传承人。中共四川省八届人大代表、四川省十届政协委员。

每一个家庭教育的方法都是独特的。
贵在自然，重在实行。
徐老师：祝贺你新书出版。

李小融

李小融教授题词

李小融，男，教授，成都师范学院教育系系主任，享受国务院政府特殊津贴，四川省学术与技术带头人，四川省教学名师，成都市人民政府参事。四川省心理学会理事长，中国心理学会理事，四川省中小学心理健康教育专业委员会名誉主任，四川省高等学校教师高级职务评审委员会委员、教育心理学科组组长，四川省高教自考专家委员会委员、教育专家组组长，四川省高等师范院校教育类教材编委会主任，成都市教育专家评审委员会委员。西南科技大学、四川文理学院客座教授，英国伦敦大学访问学者，美国休斯敦大学高级访问学者。

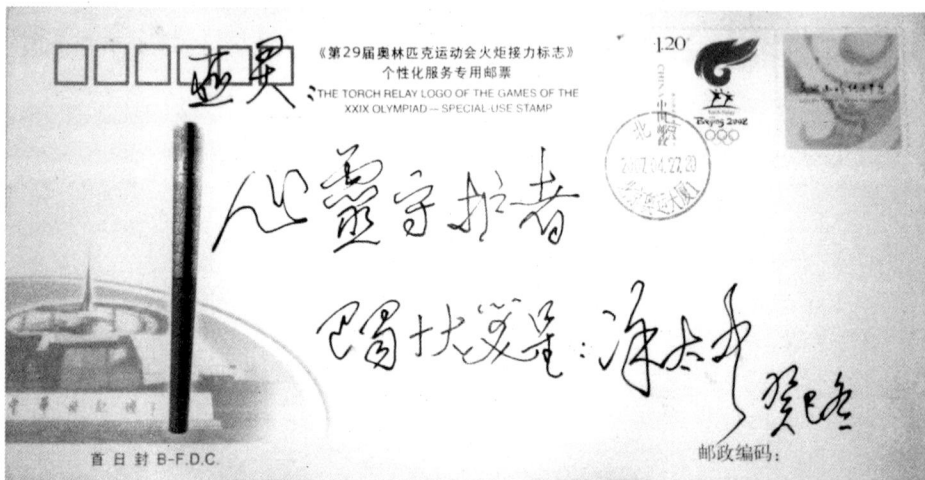

巴蜀十大笑星涂太中题词

涂太中，国家一级演员，四川省曲艺家协会副主席，四川省曲艺团著名谐剧、方言诗朗诵表演艺术家，中国曲艺家协会会员，四川省文联委员，四川省戏剧家协会、四川省电视艺术家协会会员，四川师范大学文学院艺术顾问，获"巴蜀十大笑星"和"四川省十佳演员"、"四川省德艺双馨文艺家"称号，获"牡丹奖"和四川省文艺最高奖"巴蜀文艺十佳奖"。

序 一

马年伊始,我接到四川乐山本土家庭教育作家徐亚灵先生的电话,说他的《常态下培养最好的孩子》书稿已经签订了出版合同,请我为该书写序。说来惭愧,尽管从事家庭教育研究已经多年,且本人也出版了一些专著,但给人写序,这还是头一遭。我与徐亚灵先生的相识相交,将近8年了。自从我2007年回到乐山工作,就经常与徐亚灵先生一起座谈,我们在交谈的过程中,发现彼此对当今家庭教育存在的问题的看法是如此一致,而且我们的成长经历以及对待当前中小学教育的看法也是惊人地相似,自然也就成了君子之交淡如水的好朋友。

徐亚灵先生生在乐山,长在乐山,小时候家境的贫困与对知识的强烈渴求让他最终考上乐山师范学校。从那时起,他对心理学和教育学产生了浓厚的兴趣,并在后来的工作中,一直从事中小学生德育工作和心理健康教育与咨询工作。在实际的教育教学及心理咨询工作过程中,徐亚灵先生逐步形成了富有个人特色的系统、完整、全新科学的家庭教育思想体系。难能可贵的是,作为一个本土家庭教育专家,徐亚灵先生怀着对家乡教育的无限热爱以及对孩子高度的责任感,在他30多年的实际教育教学工作中,敢于冲破陈旧观念的束缚而大胆创新,并不断总结所积累的经验,然后利用课余时间整理并撰写出富有地方特色的家庭教育论文与著作,为乐山当地的家庭教育做出了很大的贡献,其敬业精神也足以让我这个晚辈汗颜。目前,徐亚灵先生已先后出版了《让孩子成为最好的自己——成功家庭教育的五大要素》《家有小网迷,父母怎么办?——孩子网瘾的预防和戒除(父母必备全书)》两部家庭教育专著。

《常态下培养最好的孩子》是徐亚灵先生花费三年多时间,通过大量的教学和教育实践,从教育学和心理学的角度撰写出的第三本家庭教育著作。该书内容丰富,涉及了家庭教育的多方面内容。作者先从概念界定入手,详细论述了"常态"的本质含义,接着又分别从学校、教师、社会、媒体网络、朋辈友伴、择校风盛行等角度进行详细剖析，告诉家长在这些因素的影响下怎样才算是真正的"常态"式的家庭教育。当然，对于绝大多数不具备专业育儿知识的父母，要在当今复杂多变的环境下保持"常态"的心理教育孩子也不是易事，除了需要保持清醒的头脑外，父母还应善于学习，以增强自己辨别社会上出现的各种"非常态"教育模式以避免盲目跟风的敏感能力。那么，父母到底应该学习哪些知识？或者说，父母在教育孩子时应该注意哪些"非常态"因素的影响呢？本书的作者徐亚灵先生也在其书的第五章至第十二章论述得非常详细而具体。作者不仅分析了目前管教孩子的"非常态"和"常态"父母类型，而且告诉父母如何在孩子面前树立威信、如何引导孩子健康成长、如何为孩子营造良好的家庭氛围、如何培养孩子良好的道德品质与各种综合素质等。作者在最后一章即第十二章阐述家长应该让孩子的学习回归自然，回归"常态"，并深入阐述家长如何拥有"常态"的心理辅导及对待孩子的学习成绩等问题。徐亚灵先生认为，家长首要的任务是保持"常态"的心理，培养孩子如何做人做事，然后才是学习。

本人反复阅读徐亚灵先生的《常态下培养最好的孩子》书稿，其中很多观点我都很赞同，而且每次的感受都不一样。我也是一位家长，相信同样是家长的你，阅读本书后也定会有不小的收获。

曹惠容

2014 年 2 月 16 日于三亚

曹惠容，女，四川乐山人，现任琼州学院教育科学学院教授。浙江大学教育学博士，西南大学比较课程与教学论博士后。长期从事比较教育学和家庭教育学教学研究。曾担任乐山师范学院青年教师发展协会学术总监、四川省家庭教育协会成员、乐山师范学院家庭教育研究中心主任、乐山市关心青年一代委员会成员。

序 二

家庭是孩子的第一所学校，父母是孩子的第一任老师。

"天下没有不是的父母"，这是流传很广的传统老话，意思是说，父母都是为了孩子好。但是这不等于父母所作所为都是正确的、恰当的。必须知道，不懂得孩子，就培养不好孩子。

当今，还流行一句话，中国的父母"不为乃大为"。这是针对目前一个普遍现象来说的——对孩子管得太多，包办太多，管不得法，反而约束了孩子发展。

的确，爱孩子是天下父母的本能，如何去爱，却是一门大学问。许多人以为凭着满腔爱心和热情，就可以当好父母，管好孩子。其实不然。孩子成长有规律，管就得遵循这个规律。这就是学问。

每一个孩子身上都潜藏着巨大的发展潜能，关键在于我们会不会打开它、引导它、发展它。每个孩子内心都有一扇门，只要找到进入孩子内心的那把钥匙和通道，奇迹就会发生。这就是学问。所以，做父母也要学习，要做明白的父母，做开明的父母，做负责任的父母。

做明白的父母，就要明白孩子，了解孩子的需要，了解孩子的内心世界。

做开明的父母，就要给孩子自由发展的空间，让孩子有做自己喜欢做的事的时间和空间。要因势利导，顺其自然，而不能强迫，不能把自己的主观愿望强加给孩子。

做负责任的父母，对孩子的未来和终身负责，为孩子的终身发展奠定基础，而不是只对孩子的今天负责。不让扫地、不让洗碗，强迫学习，不让实践，孩子的生活全包办，使孩子缺少生存能力，实际上是将孩子"置之蜜罐而后苦"。这些做法会导致孩子的悲剧命运。有些"好心"家长，正在用自己的奋斗去摧毁自己的目标。要知道，"先苦后甜甜透心，先甜后苦苦断命"。爱心既能造就孩子的未来，也能葬送孩子的未来。

我们爱的是孩子，而不是孩子的分数。知识是多方面的，书本知识只是基础，实践知识更为重要，因为书本知识传递的是惜时信息，实践知识才是鲜活的，才能真正解决问题。实践知识浩如烟海，书本知识犹如沧海一粟。父母要为孩子创造在实践中学习成长的环境与条件。

在孩子成长过程中，既要强调"生"，让孩子学会生存生活。又要强调"乐"，让孩子快乐生活，快乐成长。

学生，学生，学的根本在"生"。要让孩子学会生存、学会做人，而不只是学会读书和考试。不能生存，就没有发展可言。学会生存就是让孩子学会生活，热爱生活，珍惜生命。只有懂得生活，学会生活，一生一世才能够活得充实、快乐、幸福。这才是家长们真正的愿望。

生之真谛在"乐"。要让孩子活得快乐，活出质量，活出价值，首先要让孩子拥有快乐的童年。一个人只有一个童年。让孩子在快乐中成长，才是真爱。

尺有所短，寸有所长！每一位孩子都是独特的，无以比较、无人替代的。

大树挺拔参天，鲜花艳丽芬芳，小草葱茏蓬勃，人人都能活出自己的精彩。

愿天下家长都能够真正了解自己的孩子，成为孩子的好朋友，对孩子多一些关爱、沟通、理解，对孩子多一些肯定、赞扬、鼓舞，让孩子们在规律中成长，在自然中成长，在快乐中成长。

《常态下培养最好的孩子》是徐亚灵老师几十年扎根于基层学校教育的研究成果，他立足基层学校，潜心研究青少年的成长和家庭教育，熟知未成年孩子的成长现状和家庭教育状况。徐老师针对家庭教育中存在刻意、拔高、偏执、拔苗助长等不科学的教育方式，提出了"常态下培养最好的孩子"的家庭教育思想，并围绕这一思想撰写了此书。本书介绍的不少全新的家庭教育观念和科学的家庭教育方法，也与以上我对家庭教育的认识非常吻合，相信本书对读者会有很好的启发和借鉴价值。

感谢徐亚灵老师为父母做了一件大好事。

赵家骥

2014 年 4 月 1 日

赵家骥，东北师范大学、西南大学、四川师范大学教授。中国著名教育家、国家教育部基教司特聘专家、四川省政府督学、四川省教育学会副会长、四川省陶行知研究会副会长、乐山市关工委副主任、原乐山市教育局局长、教委主任、四川省人才研究会创新人才分会会长、四川省创造教育专委会副主任。出版有专著《三环论》、《农村教育的困境与出路》、《构建农村大教育》、《创造教育论纲》和《教育管理新论》等 21 部。

自 序

在学校负责和从事心理健康教育 20 年，从事学生心理辅导咨询以及家长的家庭教育咨询 20 多年，不断刺激和强化着我的神经和心灵的，就是不断从学生口里发出的对父母错误教育方式的埋怨和近乎控诉的述说，以及从父母口里说出的对孩子不听话的抱怨和对孩子教育的无奈的哀叹。不少被辅导的学生和父母都在我面前伤心流泪。作为一个高级心理咨询师、心理辅导咨询和家庭教育专家，每当面对学生委屈的泪水和父母的哀叹，我都会从内心深处产生深深的理解和痛心感。

从多年对学生和家长的辅导中我切身体会到，父母对孩子的不理性态度以及错误、偏态的家庭教育方式广泛存在，对孩子的健康成长带来了不良影响，也让孩子产生了严重的心理和行为问题乃至人格障碍。因为父母对孩子偏执的教育方式，孩子走向极端、自杀或杀害父母的案件已经屡见不鲜。父母在给孩子造成痛苦的同时，也给自己带来了心理困扰和无助感，导致亲子关系的严重冲突和家庭生活的严重矛盾。每辅导一个孩子，我都会为孩子们因父母不懂家庭教育而采用错误教养方式给他们的成长带来痛苦和委屈而感到心疼；每辅导一个父母，我都要为他们人为导致的孩子的成长问题而感到痛心，也为父母不知道怎样教育孩子又从来不学习请教而感到惋惜。同时，看到孩子们通过我的辅导解除了心结，父母在我的辅导下能够认识到自己对孩子施行的教养方式确实是错误的，愿意改变自己，我也由衷地感到欣慰。

"问题孩子"的背后都有"问题父母"。孩子成长出现了问题，一定是父母的教子观念、对孩子的态度和教育方式出了问题。我国绝大多数父母是在从来没有接受过做父母的教育培训，不知道怎么做父母、怎么科学教育孩子的情况下，就糊里糊涂地做了父母，这是导致父母实施错误的教养方式的根源。父母大多是从自己父母的教养方式以及传统的教子观念中，学到了一些陈旧的教子方法来教育孩子。这些教育方式和方法往往违背了孩子的天性和心理特点以及成长的自然规律，跟不上时代的变化和发展。

长期对众多的孩子和父母进行辅导，也使我越来越坚信这样一个事实，就是孩子怎样成长、成长为什么样的人，其家庭教育和家庭环境起着决定性的作用。这种作用是学校教育和社会教育所不能替代的。父母对孩子所采取的违背孩子天性和自然成长法则的不理性、错误乃至偏态的教养方式，不仅给孩子的成长带来不良影响，让孩子产生不少心理和行为问题，也可能给孩子未来的生活带来灾难性的影响。父母会陷入自己人为导致的教育孩子的困境。对孩子的不良养育方式，不仅会毁了孩子，也会让父母一生不得安宁！

在对学生心理行为问题和对父母教育孩子的偏态行为的观察研究中，一种新的家庭教育理念和思想在我头脑中逐渐清晰起来——孩子的成长必须遵循自然法则，父母对孩子的教养应持一种平和、理性的态度，应顺应孩子的天性和成长规律的法则，不要刻意让孩子成为什么样的人。遵循孩子的生理、心理发展和成长规律，对孩子实施理性、科学的教养方式，孩子才能健康成长，成为一个正常的社会人，才有可能得到最好的发展、成为最好的自己。"对孩子实施常态的家庭教育"的思想就此产生。

法国著名启蒙思想家、哲学家、教育家、文学家卢梭说：对于教育，"其目的，是让人成为天性所造就的人"。 美国著名社会心理学家，第三代心理学的开创者、著名的"人的需要层次理论"的创立者马斯洛则认为，教育是"帮助人达到他能够达到的最佳状态"。常态的家庭教育就是顺应孩子的天性，严格遵循孩子成长自然法则的家庭教育；就是每个家庭在自身家庭经济所能承受的条件下，尽可能让孩子接受更好的学校教育，而超过自己家庭经济情况、硬要出高价让孩子接受所谓的良好教育，最终不仅会让家庭陷入经济困境，孩子也不能得到健康成长。常态的家庭教育绝不是父母节衣缩食、欠债出高价也要让孩子去名校和贵族学校接受所谓最好的教育；也不是不顾孩子现有的遗传、知识基础等条件，强制孩子一定要考上什么重点学校；更不是父母强制孩子走自己为孩子设计的人生道路的教育。

我学习研究心理学40多年，在实际负责和从事学校心理健康教育和学生及家长的心理中，逐步形成了一个系统、完整、全新科学的家庭教育思想体系，这个家庭教育思想体系于2003年开始系统整理，并在2007年由深圳海天出版社出版的《让孩子成为最好的自己——成功家庭教育的五大要素》一书中得以体现。在《让孩子成为最好的自己——成功家庭教育的五大要素》中，我系统阐述了决定父母家庭教育成功的五个要素："树立正确的家庭教育观念"、"确立理性的家庭教育态度"、"营造良好的家庭教育环境"、"实施科学的家庭教育方法"和"培养孩子终生受用的品质"。该书出版四年后，我又针对近些年来中小学生沉迷玩网络游戏、染上网瘾的现象，完成了《家有小网迷，父母怎么办？——孩子网瘾的预防和戒除（父母必备全书）》一书，并在2011年由经济管理出版社出版。在该书中，我通过父母如何正确实施对孩子上网的教育引导和科学管理，进一步阐述了我的家庭教育思想和科学方法。自第一本书出版以来，我对家庭教育的研究更加深入，对学生及父母的辅导活动更加频繁，辅导效果也不断提升，成功家庭教育的五大要素这一体系也得到了进一步拓展、深化和完善，终于形成了"常态下培养最好的孩子"这一全新的家庭教育思想，从而产生了撰写本书的选题构想。经过两年的辛勤写作，终于完成了本书的撰写。

本书不仅完全体现了"成功家庭教育的五大要素"的思想和方法，而且进行了全新的拓展和深化。本书的篇目都是针对我所了解到的父母最关心、最棘手、最困扰、最需要找到解决方案的问题确定下来的。所以，本书非常贴近父母家庭教育的实际需求，对父母教育孩子很具针对性，具有很好的启发、指导和借鉴作用。

还要强调的是，我用自己的家庭教育思想、理念和方法对父母进行辅导，都收到了良好的效果，几乎让每个前来咨询的父母都认识到了自己教子观念和方式上的错误，并且产生了改变的意愿，有了改变的行动，让这些正为教育孩子陷入无助、无奈和焦虑状态中的父母走出了困境，走上了科学有效地教育孩子的轨道，让孩子的成长得到了转机，让紧张的亲子关系得到了缓解，实现了家庭的和谐。

某晚与国家级老中医、国务院津贴享受者、成都中医药大学博士生导师、教授汤一新先生交流谈到中国的教育时，汤一新先生抨击中国教育诟病的一句话切中要害，恰好可以作为"常态下培养最好的孩子"家庭教育理论的一个有力佐证。汤一新先生说："我们没有时间管孩子，所以我们的孩子成了人才。"这句话虽然简短，但是其含义是多么深刻、对我国教育诟病的抨击是多么精辟呀！

汤一新先生夫妇都是中医学界的名人。作为国家级著名老中医，汤一新先生遇到的病人颇多，晚上和节假日也在不停地进行中医学术研究，并且笔耕不辍，其中医药学术成果不断问世，的确没有许多时间来管教女儿。但是她的女儿汤杏林的成长却非常出色：先后获得了哲学博士和法学博士学历，尤其突出的是，汤杏林在读本科期间就有著作问世，年仅30岁就出版了关于藏医药文化研究成果的专著，填补了藏医药文化研究的空白，获得了藏医药文化权威人士的高度评价。

　　无数事实证明，任何违背人的成长自然规律的教育都是摧残人性的行为，而顺应孩子天性、遵循孩子成长规律、让孩子自由成长的教育，才能让孩子健康成长，成为最好的自己。只有在常态的教育环境下成长的孩子才可能成为出色的人才，刻意扭曲偏态的教育和不良的环境，只能培养出偏态扭曲的问题孩子。我敢肯定地说，如果父母按照本书所介绍的家庭教育理念、思想和方法去教育孩子，会避免走不少弯路，避免不少因自己的问题教育行为而造成孩子的心理和行为问题，也会避免不少花在教育孩子上无效甚至适得其反的时间和精力，同时避免不少教育孩子的困扰和烦恼，让教育孩子变得轻松且有效。这也是我为父母撰写本书的目的所在。

目 录

开头的话

第三篇　走出误区，回归科学家教常态，做智慧父母

第四篇　抛弃功利，回归孩子素质培养常态，做远见父母

第五篇　矫正偏态，回归孩子自然学习常态，做导师父母

常态下

培养最好的孩子

开头的话

第一章　常态的家庭教育才能培养出最好的孩子

大自然是人的造物主，人类必须遵循大自然的规律行事，才不致因恣意毁坏大自然而被惩罚。人是自然之子，人不仅有其自身成长的自然法则，而且还必须遵循社会法则。父母对孩子的教育遵循孩子成长的自然法则和社会法则进行，孩子才能健康成长，成为一个能适应社会的人。违背孩子的成长法则，想当然地对孩子进行教育，必然会给孩子的成长带来阻碍和伤害，导致孩子成长的诸多问题，父母也将因此自食其果。

现代人类违背自然法则，对大自然掠夺式地肆意开发，生态系统遭到严重破坏后，人类正承受着一次又一次难以修复的自然灾害的报复。同样，父母想当然地按照自己的意愿，违背孩子的成长法则对孩子实施教育，也会给孩子的成长带来不少问题。不仅让孩子产生了许多偏态行为和心理问题，导致孩子形成偏态人格，也会给孩子一生的生存发展和生活带来严重后患。孩子的问题也会回馈给父母，不仅让父母在教育孩子时面临不少问题和困扰，孩子长大后还会酿出很多祸事，让父母承受相应的麻烦和恶果。

孩子成长的自然法则，就是孩子的身体发育和生理功能不断成熟完善的特点。孩子成长的社会法则，就是在家庭、学校、社会和媒体等外界环境影响下，孩子的心理发展、人格和素质能力形成以及社会化过程等社会心理发展规律。父母对孩子的教养，必须遵循孩子成长的自然法则和社会法则，才能避免孩子的生理和心理在成长发展中出现问题，才能让孩子健康成长，成为最好的自己。

遵循孩子成长的自然法则和社会法则养育孩子，就是常态的家庭教育，让孩子健康成长；违背孩子成长的自然法则和社会法则养育孩子，就是有问题的家庭教育甚至是偏态的家庭教育，孩子的成长就会出现不少问题，甚至形成严重的问题行为、心理障碍和人格偏差。

中华家庭教育研究院院长顾晓鸣说："每个孩子的成长，都有自己的天赋，他完全按照自己的天赋成长就应该是很优秀的，这是人成长的一个共性。"

著名青少年教育专家孙云晓说"冰心先生曾对我说过一句话，她说，要让孩子像野花一样自由地成长。"冰心先生这里所说的"让孩子像野花一样自由地成长"，就是要求父母遵循孩子成长的自然法则，让孩子在常态下成长。

被称为中国式管理学之父、在当今中国极具影响力的培训大师曾仕强教授主张，父母必须顺其自然，让子女自由自在地成长。要他们长得跟书本上所说的一模一样，那是不可能的，也是不必要的。

这里说的顺其自然并不是放任自流。我们通常所说的孩子成长要顺其自然，并不是指不对孩子实施管教而听任其随意发展，而是指遵循孩子成长的法则，顺应孩子的天性，实施对孩子的教育，孩子能发展到什么程度就是什么程度，不要刻意让孩子成为什么样的人。父母要尽可能为孩子创造最好的成长环境，而对孩子的成长结果，父母则要抱着顺其自然的态度，平和地接受。

"常态下培养最好的孩子"，是作者在几十年观察和研究中，目睹了不少父母教育孩子的酸甜苦辣、心力交瘁，亲历了把儿子培养成为一个留美全额奖学金博士，在早年沉淀的家庭教育思想和理念的基础上，提炼出的一种科学适用的家庭教育思想和理念。这种家庭教育思想和理念既能让父母教育孩子变得科学有效、自然轻松，还能节省时间、精力和金钱成本，最重要的是能让孩子成为他能够成为的最好的那个人（最好的自己）。

"常态下培养最好的孩子"中的"常态"，指的是这样一种家庭教育状态：一是在家庭条件容许的条件下给孩子尽可能好的成长环境，让孩子接受尽可能好的教育；二是要遵循孩子的成长法则，不要刻意而为、拔苗助长；三是教育孩子的方式方法要适合孩子的天性，培养孩子的目标要切合孩子的天赋潜质。

常态的家庭教育是平民教育而不是贵族教育。所谓平民教育就是培养正常社会公民的教育，而不是培养高高在上的官宦贵族的所谓上层人的教育。

常态的家庭教育就是既重视书本知识又重视实践能力培养的教育，而不是唯书本知识、唯分数和唯学业的应试教育。

常态的家庭教育是既重视学业成就又重视孩子身心健康和全面素质培养的教育，是在保证身心健康和全面发展的前提条件下，让孩子取得好的学习成绩和学业成就的教育。

常态的家庭教育是平和的、自然的，让孩子和谐发展、全面发展、可持续发展的教育。

常态的家庭教育和孩子成长的自然法则，呼唤父母回归到理性的好父母角色的本真上来，呼唤家庭教育回归到遵循科学的本真上来。

常态的家庭教育要求家长从错误的教子观念回归到客观理性的教子观念，从独断专制的家长角色回归到民主慈爱的父母角色，从只重视孩子的学习成绩和学业成就回归到孩子的做人、能力培养、促进孩子身心和道德素质的全面发展，从错误的家庭教育态度和方式回归到对孩子成长和教育的理性态度和科学方式。

净空法师说："我没有别的，我完全遵守大自然的规律，绝对不违反大自然的规律，大自然的规律就是至善至美的道德。"父母实施常态的家庭教育，遵循孩子成长的自然法则实施对孩子的教育，就是至善至美的、道德的。

宜昌市理科状元胡悠维的父亲胡光训教育女儿的指导思想是：顺着天性，让她自由发展。

胡悠维在市一中阳光班读书，她出身于长阳磨市镇一个平凡的农民家庭，父亲在当地一所中学任职，母亲在家务农，全家仅靠父亲不多的收入维持生活。就是在这样一个艰苦的环境中，胡悠维慢慢成长起来了。谈到培养孩子，胡光训坦言，他从来不会刻意培养孩子年龄段之外的能力。他只是和大多数家长的想法一样，让孩子顺其自然地成长，同时尊重孩子的意愿，比如到了初中，孩子有了独立的想法，想去学校寄宿，他同意了。古人常说，"治大国如烹小鲜"，在胡悠维开始懂事时，胡光训只跟她讲一些浅显的为人处世的道理，要团结同学、尊敬老师、不闹矛盾，告诉女儿无论遇到多大的困难都不要慌张，要镇定处之。另外，胡光训顺着女儿的天性，让她自由发展，不干涉孩子的兴趣和爱好，比如孩子喜欢看《福尔摩斯探案集》等推理小说，他向来都是很支持的。

对于胡悠维将来的成长，胡光训说："我从来不对她有过高的要求，这不是放任自流，而是一份单纯的父母对子女的关爱，只希望她能保持一个良好的心态，努力学习和工作，健康地成长，快乐地生活。"

北京大学高考状元宋筱嵌兴趣广泛，特长爱好有书法、游泳、羽毛球、旅游等，不仅学习成绩优秀，而且学得很轻松，其父母教育管教女儿的方式也比较宽松，让女儿在常态下自然成长。筱嵌的母亲说："天下的父母都希望自己的孩子优秀，我们也不例外。但是我们没有产生过任何脱离实际的过高期望，也不会刻意要求筱嵌将来必须成为什么样的人。我们尊重她，希望她按照自己的想法去发展。记得高考前，我们一再对她说，不要有任何压力，凡事只要努力就行。"

北京大学高考状元纪权凌的父亲纪本国也如是说："我从来没给权凌任何压力，她无论做任何事情，只要她努力去做，我就很满足了，从不考虑结果怎样。"

纪父这里指的"没有任何压力"，应理解为没有任何父母人为给予孩子的压力。孩子的学习没有压力是不行的。没有压力就没有动力，做任何事情都是这样。但是压力过大却往往会导致孩子视学习为畏途而适得其反。非常值得父母们汲取的是，纪父对孩子的学习做事"从不考虑结果怎样"的态度。这就是对孩子的成长结果抱平常心、顺其自然的态度。

北京大学高考状元曹志玲的父亲说："志玲的童年是自由的童年。她小时候我们没有逼她学很多东西，也没有像现在不少孩子那样按照父母做好的完美的英才计划去栽培，没有上过这样那样的学习班。可以说，她拥有一个天真烂漫、'纯天然无污染'的童年。"

为了佐证本书"常态下培养最好的孩子"的教子思想，我认真查阅了近几年来网上关于全国一百多名高考状元成长的报道，还没有发现一个高考状元是在父母刻意逼迫和强制教育下成为状元的。从以上例子中我们可以发现，这些高考状元父母教养孩子的理念和方式有着惊人的一致性，他们采用的都是顺应孩子天性、尊重孩子意愿、让孩子按照自己喜欢的方式自由发展的教育模式。在这些高考状元身上，都具有懂得如何做人、思想成熟、学习得法、不加班加点补课，不搞题海战术、业余生活丰富多彩等特点。这些高考状元都是在很普通、自然的常态下学习和成长的。父母对孩子没有刻意设计，没有过高期望，教育方式都是遵循孩子的天性，支持孩子的兴趣爱好，重视孩子的身心健康和全面素质的培养。

我对孩子的教育方式也是如此。虽然孩子高考只是考上了北京师范大学，但是我们却觉得非常值得。孩子值得，我们做父母的也值得。因为我们从来没有刻意要求孩子成为什么样的人，除了让孩子保证在学校认真学习，要求孩子按老师的要求完成学习任务外，我们没有让孩子额外补过一节课，没有给孩子买过一本教辅资料，也没有要求过孩子参加奥数、艺体类考级培训班，孩子的教育一直都是在按部就班的常态下进行，孩子一直都学得轻松，从来没有出现过身心疲惫不堪的情况。孩子高中班主任在高考结束后与我沟通时对孩子的评价是，你的孩子的学习潜力还没有完全发挥。这里所说的学习潜力没有完全发挥，就是说孩子的学习只用了八分左右的力，学得很轻松。我对孩子学习状况的要求是，只要认真就行了，注重学习效率，不必刻苦学习。刻苦读书是一种"笨"办法。所以除了正常地过问孩子的生活、学习、健康和情绪以外，我们从未要求过孩子的学习要达到什么程度，只是经常提醒和鼓励孩子，所以孩子学得轻松，我们教育孩子的过程也很轻松，没有花太多的时间和精力在管教孩子上，更没有在孩子读书上额外付出金钱。家庭条件差反而对孩子的成长有利，让孩子没有受到唯学习成绩和应试升学教育的摧残。我们做父母的也避免了不少不必要的负担和烦恼。孩子之幸，父母之幸！就是如此，孩子的成长一直都很顺利，初中毕业就以优异的成绩考上了本市的重点高中；高中毕业又顺利地考上了北京师范大学。孩子在北师大本科毕业后，就以优秀的学业成绩被免试录取为硕士研究生，硕士研究生毕业后，孩子放弃了被学校公派到加拿大就读博士和到加拿大一所大学全额奖学金学习的机会，通过自身的努力顺利考入了美国公立大学排名在前的明尼苏达大学公费博士生。

在现实生活中到处都有这样的父母，刻意实施对孩子的英才培养计划，但是孩子的学习成绩和升学状况却与父母的期望恰恰相反。那些在父母过高期望、过高要求、刻意打造中成长的孩子，其学习成绩基本上没有进入最优秀行列的，不少这样的孩子甚至连本科都未考上。这些孩子因为父母给予的压力过大，在父母逼迫下没日没夜地苦读，没有自由支配时间，没有兴趣爱好，过着苦行僧的日子，被学习重负压得疲惫不堪，学习状态不佳，学习效率不高，身心健康受损，所以学习成绩总不见长进，往往与父母的期望背道而驰。

孩子的成长法则就是这样：父母顺应孩子的天性，顺其自然，"无为而治"，孩子却能得到良好发展，父母教育孩子很省心、很轻松，父母和孩子的亲子关系也很和谐。这也许就是"有心栽花花不发，无心插柳柳成荫"这个自然法则在孩子教育上的体现吧！

培养最好的孩子

常态下

第一篇

克服盲从，
回归理性家教常态，
做自主父母

第二章　我的家教我做主，
变被动配合为自主掌控

传统教育由家庭教育、学校教育和社会教育三大部分组成，现代市场经济和信息化社会，影响人成长的教育体系已经不再只是这三大传统教育类别了。我对有关人的成长和发展最具重要影响的教育门类进行了研究，结果认定，当今教育体系除了这三大类主流教育以外，还出现了对青少年成长具有重大影响的另外两类教育：媒体网络教育和朋辈教育。从某种意义上说，媒体网络教育和朋辈教育对儿童青少年成长的影响比三类传统的主流教育还要大。

进入现代信息社会以后，网络时代宣告到来，媒体和网络对人的影响越来越大，人类的社会生活和交流已经离不开网络了。媒体网络教育理所当然地成了教育体系的一个重要组成部分，其对青少年的影响，强烈地冲击着学校教育和家庭教育，成为影响儿童青少年成长的第四类强大的教育力量。

当今这个独生子女占主体的社会，由于一个家庭只有一个孩子，孩子的交往已由传统的家庭兄弟姊妹间的交往转化到了朋辈友伴同学间的交往。我从对朋辈同学的相互影响作用的观察研究中得出了这样的结论：同学朋辈间的相互影响作用不仅足以与家庭教育和学校教育抗衡，而且在某种程度上超过了父母老师和学校对孩子的影响，成了一股不可忽视的教育力量。因此，朋辈教育理所当然地成了组成教育体系的一个教育门类，我称之为第五大教育门类。

父母必须清醒地认识到，如果只是停留在对学校教育、社会教育和家庭教育三大教育的关注，忽视媒体网络教育和朋辈教育对孩子成长的影响力，势必对孩子的成长造成严重的不良后果。

媒体教育和朋辈教育对青少年人生观、价值观、生活方式和道德品质形成的影响力越来越凸显。由于孩子辨别是非的能力和自我控制能力差，以致这两类教育对孩子成长的负面影响较正面影响要大得多。

一直以来，父母对学校教育、社会教育、媒体网络教育和朋辈教育这四类教育都处于被动地配合、服从或茫然无措的状态，对这四类教育对孩子成长的不良影响都束手无策。父母教育孩子的困境用"十面埋伏、四面楚歌"来形容一点也不为过。

父母之于学校教育，在观念和现实上都是处于单向服从和配合地位；父母之于老师也是如此，不少父母都无条件地听从老师的要求。这似乎已经成了天经地义的事情，但其实这是很不正常的。

父母之于社会教育，也只是被动地顺应，而不是主动掌控和调节，不去有效地规避社会教育对孩子的负面影响。这也是很不正常的。

事实上，家庭教育与其他几类教育类别之间，应该是既相互配合又相互独立的关系。家庭教育应该具有自身的特点，应该具有独立性和自主性。为此，我对父母提出"我的家教我做主"、"我的孩子我负责"的呼吁，父母应该从学校和老师那里收回教育孩子的自主权和主动权。

中华家庭教育研究院院长顾晓鸣说："家庭教育才是所有教育的基础，这个基础一定要打牢，不需要我们家长把家庭教育读到什么程度，最基本的你要懂，这对孩子成才、成为对国家有用的人才是相当重要的。我们多少孩子正是缺失了家庭教育，表面上看，通过学校教育送到了大学，不知哪天就跳（楼）了，国家投入这么多，按道理受了这么好的教育，但他只受到了一个好的学校（应试）教育，只是知识上的传授，真正做人的教育他没有完成，而做人的教育又是学校教育的弱项，这是我一直强调的观点，做人的教育一定是通过家庭教育去完成的，这是最有力的，也是最有效的。"

对于学校教育、社会教育、家庭教育、媒体教育和朋辈教育这五大类教育，家庭教育处于基础和核心地位，是其他四类教育的焦点，孩子成长的一切矛盾，都会汇聚在父母身上。所以，在五大类教育组成的教育体系中，家庭教育的地位显得尤为重要。

对于学校教育、社会教育、媒体教育和朋辈教育，父母不应该是盲目、被动的服从者、配合者、顺应者、跟随者和附庸者。父母对孩子的教育应具有独立性、自主性、决断性和调控性，父母应该成为孩子教育的主导者和掌控者。父母应该承担起教育孩子的主要责任，独立完成对孩子的管教任务。父母在教育孩子方面应该具有自己独特的教育理念、独特的教育方式，独立地行使对孩子成长的教育权。

在此我呼吁：对家庭教育要拨乱反正，让家庭教育回归正常的轨道，摆在正常的位置。

对学校教育，变被动配合为自主调控，别把校外变成考试升学的第二课堂

父母该不该配合学校教育？对于传统教育来说，答案是肯定的。对于科学的常态家庭教育来说，答案是"有原则、有选择地配合"，有利于孩子健康成长的就配合，不利于孩子健康成长的就不配合，给予巧妙的规避、必要的调整或补充。例如，学校唯分数的应试教育，父母就不应该一味地配合顺从，而应该自主地给出调整，让孩子能轻松愉快地学习。

父母要明白，家庭教育和学校教育是相互独立、相互配合、相互协调、相互补充的关系。学校教育和家庭教育的共同目标，是把孩子培养成为德智体美劳全面发展的合格的社会成员，在这个过程中，学校教育和家庭教育是一种合作的同盟关系，而不是领导与下属、指挥与服从的关系。学校教育和家庭教育各具独立性，各有各的特点和任务。例如，学校教育的主要任务是对孩子实施科学知识传授。家庭教育的主要任务是对孩子实施做人的素养和生存生活能力的培养。

在孩子健康成长中，学校教育起的只是统领和导向作用，家庭教育起主导和决定作用，但绝不是家庭教育必须服从学校教育。

在现在学校教育偏重于甚至只重视知识传授的应试教育模式下，家庭教育更应立足于对孩子做人的教育和生存生活能力的培养。知识与做人，做人更为重要。考试成绩与生存生活能力，生存生活能力更重要。不能应用于工作和生活、不能变成生产力的知识，再多也没有用。不能适应社会或者不愿意靠自己的劳动养活自己、成为啃老族的孩子，即使是清华、北大毕业，也是父母养育孩子的失败。而一个学历不高，只有初中或高中毕业但却能踏踏实实做好清洁工、踩好人力三轮车，能够养活自己、养活一家人的孩子，也是有用的社会公民，也是父母养育孩子的成功。

一直以来，家庭教育在孩子教育中只是学校教育的附庸，父母只是一味按学校的部署和要求行事，学校怎样说父母就怎样做，对愈演愈烈的学校应试教育不是做出调整而是推波助澜，致使不少孩子成为考试的机器和应试教育的牺牲品。

不少所谓的教学质量好、升学率高、在社会中有声誉的重点学校或名校的头衔，都是以无限延长学生的学习时间、无限加大学生的学业负担、牺牲学生的身心健康和生存素质的培养为代价获得的。在普通中小学，不按部颁教学计划开设课程的现象普遍存在。从小学开始，就把社会课、社会综合实践课砍掉，培养学生身体和审美素质的音乐、美术、体育等课程也变成了语文、数学等课程的教学。到了初中，从初一开始，与培养学生综合素质相关的地方课、劳动课、综合实践课等课程就被砍掉了，体育课减少了，到了初三，学生的信息技术课、音乐课也被砍掉了，体育课也基本被挤占了。这些被砍掉、减少和挤占的课程，本来都各自承担着学生某方面素质培养的重要任务，但是都被语文、数学、英语、物理、化学等统考学科所占据，致使学生除考试学科以外的其他文化知识培养大大缺失。

可是父母却仍然对学校的这些错误做法默契配合！不仅如此，父母还把校外变成了孩子考试升学的第二课堂，让孩子进各种补习班，使孩子本来就过重的学业负担进一步加重。

在目前以升学为唯一目标的教育模式下，对那些认真学习的孩子来说，学校的学习压力已经很大了，他们需要的不是父母在学习上加压，而是减压。父母不仅要注意减轻孩子过重的学业负担，更要注意减轻孩子过大的学习压力感，要让孩子从单调的学习中解脱出来，让孩子的生活变得丰富多彩。

在孩子每天放学以后，父母不应只是关心孩子在校的学习情况，还要关心孩子在校的心理状况，问问孩子今天在学校是否愉快，是否遇到什么问题，有什么难题需要父母帮助解决，等等。父母还要注意缓解和调节学校过度紧张的学习给孩子带来的疲劳感，为孩子安排一定的休息娱乐时间，陪孩子散散步，让孩子从事一些喜欢的活动。这也是与孩子进行自然沟通、增进亲子关系的好方式。

周末时间，父母最好不要强行安排孩子去补课，要给孩子自由支配的时间和空间，要多带孩子外出郊游，让孩子接触社会、接触人群、接触自然，这样可以丰富孩子的社会阅历，对开阔视野、陶冶情趣、培养人际交往能力都大有好处，也可以让孩子得到大自然的熏陶，有利于培养孩子热爱生命、热爱生活、热爱大自然的高尚情感。

对众多高考状元的研究表明，高考状元的父母都是非常理性、开明的父母，他们都不是一味配合学校应试教育、围着孩子学习转的父母。高考状元的父母，大都非常重视给孩子营造宽松的成长环境，给予孩子自由支配的时间和空间，让孩子自由发展。

网上有关高考状元的成长和学习经验介绍以及关于这些孩子的父母怎样教育孩子的报道很多，建议父母学习和借鉴。父母也可阅读有关高考状元生活学习成长的研究报告和书籍，就会知道，高考状元绝不是只知道读书不知道玩耍娱乐的书呆子。

在本书后面的有关篇章中，还将对高考状元们的学习成长状况做专门的介绍，父母们会发现，原来高考状元的课余生活是那么丰富多彩，兴趣是那么广泛，爱好是那么高雅！

对老师要求，变"唯命是从"为相互协作、建设性配合和技巧性规避

学校老师对父母提出的管教孩子的任务或要求，父母该不该听从？一般都是肯定的答案，没有多少父母会提出异议。传统教育观念历来把父母与老师的关系确定为听从和配合的关系，而不是平等的协作关系。在大多父母的观念中，听从和配合老师教育孩子是天经地义的事情。

常态的家庭教育却打破了这种传统观念，主张：对于老师提出的管教孩子的要求，父母不一定全部听从，要有自己的主见，利于孩子改正缺点错误、有益孩子进步和健康成长的就听从，有碍孩子改正错误和健康成长的，就有技巧地规避。因为老师对孩子的态度、认识、评价和教育方式不一定全都合理，有些教师过于急躁使得学生愈加逆反，甚至把学生逼上了歧途。

国家赋予了教师教育学生的权利，并对这种权利以法律的保护，但是也规定了教师在教育学生的过程中不能逾越的法律限制。例如，教师要尊重学生人格，要平等对待学生，不能体罚和变相体罚学生。教师违反这些规定后要受到相应的处罚。

《未成年人保护法》等相关的法律法规，则规定了学生的哪些权利是应该受法律保护的，教师不得侵害，侵害了就要受到相应的处理。法律的界限是任何人都不能跨越的，教师对学生也不能例外。所以，对于教师明显的或严重侵害孩子权利的行为，以及其提出的有悖法律法规的教育要求，父母就不应该听任和听从。例如，对有的老师为了减少有严重问题行为的学生给自己教育管理带来的麻烦，想方设法要求父母让孩子转班或转校的做法，父母就不能听从，而应技巧性地拒绝老师，态度鲜明地让老师留下孩子继续读书。

自然教育法的创造者 M.S·斯特娜夫人说："孩子进入学校以后，母亲与教师必须相互协作，共同对孩子进行教育。"M.S·斯特娜夫人这段话，明确指出了父母与教师的关系是协作关系，而不是支配和被支配的关系，更不是提要求和服从的关系。孩子的教育是在父母与教师共同协作配合下进行的，而不是在教师的领导和指挥下进行。

教师和父母之间究竟是一种怎样的关系，教育家们很少涉及和研究这个问题。但是，这却是父母和老师必须厘清的一种很重要的关系。在现实中，老师与父母的关系，一直都被扭曲成了提要求、发命令和听从执行的关系。不少老师把自己凌驾于家长之上，恣意对父母提要求、发命令，甚至像批评教育学生那样批评教育父母，以致不少父母害怕面对老师，害怕开家长会。父母们也搞错了，把自己与老师的关系误认为是服从或听从关系。在此，常态的家庭教育必须予以厘清和矫正。

父母应该知道，在教学方面老师确实比父母内行，但是在教育孩子方面不见得老师就比父母强。事实上，有不少老师书确实教得好，可是教育理念和方式却非常陈旧，有的甚至还很偏执。与其说懂教育，毋宁说只懂应试教育。相反，不少父母却很重视教育孩子方法的科学理论的学习和经验的积累，比教师更懂教育孩子的方法和艺术。

所以，父母不仅要有教育孩子的自觉，更要有教育孩子的自信！

教学需要科学的方法和技巧，育人更需要科学的方法和技巧，而且育人还是一门艺术。但是，不少教师却非常缺乏育人的科学理论，更缺乏教育的技巧和艺术。他们安于把知识教给学生的现状，而不懂得作为一个教师既有教书的任务，更有育人的责任。作为一个教师，我这样评价老师是有悖常理的。可是作为一直在教学第一线与学生打了几十年交道的老教师，作为从事了二十年学校心理教育和心理咨询的心理老师，我对我国学校教育和教师队伍的状况再清楚不过了。

父母如果不能正确摆正与老师之间的关系，必然会给孩子的健康成长带来负面影响。

在父母与老师的关系中，有两种方式是不可取的：一是生怕得罪老师，无条件绝对服从老师；二是无视和鄙视老师，无理取闹，甚至刁难和要挟老师。

对于第一种情况，我要对父母说，在教育孩子上，你并不是被教师支配的傀儡和打手，老师要你做什么你就做什么，只会使你在教育孩子的困境中越陷越深。

多少年来，大多父母从来没有行使过独立教育孩子的权利，没有独立思考和处理过孩子的教育问题，而是对老师言听计从。老师好像具备了支配父母的特权，要叫父母到学校父母就必须到学校，而且必须迅速到学校，否则就要受到老师的批评指责。父母到学校也只是接受老师的指责和训诫的，稍有反对意见就要被老师说成不配合老师的教育，老师还要说你当父母的都这样，你的孩子我就更不好教育了，云云。有的老师在家长会上当着众多家长的面批评个别家长，让这些家长陷入无地自容的尴尬境地，父母回家后则不问青红皂白就对孩子一顿训斥，把在老师那里受的怨气发泄到孩子身上，导致不少孩子最怕学校开家长会，这对孩子改正缺点和错误不仅没有好处，还会加深孩子对老师的怨恨，加剧与父母的对立。

如何处理好与老师之间的关系，既配合老师对孩子的教育，又突出家庭教育的特点，体现出家庭教育的主动性和独立性，这是不少家长难以处理和把握的问题。对教师在孩子教育中的问题教育行为，是不少父母面对的一个难题。

缺少独立实施对孩子教育的权利，一切都由老师说了算，父母在孩子面前也难以建立起威信。对于老师所反映的孩子的问题，父母应有自己独立思考和分析鉴别的能力，要在头脑中过滤。例如，一些教师对问题学生和学习成绩差的学生带有偏见，教育方式上也往往带有主观情绪色彩，对这些学生缺乏客观公正的态度。老师不公正的教育方式往往让这些孩子感到非常委屈，因而致使学生对这些老师产生严重逆反对抗情绪。在这种情况下，如果父母不设身处地地替孩子着想，不理解孩子的感受，在孩子本来就在老师那里受了委屈的情况下，还火上浇油，就会使孩子的问题变得越来越糟糕，不仅会让孩子的心理问题更严重，还可能导致孩子不愿再进学校读书的恶果。

在处理与老师的关系上，父母要学会机智应对。孩子给老师增添了麻烦，父母为缓和老师的情绪，对老师表示歉意是必要的，但是也要同时照顾到孩子的情绪，不要在老师已经错误的方式上火上浇油，更不能当着老师的面就给孩子一顿辱骂。这样可能导致孩子与老师的逆反对抗关系更加恶化，也会让孩子产生对父母的怨恨，老师和父母的威信在孩子心目中大大丧失，更不利于孩子改正错误。

在与老师良好沟通回家后，父母要平心静气地与孩子沟通，先问清楚问题的来龙去脉，如果确实是老师委屈了孩子，父母就要对孩子表示理解，并让孩子理解老师是从对自己负责为良好初衷，对孩子进行心理安抚，让孩子的情绪平静下来。

对于在老师面前不讲道理的父母，我只能提出严肃的忠告：父母对老师不恭敬甚至无视老师的态度，对孩子的影响肯定是负面的。如果对老师兴师问罪、刁难老师，那么除了助长孩子的不良行为以外，还会在为人处世方面对孩子造成负面影响。如果父母长期让老师难堪，孩子最终会形成不尊敬老师的态度，随后这种态度也会迁移到父母和长辈身上，长大后也会带到社会生活之中。

即使老师确实做了让孩子受委屈的事情，父母也不要"得理不饶人"，要以宽厚、容忍、谅解的态度对待老师，以恰当的方式与老师沟通，让老师认识到自己教育方式上的不妥或错误。父母还要让孩子理解老师的良苦用心，消除孩子的委屈感，让孩子谅解老师的不妥之处。父母以通情达理的处世态度去影响孩子，孩子也会学会正确待人处事的方法，成为通情达理的人。

孩子就是父母的影子，有其父必有其子，有其母必有其女，孩子的行为模式和为人处世的方式主要是从父母的言传身教所学得，请父母谨记这一点。

敢于对老师说"不"——如何理性、恰当应对不理性的教师

老师在教育学生的态度和方式上，不考虑学生的心理感受，态度生硬、方法简单粗暴，让学生不可接受、让学生感到委屈甚至激怒学生的情况是非常常见的。一些老师很势利，不能平等地对待学生，偏爱富有或社会地位高或学习成绩优秀的学生，看不起一般家庭的孩子甚至歧视差生，有的教师动辄体罚学生、处事不公正，讽刺挖苦学生，伤害学生的自尊和人格等，让学生非常反感。如果父母对这些老师的教育要求言听计从，无疑是雪上加霜。孩子面临着来自老师和父母的双重伤害，可能产生严重的逆反对抗或自卑退缩心理，甚至形成人格障碍，当集聚的负能量到了忍受极限的时候，就会突然爆发出来。性格内向的孩子可能用伤害自己的方式来逃避外界的伤害，性格外向的孩子可能用伤害他人的方式来发泄负能量。

还有一种教师的话父母也是不能一味听从的，就是那些所谓教学水平高但是只管学习、不顾学生学习负担过重的老师。这些老师的优秀教学质量，是靠搞题海战术、无限制加大学生的课业负担、牺牲学生的身心健康为代价来获得的。父母对这样的老师配合越默契，孩子就面临越大的折磨和苦难。

下面向父母介绍应该坚决说"不"的几种典型的教师对学生的错误教育方式，并就这些方式会给孩子带来什么危害做出分析，最后给父母提出一些建议。

对体罚和变相体罚学生的老师说不

老师体罚孩子的方式有扇耳光、用脚踢、揪耳朵、用教鞭敲打等，变相体罚学生的方式有罚学生下蹲、扎马步、罚站、绕着操场跑若干圈、罚抄作业等。

当回答有网友在网上发布的"老师们那些年你们最常用的体罚学生的方式有哪些呢"的问题时，一个网名叫"清若晨风"的网友如此写道："幼儿园的时候，和几个小盆友不听话被老师罚把裤子脱了站在门口，这是真事，男的女的都有。我现在都有阴影。"另一名网友说："我们老师经常体罚我们，有一次我逃了一节自习课，他罚我在办公室蹲了三天，不让上课，还拿棍打手心，血疼，我当时都想还手！"在学校（尤其是冬天）当我看到有一些老师整天让学生在教室外补作业或罚站的时候，我对这些学生感到非常心痛的同时对这些老师的做法也非常痛心。有时候我会设法与相关学校领导交流，设法终止这些老师对学生的体罚行为。在谈到老师体罚学生的现象时，我常常发出这样的感慨：如果这些学生是自己的孩子，自己怎会忍心这么对待他（她）。

往往，父母只知道责备孩子怎样不听话，怎样给自己添麻烦，却不知道孩子在一些老师那里受到的是怎样不公正的待遇，被老师体罚后内心有多大的委屈没处诉说和发泄，孩子是多么需要父母的理解和安慰呀！可是现实却与此相反，父母不仅不知道孩子的这种心理需求，反而在听到老师告状后，不问青红皂白就给孩子一顿暴打或训斥，这无疑是火上浇油，导致对孩子的再度伤害，孩子对父母也会产生怨恨！没有人能理解和支持孩子，孩子只能破罐破摔，真的成为一个无可救药的人。教师体罚学生，还有可能导致孩子因感到极端受辱或无法回家面对父母而产生报复老师或自杀等极端行为。一些孩子就是这样被不理性的老师和父母逼上了消极、颓废、堕落甚至犯罪的道路的。而最终父母和世人却还在责怪孩子怎么那么傻、怎么那么大逆不道！这不禁让我想起在参加四川省心理学会的学术年会上，一个中学老师在报告中谈到几则中小学生自杀的话题时，下面一个参会者非常尖锐地插话：所有的自杀都是他杀！是呀，孩子本来都是非常单纯和无辜的，是一些老师和父母错误的教育方式，把他们变成了一个自杀者或杀人者！

对讽刺挖苦贬损学生的老师说不

一些老师使讽刺挖苦、羞辱、嘲笑、贬损学生成了家常便饭，他们根本不知道这样的心理暴力行为，比体罚对学生的人格和自尊带来的伤害还要大。比如，有的教师骂学生是"朽木不可雕"、"脸比城墙厚"、"看你那瓜儿相"、"笨得像猪一样"等。有的老师还给学生取难听的绰号，引起其他同学的嗤笑。有的教师经常威胁、恐吓学生，比如说"你这辈子也改不了！""以后再不改正就不要你了！""你这样的学生我们无法教了，你还是转个学校吧。""你的父母是怎样教你的，把他们叫来！"。某校有位学生在校长信箱里投了一封信，信中提到其班主任在开学初的自我介绍："我的耳朵很灵，眼睛特别尖，你们的一举一动，说过的每句话，我都知道得非常清楚。所以，你们最好老实点，别想耍花样！"还说："我教了这么多年书，你们的心理我早摸透了，甭给我玩猫腻！"这位学生写道："当我听到这些话时，在惊诧之余心头顿时涌上一股寒意……"

老师的这些羞辱、讽刺、挖苦、嘲笑和威胁的话语，是刺入孩子心灵的无形的"软刀子"，对孩子的自尊心和羞耻心具有极大的杀伤力，会让孩子陷入难堪、痛苦、无地自容之中，变得灰心丧气、消极退缩，丧失学习兴趣，一步一步向无用之人的行列迈进。有的学生还因此产生对上学的恐惧而出现逃学旷课等现象，甚至离家出走、辍学，再也不愿到学校读书，同时老师也给学生种下了仇恨的种子。这时候，孩子最需要的是父母的心理抚慰和支持，在父母那里得到安慰。可是现实却恰恰相反。父母往往会说：谁叫你那么不听话呢，活该！父母不知道，这"活该"二字对孩子心理的二次伤害比老师的伤害更大！

对势利、歧视学生的老师说不

受市场经济社会"一切向钱看"、"钱才是硬道理"等一些低俗思想的影响，一些老师也变得非常势利，从原来戴着"有色眼镜"看学生变成了戴着"财富眼镜"看学生，对自己有好处的权势和富家子弟就特别好，对一般家庭的学生则"另眼相看"。有的老师对课余在自己处补课的同学就特别关照，对没有来补课的学生就"另眼相看"，找茬伤害学生。例如，将其座位安排在教室最后，经常找茬让这些同学在教室后面罚站，对他们的学习也听之任之，不管不问。每逢节日，有的老师还采用"启发、暗示"或公开方式向学生及父母索要财物。对那些问题行为多、学习成绩差、给班级管理和整体成绩带来不良影响的学生，有的班主任用各种理由，想方设法诱导家长让孩子转班转校，实质是变相赶走学生。这些行为会使学生的自尊心受到极大伤害，同时产生自卑心理，对学校生活产生无奈感甚至恐惧感，哪还有心思在学校读书呢，学习成绩自然越来越差，问题也越来越多，最终发展成为"不可救药"的学生。但是往往这些孩子的父母还总认为是自己的孩子不听话、不争气，把火气往孩子身上发。

对暴力作业、罚抄作业的老师说不

有不少老师为了自己所教学科的考试成绩好，根本不考虑学生的学习负担是否过重，是否能承受，无限制地加大学生作业量，让学生难以应付，巨大的学习压力让学生喘不过气来。对于不考虑学生负担布置暴力作业的老师，无论是学习成绩一般的学生还是优生都特别反感。某学校就有这样一个某学科老师，每天布置回家的教辅作业就有两三样，另外还有什么阅读和默写，班上怨声载道，学习最优秀的学生都在我面前抱怨这个老师。我向班主任做了反映，班主任委托我找这个老师沟通后，情况有所转变，以后就再也没有听到学生有关这个老师布置作业过多的意见了。另一个优生某天放学后，脸露难色地对我说："徐老师，我们班的数学老师每天布置一套题，并且要当天在学校里完成，完不成就要受到重罚，我们真受不了！"我说："我理解你们哈，当天在学校完成一套数学作业，确实够你们累的。因为你们还有那么多学科要学。"这个学生很无奈地说："哎，向你倾诉之后心里也舒服多了！"她知道我也无能为力，只是想找人诉说宣泄一下。早些年某书店老板对我讲，有一个重点中学的数学老师，单数学这一个学科，她就让学生订购了十多本教辅资料。当时我听到的第一反应就是：这个老师要把学生整死，我的孩子绝不会让这样的老师教学！像这样的老师，是非常自私且残忍的。而父母们还往往称赞这样的老师是好老师，我们的学校和教育管理部门还表彰这样的老师为优秀教师！

老师采取加重作业量来提高班级整体考试成绩的做法，在中小学比较具有普遍性。对于那些学习成绩差、影响班级整体成绩的学生，一些老师试图通过罚抄作业的方式让学生掌握所学知识，罚抄一次就是几十遍、上百遍乃至几百遍，有的老师还让学生停下其他课来完成自己所教学科的作业。这种方式对学习成绩差的学生来说，只有被动地服从，麻木地应付，也耽误了其他学科的学习，导致在学习上的账越来越多，恶性循环，最后无法再跟上学习进度，就只有放弃学习。

目前我国的中小学无论是校长、教务主任还是教师，绝大多数都认为提高学科教学质量只有一个途径，那就是延长学习时间和加大学科作业量。有的学校甚至用"魔鬼式"的训练方式来提高学科成绩。这种魔鬼式的教育方式的确可能见效，但是，他们可能从来没有想到过，从改变老师的教法和学生的学法来提高教学效率，同样能起到相应的效果。"提高课堂教学效率，向课堂45分钟要质量"，这个口号已经喊了几十年，最近几年又改变了一种说法，就是建构高效课堂，可是真正实施了的学校有多少？真正做到了的教师又有多少？

可是，就是在老师无限加大学生作业量及增加学生课业负担、孩子的学习压力已经过大的情况下，父母们还让孩子参加这样那样的培训班，有的同时让孩子补几个学科，额外增加孩子的学业负担，让孩子为应付学习疲于奔命，身心得不到休息和调整。父母不知道，孩子是有血有肉的人，而不是机器！即使是机器，也应该有停下来休息、保养的时候。

以上列举的老师不理性对待学生的种种问题教育行为，不仅对学生的人生观和价值观、对人和社会的认识以及身心健康带来很大的负面影响，而且也为父母带来不少麻烦，同时败坏了老师在学生心目中的形象。对父母而言，老师自然是得罪不起，往往一面对老师采取逆来顺受的态度，一面迁怒于孩子，对孩子造成更大的伤害。一味地迎合老师的要求，不仅不利于孩子改正错误，还纵容了这些老师的问题教育教学行为，让他们变得越来越不理性，给学生带来更大的伤害。

对于老师的问题管教行为，父母正确的做法，应该采用恰当的方式，让这些老师的行为得到收敛和终止。在此我为父母提出以下建议。

一是注意给孩子心理支持和抚慰

孩子在学校被老师体罚或变相体罚，或受到老师的责骂嘲笑、讽刺挖苦，身心必定会受到不同程度的伤害，在此种情况下，孩子最需要的是父母对自己的理解、体谅、宽容和安抚。父母要站在孩子的立场，体会孩子此时此刻的心情，并表示对孩子的理解和对老师采用方式的不赞成，给孩子恰当的心理支持和抚慰，让孩子的心情平静下来。然后再向孩子问清原委。如果确实是孩子的原因引起老师不理性的方式发生，就要平心静气地给予孩子沟通和引导，让孩子认识到自己的错误。

一个升入清华大学的高考状元的妈妈面对教师告状、罚作业及面对老师的批评的做法，值得父母借鉴。

我儿子在小学一年级时也被罚过，我接他放学，等到他做完被罚的作业，同时听着老师数落儿子上课如何不认真、如何和同学发生事情，等等。但我看儿子的眼神还是很慈祥，耐心等着儿子完成（内心独白：多写一次正好）。回到家后仔细问情况，属于同学不对的，就不批评他；是他自己的问题，则轻言细语给他讲怎么样注意及改正。有一点很重要，家长要用道理解除他有可能对老师产生的负面情绪。打击小孩自信心的主要是家长和老师。如小孩在学校挨骂了，当妈妈的要把事情了解清楚，并化解小孩的情绪，修补他的自信心，人的一生自信心很重要。

二是克服怕得罪老师的心理，抱着解决问题的态度面对老师的问题

如果你怕得罪老师而忍气吞声、任其所为，你的孩子就只能继续受老师的伤害，比得罪老师的后果还严重。在此也澄清一个问题，不少父母担心找老师理论就会得罪老师，这是一种不必要的顾忌。如果抱着找老师理论算账或者兴师问罪的态度去找老师，自然会得罪老师。如果老师是一个心胸狭窄、具有报复心理的人，你孩子以后在学校的生活就惨了；即使老师是一个心胸宽广的人，如果老师觉得你这个家长还是不惹为好，对管教你的孩子有所顾忌，那么他以后就会少管或者不管你的孩子了，对你孩子的成长也没有好处。所以，不到老师确实太过分的地步，你一定不能拉下脸来得罪老师，以谦恭、平和的态度与老师沟通。

有一次，一个小学邀请我去为学生家长做报告，休息期间，该校的书记对我谈到这样一件事：六一儿童节时学校为小学一年级学生每人发一个蛋糕，其中一个孩子发的蛋糕有缺口，就哭着回家告诉家人，孩子的爷爷听到后，非常激愤地到学校找老师兴师问罪，事后老师们都说，这个学生的家长惹不起，从此以后大家就不敢管这个学生了，一直到孩子小学毕业。可以想见，该生的家人是怎样溺爱这个孩子啊，该生小学六年中的成长又受到了何等严重的影响。

另外，父母也要以恰当的方式让孩子明白，管你的老师是对你负责，如果哪一天老师不管你了，那你可能真的"无可救药"了。相信这样的沟通交流，孩子也会乐意接受的。即使是老师不对，处理问题时也要注意方式，父母在对待老师的问题行为时，遵循的原则是，不要在孩子面前损害老师在孩子心目中的形象，千万不要在孩子面前强化对老师的负面看法。

三是以恰当的方式找老师沟通

对于打孩子或让孩子受到委屈的老师，父母一定要先找到老师打孩子或伤害了孩子的起因，然后再采取恰当的方式与老师沟通。

如果确实是孩子太过桀骜不驯、无视老师的管教、与老师无理对抗而让老师忍无可忍，从而发生的体罚或过激方式，父母也要在让孩子平息对老师的激愤情绪后，既委婉又严肃地教育、引导孩子，让孩子理解老师也是有情绪的人，在忍无可忍的情况下也会做出极端的事情来，并让孩子明白，挨老师打是你自己做得太过引起的。父母让孩子认识到自己的行为确实该打时，孩子对老师的怨恨和委屈感就能消除，也能帮助孩子改正对老师的无理态度。

如果老师体罚孩子确实是老师教育素养差的习惯性管教行为，那么父母就有必要理直气壮（但也要注意方式）直接找老师沟通，在对老师教育管理孩子的辛勤付出表示感谢后，委婉地指出老师行为不当。对个别坚持己见的老师，在交涉无效的情况下，作为无奈之举，父母就有必要找学校反映情况，让学校领导出面，对老师的问题做出处理。

父母要明白，现在政府和教育行政部门对老师的管理越来越规范，越来越严格。把对老师的职业道德要求放在了非常重要的地位，对父母反映的这类教师，学校一定会采取积极的方式给予妥善处理，情节严重的还会受到适当处分。当然，如果你是一个比较会处理问题的父母，能自行处理好孩子与老师的矛盾，而不闹到学校，这对孩子以后在学校正常的学习生活和健康成长无疑是最好的。

四是不露声色、巧妙应对

家庭教育专家尹建莉在《好妈妈胜过好老师》一书中，分别以"替孩子写作业"和"不做暴力作业"为题，介绍了她怎样在孩子懂得和学会的情况下，帮孩子写老师罚做的作业和公开让孩子不做暴力作业的观点和做法。尹建莉认为，无效的重复作业让孩子整天疲于应付老师，让孩子失去了很多自由支配的时间，更为严重的是，会导致孩子讨厌作业、讨厌学习。当然，对尹建莉让孩子不完成作业、在第二天承受被老师罚站的做法，我是反对的。最好的办法，是既让孩子避免暴力作业带来的伤害，又能让孩子避免受到老师的处罚。一个智慧的父母不仅会想到这一点，而且会做到这一点。

我们学校的一个老师在教育孩子的理念上非常理性，她不愿意让孩子成天面临过重的作业负担，在孩子读小学的时候，看到孩子作业太多，她就会帮孩子做作业，她还特别重视孩子的课外读书兴趣和其他兴趣爱好的培养。她孩子在小学四五年级的时候就能与我们学校的老师就三国、水浒、天文、地理等方面的话题侃侃而谈，其知识面之宽令老师们大为赞叹。这个孩子课外兴趣特长也很多，琴棋书画、跆拳道等都会。他还经常代表学校参加省、市、国家级比赛活动，并获得奖次。对于这个老师教养孩子的方式，我非常赞赏。

当然，父母替孩子写作业只是应对孩子作业负担过重的一种无奈之举。孩子的作业最好还是让孩子自己独立完成，父母要把关注点放在指导孩子形成良好的学习习惯、学会做作业的科学方法、提高效率和质量上，以此来减少过长的作业时间。替孩子写作业，一定要让孩子感觉到父母是怜惜自己，不让自己学习压力太大、太疲惫，而不是对自己的溺爱，以避免孩子对父母的做法形成误解，避免孩子图轻松而对父母产生依赖。不是迫于无奈，父母最好不要替孩子写作业。

对于孩子来说，只要父母不额外购买教辅资料（一般来说，学校的教辅资料基本上已经够用了），不额外布置作业，不强迫自己去补习，就是天大的幸事了，其学业负重就可以大大减轻。

我的另一个同事对我说，他处理孩子作业过多问题的做法，就是直接找老师沟通。他的女儿是在一所崇尚用时间和作业量来提高学习成绩的学校读初中。这所学校以延长学生的学习时间、加重学生的学业负担为代价，获取了在本地升入重点高中的人数比较多的声誉。这种状况我是很了解的。当时，在我的孩子小学升初中微机排位录取的时候，我就生怕孩子被排位到这所学校。我不愿意我的孩子去受这种死读书、读死书的教育模式的伤害。同事对我说："我就直截了当地去对老师说，我女儿的作业哪些不做，我们知道如何管好她的学习。"这种方式老师当然会无话可说。这个同事的女儿学习成绩一直很优秀，最后顺利考入了我们当地最好的公办高中，高中毕业后考上了中国科学技术大学。

五是以退为进，设法让孩子转班或转校

在学校也确实存在不可理喻、固执己见、非要学生和父母下不了台的老师，这种老师总会把与学生和父母的矛盾尖锐到不可调和、水火不容的地步。孩子在这样的老师手下读书只会对其健康成长带来不利。面对这种情况，父母就必须当机立断，像爱迪生母亲"炒学校和老师鱿鱼"那样，求助学校转班，如果转班实在不行，就坚决转校。当然，转班或转校的前提条件是一定要征得孩子的同意。在现实中也会有这样的孩子，在学校确实受到老师的不平等待遇，但是他却不愿意转班，更不愿意不转校，如果父母强行让孩子转班或转校，孩子到了新的班级或新的学校后，情况一般都会变得更糟糕。

六是用法律的武器维权

对于学校老师对自己孩子的严重侵权、对孩子造成了严重伤害的行为，父母一定要拿起法律的武器维护孩子和自身的权益，让孩子的受教育权、人身权等权利得到法律保护，受到的伤害得到一定的补偿。例如，有的班主任和学校为了避免问题孩子给学校和班级管理带来的麻烦，就通知父母到学校说，你的孩子我们已经无能力管教，你们想办法转学校吧。对这种"推包袱"的做法，如果换一个学校环境会更利于孩子的成长，父母可以考虑给孩子转校，如果转校对孩子转变不能起什么作用，或者孩子自己不愿意转校，父母就要坚决对学校和老师说"不"。这个"不"是学校和老师都不敢拒绝的，孩子的读书权利受法律保护，任何学校和个人都是不敢公开赶走孩子的。曾经有几个父母，无奈中求助于我，问我怎样应对学校要让孩子转校的问题，我都是建议他们，如果不愿让孩子转校，就坚决而巧妙地对学校说"不"，学校是不敢硬性逼迫孩子转学的。

社会教育，变盲目跟风为理性规避

在孩子的教养问题上，中国父母可以说是世界上最盲目跟风追逐社会教子风潮的群体了。

社会教子风潮对父母教养孩子有巨大影响。父母们气喘吁吁地紧紧追逐在社会教子风潮之后，即使弄得精疲力竭、家庭经济吃紧，仍然乐此不疲。父母对孩子的人生观和价值观缺乏正确的教育引导，盲目迎合社会时尚价值观，对孩子追求时尚生活方式、追星和上网娱乐等百般满足，致使孩子成了一个没有理想、没有人生追求、没有责任、不思进取和不愿学习的人。

父母不知道，由于自己跟风追逐社会教子潮流，对孩子的人生价值观缺乏教育引导，不仅给孩子的教育带来了不必要的烦恼以及不少无谓的付出，而且还让孩子遭受痛苦折磨，阻碍了孩子的正常成长。这是需要父母反省和警醒的。

父母在教子问题上跟风主要有以下典型表现。

一是跟物质享受攀比风

"现在就一个孩子，我们挣钱都是为了孩子，不要委屈了孩子。"不少父母不仅口头这么说，而且在行动上有过之而无不及。为了不让孩子受委屈，不让孩子在人前没有脸面，无论家庭条件如何，许多父母在物质享受上对孩子都有求必应。孩子在购买高档手机、名牌服装，办生日庆典，邀约同学K歌等高消费的生活享受性要求，父母都一应满足。孩子觉得父母开低档汽车到学校接送自己有失脸面而不让父母把车开到学校，父母也一口答应，甚至为了满足孩子的虚荣心而不断更换更高级的豪华车。

5岁的悦悦身穿一条蕾丝镶边蓬蓬公主裙和黑色紧身皮裤，脚上一双红色可爱小皮鞋，出现在街头，这身装扮让悦悦颇有明星范儿，不少过路行人都向她投去目光，悦悦的妈妈吴女士也是喜形于色。

虽说这身装扮很惹眼，但是也花费了不少银两。吴女士告诉记者，一套公主裙加皮裤售价是380元，再加上脚底的小皮鞋160元，悦悦的这身行头价值510元。

"俗话说，儿子要穷养，女儿要富养。现在家里就这么个小公主，再说了，家里的经济条件也不差，为什么不给女儿最好的东西？"吴女士告诉记者，自己本身就是80后，平时也喜欢追求时尚潮流，有了宝宝后，孩子的穿衣打扮也是紧随时尚。

媒体报道，在济南某小学门口，停满了接孩子的车。记者看到，停在门前的是一辆奥迪和一辆别克昂科雷，远一点的巷子里停着的多是经济型轿车。"又不是什么好车，我不想停在学校门口。"一位开普通轿车的车主说，一般自己会把车先停放在学校北面的小巷子里，然后步行去学校门口等孩子。孩子上了五年级后，同学们经常会攀比谁家的车更好。"这几天我老公又张罗着换车了，说想换一辆路虎。开着气派，送孩子上学的时候也有面子。"在经七路附近一家服装店，老板李女士跟记者聊起了"接送孩子与汽车攀比"的话题。

李女士的孩子现在上五年级。从孩子上小学开始，伴随着儿子的成长，老公开的车也在不断升级，5年内已经换过两次车。换的车一辆比一辆高档，现在开的第三辆车还算可以。但是，老公还是打算换一辆价值 60 多万元的路虎。

李女士开服装店一个月的收入有五六千元，老公的收入高一些。她认为自己家仅仅算是小康之家，算不上有钱。她不太赞同老公这样频繁换车。老公却认为，接送孩子的时候开好车，显得有面子。儿子年龄渐长，也会和父母讨论同学家里开什么车。

现在不少已经结婚的夫妻迟迟不要孩子的一个重要原因，就是害怕承担不起那么高昂的孩子供养费用。孩子供养费中几项最大的开支，就是给孩子购买进口奶粉等食品、高档玩具、高档服装等。但凡孩子吃的用的玩的都要跟风，非名牌不买。

我在 QQ 上与一个已婚女性聊天，她为养不起孩子而忧愁地发出感慨，我问她为什么会这样，她在列举了一长串孩子出生后要承受的巨大费用后问我，养孩子要这么多钱，你说我们工薪阶层还敢要孩子吗？我说你列举的好多项目费用都可以大大降低档次呀，例如孩子为什么一定要穿名牌高档服装呢？她听后很生气地对我说，别的父母都这样，我能委屈我的孩子，让我也没有脸面吗？

在养育孩子上持这位女士观念的父母很多。对这些父母，我真不知道该说什么。是父母的脸面重要，还是孩子的健康成长重要？

我要进一步说的是，如果小时候父母为了自己的脸面毫无顾忌地满足孩子，让孩子只知道享受和不劳而获，那么孩子长大后会让父母更没有脸面。我观察到和所经历过的事实恰恰是，孩子还没有长大，不少父母就因为孩子而失尽了脸面！

怕委屈孩子，怕失去自己的脸面，这确实是现在父母的通病。可是我们能就此而责备父母吗？所以我对那位网友的生气只能保持沉默。在追求物质享受攀比风的影响下，不少孩子物欲不断膨胀，生活享受层次越来越高，人生追求却越来越低。这也是现在不少孩子的注意力不能集中在读书学习上的一个重要原因，专注追逐时尚生活的孩子，是不可能把注意力放在学习上的。

二是跟进名校读书风

从孩子上幼儿园开始，父母就跟上了让孩子进名校就读的风潮：让孩子进条件和设施最好的私立幼儿园；不管家庭条件能否承受，孩子是否适合，父母不惜出高额择校费和高昂学费也要让孩子进入重点中小学校或名校读书。这样不仅让家庭生活陷入困境，还让孩子因不能适应重点学校和名校的学习而痛苦，也让父母自己陷入失望、辛勤付出而无回报的无尽烦恼中。对那些原有学习基础很差的学生，父母出高价让孩子进入以升入重点中学或重点大学为办学目标的所谓重点学校或名校读书，孩子不仅不能达到父母所期望的学习效果，而且因学习基础差、完全听不懂课，只好在学校混三年，面对名校的学习氛围和在众多成绩优秀的学生，这些孩子会因学习成绩差而非常自卑，在这些学校读书三年无异于受三年罪。更糟糕的是，孩子正处于精力旺盛的年龄，其能量不能消耗在学习上，就有可能学坏，给父母带来不少麻烦。

小学和初中的孩子最需要的是父母的关爱呵护，这一阶段是孩子与父母建立情感关系的最佳时期，也是孩子的社会化形成的关键期。如果这一阶段的孩子就脱离家庭、进入封闭学校，不仅隔断了其与父母的情感链接，而且隔断了其与大自然和社会的接触，对孩子健康人格的形成和社会化的完成是巨大的损害。所以我一直建议父母，在孩子读高中以前最好不要让孩子去读封闭学校，处于儿童少年期的孩子放学后就应该回到家，享受父母的关爱和呵护，与父母建立牢固的情感关系，有更多的接触同伴和社会的机会，这是孩子正常成长所必需的。

多年来，我已经接受了多个因就读封闭式的私立学校而出现严重的人际交往问题和人格障碍的孩子及其家长的咨询，在我告知父母过早让孩子脱离家庭、就读封闭学校会给孩子的成长带来的不良后果后，他们都后悔莫及。

三是跟补习风、奥赛和考级风

不让孩子输在起跑线上，这是已经深入到中国父母骨髓中、强烈地支配着中国父母的教子行为的观念。这里所谓的起跑线，并不是决定孩子一生生活和发展的做人的起跑线，也不是决定孩子未来生存和生活素质和能力的起跑线，而仅仅是考试分数的起跑线。中国父母为了孩子能考出一百分，为了孩子能升入好学校，简直是费尽了心思、耗尽了精力，不仅把孩子弄得疲惫不堪，也让自己疲于奔命。

为了不让孩子在学业上输给其他孩子，不让孩子输在激烈的升学竞争中，不管家庭条件是否容许，也不管孩子是否愿意，不少父母都不惜付出高额代价，强迫孩子参加各种文化补习班、奥赛训练班、兴趣特长班、考级培训班，让孩子课余时间都沉浸在应付各种补习和培训的疲惫之中。尽管孩子参加补习后成绩仍然不见长进，有的甚至还有所下降，父母还是不让孩子放弃补习。尽管为了艺术特长考级占用了大量的业余学习和休息时间，影响了孩子文化课的正常学习，父母还是乐此不疲，执着于孩子的考级培训，目的只是为了孩子在升学考试中获得几分、十几分、二三十分的加分资格。父母根本没有算过这样一笔账：孩子为获得几分、十几分的考级加分而耗费的大量时间和精力，如果用在学习上，取得的成绩何止是这几分、十几分呢？何况父母同时还付出了巨大的经济代价、时间和精力。

由于父母偏执地跟风让孩子参加补习和考级培训，也让孩子疲惫不堪的身体备受折磨，心理健康受损，失去了快乐的儿童少年时光，对孩子一生的生活带来不良影响，这是非常得不偿失的事情。所以，对社会教子风潮，父母应该有清醒的头脑，应辨别是否对孩子的健康成长有利。父母要树立自主教养孩子的意识，不要盲目跟风，不要被社会功利性教育观念冲昏了头脑。即使在"让孩子接受最好的教育"的社会潮流面前，父母也要保持清醒的头脑，对孩子的成长量体裁衣，对孩子的教育投入量力而为，不要盲目给孩子购买高档学习用品，更不要节衣缩食把孩子送到名校去读书。

不少父母在孩子物质享受上盲目跟风，主要是为了照顾到孩子和自己一时的脸面，满足一时的虚荣心而已。父母在教育孩子读书应试上跟风，只是为了让自己得到一时的安慰而已：只要孩子参加了补习，父母心里就踏实，可是孩子补习会有什么样的效果，又有几个父母想过？

媒体和网络教育，变禁止或放任为主动教育管理，让孩子具有免疫力

媒体和网络对孩子成长的负面影响越来越大，这是让许多父母担忧、头痛、束手无策的问题。

美国权威育儿专家本杰明·斯波克博士（Dr. Benjamin Spock）说："电视、电影以及流行音乐被指责为导致一切衰退——包括我们知道的西方文明的衰退——的罪魁祸首。很显然，媒体可以对孩子的行为产生令人烦忧的强大影响。我们很难不担心媒体对孩子的影响。父母要意识到这种影响，并靠准确的判断力和勇气来帮助孩子从媒体里获得最好的东西，避开危险。"

台湾生活教育专家吕丽丝说："我想以现在这个国际全球化趋势来讲，尤其是网络时代来临，你大概可以看到影响孩子的已经不再只是局限在家庭，社会给孩子的一个刺激，给孩子的一些影响，尤其是媒体上面的影响，其实远胜于我们

父母想要教给他的，或者是学校想要教给他的。"

进入信息网络时代后，影视媒体和网络对人的影响可以说超过了以往任何时候的纸质、广播电视等宣传媒体的力量。区别于学校教育、家庭教育和社会教育，影视娱乐节目和网络游戏聊天等媒体对青少年的影响，已经成为第四类教育力量。

2012 年 3 月 2 日，福建省漳浦县两名很要好的小学女生小美和小华相约自杀。其中，女生小美的遗书写道："我的好姐妹（指小华）弄丢了家里卷帘门遥控器，她怕回去被骂，她要去死，我决定陪她一起去死。我们不能同年同月生，但求同年同月同日死。这一辈子，我有两个秘密，一个是要穿越时空，到清朝，拍一部皇帝的电影；一个是要到太空。"

一名老师受记者委托，在班上做了个随机调查，16 名小学生中竟然有 14 人相信穿越剧里所虚拟的故事，认为自己可以穿越回古代，占到了总数的 87.5%。这些孩子都被穿越剧误导了。小孩子的辨别能力很弱，这种穿越剧让孩子信以为真地模仿而导致了不少悲剧发生。孩子们把虚幻、神话的东西当成一种生活，模仿剧中或游戏角色去追求快乐，逃避现实痛苦。儿童的认知发展水平比较低，虚假与真实分辨能力比较局限，容易把现实与虚幻混为一体，影视剧和网络游戏恰好迎合了儿童少年的这一特点。

漳州师范学院教育科学与技术系副主任曾天德教授一直在研究青少年人格发展。他表示，穿越剧混淆了虚幻和现实，对儿童的影响比较大，会强化小孩子不成熟的认识，对儿童的成长有误导作用。

不少媒体娱乐节目单纯为了增加收视率，深谙观众寻求刺激、猎奇等娱乐心理，尤其对儿童少年的娱乐心理了如指掌，不顾人伦道义和社会责任，不顾娱乐节目情景对儿童少年的负面影响，针对儿童少年年幼无知、喜欢虚幻的特点，为了吸引儿童少年的眼球和兴趣，而导演出不少虚幻的东西，误导儿童少年。

2004 年 12 月 27 日，为追寻"网络英雄"，年仅 13 岁的天津少年张潇艺在接连玩了 36 个小时网络游戏"魔兽争霸"后，站在一栋 24 层高楼顶上，纵身跃起，朝着东南方向的大海"飞"去。在怀揣着对网络游戏的梦想中，他去追寻那些网络游戏中的英雄朋友：大第安、

泰兰德、复仇天神以及守望者。这是由于张萧艺玩网络游戏走火入魔
而自己导演的悲剧。以上这些，都是在萧艺死后留下的八万字的网游
笔记中告诉我们的。

这些沉迷网络游戏的孩子，他们的世界已经与游戏角色融为了一体，以致他
们把游戏世界当成了现实世界，自己就是游戏中的主角，所以才会发生不少类似
13岁的网瘾少年张潇艺走火入魔，模仿游戏中的角色从24楼飞身而下的悲剧。

影视、媒体和网络娱乐节目对青少年的影响力已经到了空前的地步。像那两
个模仿媒体穿越剧的女孩和模仿网络游戏角色而丧失理智的少年张潇艺，不知道
已经出现了多少？因媒体造星节目的影响进入狂热追星行列而荒废了学业的孩子
又有多少？由于受影视节目和网络游戏的影响而走火入魔、走向犯罪的孩子不知
道又有多少？

现代的国人喜欢走极端，不左就右，把我国优秀传统文化的中庸思想给丢弃
了。我国父母在应对影视媒体和网络的方式上，也走向了禁止和放任两个极端。

媒体和网络是社会和科技进步的产物，它们蕴含着丰富的信息资源。媒体和
网络已经成为现代孩子拓宽知识面和丰富阅历的最主要方式。父母禁止孩子看电
视和接触网络，会让孩子吸收知识、信息的渠道变得非常狭窄，会跟不上时代，
落后于其他孩子，所以是非常错误的。

父母对孩子沉迷于电视和网络、采取不闻不问的放任态度也是错误的，因为
孩子的辨别能力和自我掌控能力很差，好奇心、寻求刺激心和享乐心重，很可能
被电视网络上的不健康信息所诱惑，也可能沉迷网络游戏、染上网瘾，这会对
孩子的做人、学业和身心健康都造成严重的不良影响。

本杰明·斯波克博士说："电脑游戏和电视一样，关键在于父母的控制。大
多数孩子能够承受一定限度的打斗游戏，才不会受到不好的影响。然而，父母必
须做的事情就是制定这个限度，让孩子们不至于毫无节制地沉迷于电脑游戏。如
果你的孩子经常强烈反对这个限制，那就彻底禁止游戏。"

所以，父母不能简单地禁止孩子接触电视和网络，要对孩子接触电视和网
络进行科学的教育、引导与管理。从孩子稍懂事开始，父母就要对孩子看电视节
目、上网等娱乐活动给予必要的教育和引导，进行合理的监管和必要的限制。例
如，规定孩子只能看哪些电视节目，每天只能看多长时间；上网活动每周最多两次，

只在周末上网，小学生每次只能上网 1~2 小时，初中生 2~3 小时，高中生最多上 3 小时，等等。父母对孩子上网浏览和活动的内容也要给予必要的限制。引导孩子最好不要玩网络升级游戏和 PK 对抗性游戏，让孩子形成不能单独与网友见面，不让网友来家见面，不能在网上发布有关自己真实身份和手机号码、家庭电话号码、家庭信用卡和家庭住址等信息的观念，避免孩子受骗上当而导致不良后果。父母可以与孩子一起制定看电视和上网的规则或协议，对有违规则的情形制定出惩罚条款。规则或协议一旦制定，就要坚决执行。

朋辈友伴教育，变禁止和放任两个极端为合理引导和管理

我将"朋辈友伴教育"称为第五类教育。以独生子女为主的一代中国孩子，由于缺少兄弟姐妹的相互影响和亲情，所以非常热衷于交朋结友。朋辈友伴交往中，各自的价值观、兴趣爱好、生活方式等对每个个体都有很大的影响力。可以说，现代社会朋辈友伴对孩子成长的影响力，某种程度上超过了学校教育和家庭教育的影响力。

美国青少年教育专家肖恩·柯维（Sean Covey）在《杰出青少年的6个决定》一书中介绍了这样一个故事：

一位来自纽约的 14 岁男孩，在友伴的激将下，爬到了地铁列车的车顶，玩"火车冲浪"。由于不想让友伴失望，这个孩子爬上了车顶，被头顶的横梁撞到了反方向的路轨上，一列呼啸而来的列车轧过他，结束了他年轻的生命。

柯维感慨道："有谁知道，在他的一生中，他本来可以做出多少了不起的事情来。"

这是一个发生在美国纽约的极端事件。有理由相信，这种极端事件在每个国家的青少年中都时常会发生。不少走上违法犯罪道路的孩子，都是在朋辈友伴的激励和怂恿下做出了有悖人伦常理的事情。

由于朋辈友伴的年龄差距小，他们通常会有较为接近的价值观念、经验以及共同的生活方式和生活理念，具有相近的生理年龄和心理年龄，关注的问题相同，有共同的话题和生活情趣，相互信任，甚至成为"铁哥们"，因而容易接近和相互影响。

友伴群体交往频繁，志趣相投，心理契合，对友伴群体的核心人物言听计从，易满足成员的心理和感情需要，更具凝聚力。友伴群体来往频率高，能推心置腹地交谈，有亲密无间的合作，所以其相互影响的教育力量很大，足以与正统的学校教育、家庭教育等教育力量抗衡，甚至可能超过学校和家庭教育的影响力，所以父母不能忽视这类教育对孩子的影响。

处于中小学阶段的孩子，正确的人生观、价值观还没有形成，辨别是非和自我控制的能力差，做事欠缺思考，处世冲动，对新奇刺激的事物又特别好奇，很容易一拍即合，在冲动的情况下做出严重危害他人和社会的事情。少年友伴也最容易受非主流社会不良风气的影响，追求非主流的生活方式，做出危害自己、他人和社会的事情来。

友伴的相互影响作用之所以巨大，还由于他们的交往活动一般是在离开了老师和父母视线的时间和空间中进行的，友伴间的交流因缺乏外界约束而随心所欲，其影响效率也非常高。

有研究表明，不良友伴群体的影响与初中学生的厌学、弃学、早恋、出走、偷窃等现象有密切关系。

友伴群体的负面影响作用主要表现在以下两个方面。

相互攀比，追求享乐、时尚、刺激的生活方式

经常互相邀约，追求吃喝玩乐的生活方式：举办生日派对、毕业宴会、周末K歌，攀比穿名牌、相约追星、比谁的网络游戏等级升得快等。

我在学校开展培养学生正向网络行为、预防网瘾发生的课题研究调查发现，从小学四年级开始到初二阶段，是小学和初中学生沉迷上网、染上网瘾的关键年龄段。不少学生开始进网吧上网，都是从被同学友伴邀约开始的，不少孩子第一次进网吧都是别的同学帮出钱上网的。一旦进入网吧，同伴就会引诱其玩网络游戏，中小学生一旦接触网络游戏，就会被游戏的刺激所吸引，在谁的游戏级别升得快、谁的游戏级别高、谁的游戏装备高级等攀比中，孩子很快就会沉迷上网、染上网瘾，随之而来的就是学习成绩迅速下降，身心健康明显受损，最终完全脱离了正常人的生活。追求仪表打扮、庆祝生日的相互攀比，更让不少孩子的注意力集中到了追求时尚、享乐等非主流的生活方式上，导致人生观和价值观的扭曲以及学业的荒废。

在生活方式上互相攀比表现在孩子身上，其根源却在父母身上，是父母对孩子的放任或家长对孩子的物质生活本身就跟风攀比，长期对孩子无节制消费创造条件的结果。

相互鼓动从事不健康、不安全、刺激的活动

不少孩子小小年纪就混迹社会，成了危害社会的害群之马，这就是在臭味相投的友伴的相互影响下导致的恶果。那些有问题行为的孩子，常常相互邀约在社会游荡，夜不归宿、逃学旷课、厌学辍学，从事偷盗抢劫、打架肇事、欺负弱小、危害社会安定等活动。

对于孩子的交友问题，不少父母是非常重视且管得较紧。但是也有不少父母对孩子的交友疏于过问、听之任之，导致孩子在与同龄人追求时尚和刺激的过程中不良交友。

父母应该承担起对孩子健康交友的引导和管理责任，父母必须过问和管束孩子的交友问题，要关注孩子平时在与什么人交往、他们在从事什么活动，发现不良苗头就要及时教育引导，终止孩子的不良交友行为。当然，父母对孩子交友的干预应注意方式方法，不要武断生硬。

尽管友伴群体的负面影响作用很大，但是父母不能禁止孩子与同学交往。因为交往是孩子的一种重要的心理需求，人际交往也是孩子的社会生活必须具备的能力。孩子从同学友伴那里可以学到不少有益的东西，所以父母应该支持和鼓励孩子正常交友。

然而，父母也必须对孩子的交往进行积极引导，把友伴教育的影响力引导到促进友伴群体积极向上、促进友伴群体成员的健康成长上来。

一是要引导孩子谨慎交友

引导孩子知道哪些人可以交朋友，哪些人不可以交朋友。积极交益友，尽量避免交损友。如果孩子交上了损友，父母最好通过与孩子沟通交流的方式，让孩子知道受到不良友伴的影响会给自己现在和未来的生活带来怎样的危害，从而让孩子自觉地约束交友行为。

二是要引导孩子学会辨别是非的能力

引导孩子知道，在与友伴交往过程中，不要意气用事，要思考哪些事情可以做，哪些事情不能做，做事一定要三思而后行，不要凭年少气盛冲动行事，以免悔恨终身。

三是要培养孩子自我调控和敢于拒绝他人的能力

父母要让孩子知道，友伴群体在一起时，要清楚自己在做什么，友伴群体的积极活动要主动参与。如果友伴群体共同谋划做坏事，要在保护自我、力所能及的前提下，通过规劝等方式尽量说服友伴，避免不好的事情发生；不能说服终止友伴的坏事时，就要设法巧妙地脱离现场。

四是要培养孩子正确处理朋友关系的能力

父母不能武断地强制孩子断绝与不良朋友的关系，而要平等地与孩子沟通，让孩子明白与不良少年交友的危害，让孩子自己做出远离不良朋友的决定。

第三章　适合孩子的才是最好的

——如何选择孩子的就读学校

在我国以一纸考试成绩为决定学生升学唯一标准的教育制度下，不少父母把孩子成长的视角，集中到了孩子的考试成绩和升学目标上。从孩子读小学开始，进重点、上名校就成了父母为孩子选择学校的重要目标，父母却从不考虑孩子的智力和学业水平是否适合就读这些学校，也不考虑自身家庭条件是否承受得起重点学校的择校费和私立学校高昂的学费。有的孩子进入了重点学校和名校，因基础太差或根本不能适应这些学校的学习而只好放弃学习，有的还因不能适应这些学校的学习生活和人际关系而患上了精神疾病。重点学校重点在什么？重点在政府重点扶持这些学校升入重点大学的应试教育。这些学校的应试教育特别突出，学生的学习负担特别重，升学的竞争压力也特别大，所以，几乎每所这样的重点学校或名校，甚至会出现因不堪学习重负而自杀的学生。在一般中学，学生自杀的现象基本不会发生。

父母不知道这样一个道理：如果为了学习而让孩子的身心健康受损，让孩子成了一个学业优秀的"病猫子"，纵使孩子学习成绩再好，有再高的学历，也是没有用的。如果孩子升入了北大清华，在中小学学习期间累积的心理问题突然爆发，发展为精神疾病而自杀了，辉煌的学业光环顷刻间湮灭，孩子十几年辛勤的苦读转瞬间即被否定，父母对孩子的期望也因孩子的一跳而泯灭，换来的只有伴随父母一生的懊悔和痛苦。

有一个疾病缠身或啃老的高学历孩子，还不如有一个能自食其力的健康的平凡的孩子更好，不少父母悟不出这个道理。

那么，怎样为孩子选择就读学校呢？

我的建议是，顺其自然，量体裁衣，不迷信重点学校和名校。决定孩子学习成绩的最重要的因素绝不是学校条件，而是孩子自身的努力程度。我喜欢以我的孩子为例说明我的观点。我的孩子小学就读的是我们当地城区最差的一个小学，但是孩子进入初中和高中的学习成绩却一直都保持优秀，把大批城市重点学校的孩子甩在了后面。孩子现在在美国一所公立名牌大学攻读博士，这是那些名校的不少学生所不能比的学业成就。

为孩子选择就读学校，还一定要尊重孩子本人的意愿，孩子如果坚决不愿意就读哪个学校，父母就不要强求，因为书是孩子在读，即使孩子屈从父母进入了父母为自己选择的学校，孩子也不会认真读书的。如果父母认为孩子选择的学校确实不好，也要在说服孩子的基础上再与孩子一起商量，确定孩子适合的学校。

公立学校与私立学校利弊之辨

对于孩子的成长，私立学校有其优势，也有其更多的劣势；公立学校有其劣势，但有其更大的优势。一般来说，与公立学校相比，私立学校的优势在于学校环境好，硬件设施先进，教师管理严格规范，但是，最大的劣势是封闭式的管理让孩子脱离了父母、社会和自然，其办学的吸引力主要是在升学上，所以应试教育的味道比公立学校浓得多，学生的学业负担和学习心理压力也很重，不利于学生完成社会化和身心的健康成长。

不少父母让孩子读私立学校，主要出于两个原因：一是看重私立学校住校全托，平时可以不管孩子，可以放心休息和娱乐，避免了许多管孩子的麻烦和烦恼，乐得潇洒轻松；二是认定私立学校的办学条件好，私立学校为了自身生存，特别重视教学质量，对老师也管得紧，教学质量相比一般公立学校好，而且不少私立学校还有素质教育的特色项目，课余时间可以让孩子学习一些兴趣特长。

大多数送孩子到私立学校上学的家长，都是冲着以上两个因素去的，而且以上两个因素中，偏向私立学校教学质量好的家长又占多数。

其实，持上述原因送孩子去私立学校读书的家长，对孩子教育成长主要还是功利性的。

第一种父母为了避免管教孩子的麻烦，根本没想过孩子进入私立学校能不能健康成长，只图自己一身轻松，这是对孩子极端不负责任的态度。

有这样一对社会地位比较高的父母，在孩子读初中的时候，出于避免管孩子的麻烦、让自己轻松一点的目的，把孩子送到了本地一所外国语学校。尽管他们家离这所学校不远，他们仍让孩子住校。由于孩子不能适应学校的住校管理，人际关系糟糕，经常与同学闹矛盾、被同学欺负，读初中期间父母就感觉孩子性格变得很内向，不与父母交流，整天拿着掌上阅读机看玄幻小说。父亲请我到他们家对孩子进行心理辅导，我到他们家后，他仍然在阅读机上看玄幻小说，我跟他打了几声招呼后才回应了我一声，又继续埋头看他的小说，我只好一边与他爸爸聊天，一边找话与他沟通，我重复一句话两三次后他才勉强简单地回应我一声。在他家这样待了一两个小时，我都没能让他放下手中的阅读机与我交流。这位父亲请我到外面餐馆吃午饭，孩子吃过饭招呼了他爸爸一声就独自回家了。这次辅导没有正式开始就告终。显然这个孩子已经产生了退缩性心理障碍，不与人交流，沉迷于玄幻小说和自我世界之中。

他父亲懊悔地对我说："当初我们就是图省事，把孩子送去私立学校全托，现在孩子都产生了心理障碍，真后悔当初把他送去这样的学校，让他就读公立学校，孩子也不至于成这样。"

有几个孩子在私立学校读书的父母，都因孩子不能适应学校的全托管理和人际关系而向我咨询过。

到私立学校读书对孩子成长的害处，除了孩子会面临不适应学校的住校管理和人际关系外，还会因与父母过早分离而造成亲情缺失，孩子的健康情感得不到培养和形成，导致与亲生父母情感疏离。

能够上私立学校读书的孩子家庭条件都比较好，所以私立学校对孩子健康成长的另一个致命伤，就是滋生和助长孩子的攀比心理。这种攀比心理无论对富裕家庭还是一般家庭的孩子的健康成长都是危害极大的。

由于私立学校是有钱人家孩子聚集的场所，孩子攀比心理的滋生和膨胀便成为必然。孩子们比用钱的阔气，比父母开车的豪华，比穿着的时尚，比父母的官大，比上网玩游戏级别高、装备先进，等等。攀比助长了孩子们的面子思想和虚荣心，也导致了不少孩子的自卑。有不少孩子由于父母开的车不够上档次，就觉得很没面子，不让父母把车开到学校来。

对于那些家庭经济条件一般的孩子，在有钱人家孩子面前，说不上话，抬不起头，自卑心理的产生就成为必然。

所以，私立名校绝不是一般家庭孩子读书的场所。

我就接触过这样一个案例。暑假，我一个学生请我们到他们家吃饭。吃饭期间学生的父亲咨询我一个问题：我一个亲戚的孩子考上了乐山一中，现在外国语学校免费让他去该校读书，徐老师，你认为他该读哪个好呢？我对他讲了去公办高中读书的好处，特别强调，如果一般家庭的孩子去私立名校读书，首先面临的就是过不了攀比这一关。这个孩子家境一般，在众多物质生活条件好的学生面前，他首先面临的就是家庭条件差带来的自卑感。

过春节的时候，我们两家人又在一起吃饭，这个父亲对我说，徐老师，真让你说准了。我说，什么让我说准了。他说，我不是向你咨询过我那个亲戚的孩子读书的事情吗？那个孩子已经吃农药自杀了。我说，怎么会去吃农药呢？他说，这个孩子进入私立名校后，因为考试成绩不理想，所以喝农药自杀了。他们家里还认为是风水不好，所以把刚修建不久的房子也拆了重新修。我说，这家人好愚昧呀，哪里是风水不好导致的，孩子在这个学校读书，家庭条件差，学习又不理想，是因严重的自卑和失落而自杀的呀！

所以，单为避免孩子会产生攀比心理这一点，就不应该把孩子送到私立学校读书。为了孩子在成长中更多地接触社会，利于孩子健康情感的培养和形成，也不应该送孩子到私立学校读书、过早与父母和家庭分离。孩子年龄越小，越应该在自然环境中成长。

除非父母确实没有教育管理孩子的条件，我认为，孩子在高中以前应待在父母身边，不应去封闭式学校读书。封闭式学校不仅封闭了孩子的时间和空间，还封闭了孩子与社会和自然的接触，更封闭了孩子与父母的情感交流和浸润。小学和初中的孩子，放学以后就应该回到家里与家人在一起，增强与家人的情感交流；经常与邻里社区人群接触，学习社会交往技能；多接触大自然，接受自然气息的陶冶。

在封闭式的私立学校读书，孩子除了在教室，就是在食堂寝室；除了与老师接触，就是与同一个生活老师相对，这对未成年孩子的情感培养是绝没有好处的。到了高中阶段，孩子已基本成年，其能力和素养才基本能适应住校生活，才适宜住校读书。

我始终认为，符合自然法则的教育，才是最科学、最好的教育。孩子现有条件适合在什么学校读书就在什么学校读书，孩子才能正常、健康地成长。

名校对孩子的成长可能是致命伤

重点学校不一定是好学校，对孩子来说可能是坏学校；名校不一定是好学校，对孩子来说可能是成长的致命伤！

这里说名校包括两类学校，一类是公立学校中的国家级重点学校，另一类是那些具有一定办学特色、条件好、升学率高的私立学校。

现在不少孩子，由于从小生活条件富足，只知道追求刺激享乐的生活方式，不知道通过学习充实和提高自己，厌学弃学。考初中高中，由于家庭有钱，父母用钱就可以让孩子读名校。然而，这些孩子进入名校只不过是徒有在名校读书的虚名而已，由于学习基础差又懒于学习，这些孩子根本不能适应名校的学习要求，跟不上名校的学习进度，初中毕业后连普通高中或普通大学的专科都考不上，父母又出大把钱让孩子去读高中名校或大学，孩子又在高中或大学混三年或四年，高中毕业后连一个职业院校都考不上，上了大学也只能混几年。这些家庭因为有钱可以毫不吝惜，可是孩子呢，白白浪费了几年宝贵的青春，最终一无所获。这种孩子，还有可能由于在学校无所事事而惹是生非，还可能惹出祸端，为父母增添不少麻烦。

孩子进入名校读书的一个致命伤，就是在优秀学生云集的名校里，学习基础和能力太差的孩子，在学习上自信心就大受打击，在同学面前自我价值感经常处于被否定状态，所以自卑感会越来越强。

更可悲的是，不少家庭条件一般的父母也紧跟名校风潮，节衣缩食也要出高价学费让孩子去读名校。孩子进入名校后，首先过不了的就是"攀比"这一关，在众多富裕家庭孩子阔绰的生活消费面前抬不起头，产生严重的自卑心理，学习上的自信也受到巨大冲击，学习成绩受到严重影响，最终让父母对孩子的巨大期望和付出的高昂代价付诸东流。

"才能教育法"的创造者，日本著名教育家和音乐家铃木镇一说："英才教育只不过是使跟不上学习的孩子纷纷掉队，（学校）只选出易教的孩子加以训练。英才教育的想法是'只培养特定的孩子'，而不是'让所有的孩子都得到培养'。作为家长应尽量避免让孩子到英才教育机构去接受培养。"

老百姓有一句俗语，叫做"一个萝卜一个坑，什么萝卜挖什么坑"，小萝卜如果挖一个大坑，只能倒在坑里、被埋在土里，永远也翻不了身。孩子读什么学校也是同样的道理。靠钱或权进入名校读书的孩子，最终都不会有好的学习成绩和好的升学结果。如果这些孩子在稍次一些的学校读书，学习状态反而会更好，更有可能获得比较理想的升学结果。

孩子就读的学校一定要与孩子原有的学业水平相适应，适合就读职业学校的就不要读普通高中，适合就读一般中学的就不要读重点学校和名校。

在孩子就读学校类型和层次上，父母确实需要慎之又慎，权衡利弊，与孩子一起做出正确的选择。

辽宁高考状元刘浩，成长于一般百姓家庭，父亲只是一个工厂的技术员，母亲下岗在家照顾家庭和孩子。小学毕业时刘浩考上了沈阳市最好的中学东北育才中学，但是要自费出12000元的学费，他同时还考上了一所只招100人、要出9000元的学校和一所只需出2000元的学费的普通中学重点班，刘浩的父母经过权衡，觉得宁当鸡头、不做凤尾，征得刘浩的同意后让儿子进入了那个普通中学的重点班学习，结果刘浩在初中一、二年级都保持第一，初三在该校以第五名的成绩考上了本区的一所重点高中，同时刘浩还考上了省重点高中和市重点高中，但是他们家的条件不容许刘浩远离家乡去省里、市里的重点高中读书，经权衡最终仍然选择了就近的区属重点高中读书。进入区属重点高中后，由于刘浩是尖子生，所以特别受老师和学校的重视，在母亲的精心培育和自己的勤奋努力下，刘浩最终在这所区属普通中学考上了北京大学生命科学专业。

这个事例告诉父母，只要具备了良好的学习习惯，又学习得法，无论在什么样的学校都可能取得优秀成绩。刘浩的父母为孩子选择就读学校的着眼点，一是孩子选择升学学校的指导思想是"宁当鸡头，不做凤尾"，让孩子在就读学校既受重视又有自信，在一个轻松自如的氛围下学习。二是要考虑家庭经济承受能力和孩子上学的便利，这对培养孩子体谅父母、量力而为的品质很有好处，也让孩子在读书期间尽量不脱离家庭，能让孩子与父母保持面对面的情感交流，利于亲子关系的融洽。

新东方创始人俞敏洪说："每一位家长都想把孩子送去名牌大学，但不知道北大、清华心理有问题的学生比例非常高，达到30%，我个人认为不止30%。我当时在北大还是比较健康的，但我已经发现周围的很多同学有心理问题，现在北大的学生竞争很激烈，所以北大的自杀率很高，每年都有。统计数据表明，大专学生自杀率几乎为零，所以大家都知道以后把孩子送到什么地方上学了，也就是说，不能随便送到北大去。"

在孩子的读书上，不少父母煞费苦心让孩子进名校读书，其实可能会导致孩子的悲剧命运，制造孩子成长的苦难，为孩子未来生活种下痛苦的种子。父母实际上是在和自己作战，用自己的奋斗来击毁自己的目标。这是自作自受的悲剧性的教子行为。

中下等学习成绩的孩子最适合就读职业学校

先看一则媒体报道：

> 16岁男孩小金，即将面临中考。但他每天下课后，却喜欢泡在家旁边的新华书店，看各种各样的小说，就是不回家。
>
> "老爸天天叫我考大学，我不想见到他！"他捧着麻辣烫吃得很开心。
>
> 小金的父母，是对朴素的城市人，都是企业职工。去年下半年开始，父母觉得没办法和孩子对话了。因为爸爸希望孩子考普通高中、上大学。小金却希望去读职高，学一门手艺。
>
> "我语文、英语差，怎么背都不行，上辅导班也没用，就是学不进去，我也没办法。"小金考虑得很实际，"我就不是读书的料，还不如学手艺好。"
>
> 爸爸却觉得，自己做了一辈子工人，吃够了苦头，希望孩子能走一条不一样的路。
>
> 因此，父子俩一碰到就吵架，甚至拳脚相对。发展到后来，孩子只要一看到爸爸在家，就扭头出门，拒绝对话。

孩子认为自己不是读书的料，是一种自我审视，是自知之明。孩子认为自己不是读书的料，其实就是不愿意走读书成就功名之路，自然不想去面对苦读书和升学竞争的痛苦。有的孩子确实视学习为畏途，除了读书之外，让他做什么事、吃什么苦他都乐意。对于这样的孩子，父母应当尊重孩子自己的意愿。如果父母硬要强求不愿意读书、读书确实很困难的孩子走读书之路，必然是自寻烦恼，孩子和父母都会面临不少困扰和痛苦，最终不会有好的结果。

在孩子初中毕业后是升入普通高中还是职业学校读书的问题上，父母普遍存在着一种偏见，认为普通高中才能学到东西，职业学校学不到任何东西。这实际上是目前父母们认识的一个误区。持这样观念的父母，既不了解普通高中，更不了解职业学校。同时也是父母（包括不少孩子）面子思想作祟，认为职业教育比普通教育低等，孩子读普通高中有脸面，读职业学校没面子。所以，不管孩子在初中时学习成绩怎样差，父母出再高的费用也要把孩子送去普高读书，而坚决不让孩子去读职业学校。

父母不明白，职业教育与普通学校教育只是培养目标的不同，并没有高低之分。普通学校偏重文化科学知识的传授，职业教育偏重学生职业技能和社会适应能力的培养。

父母们不知道，只针对大学升学而脱离生存能力培养是普通学校教育的最大弊端，这样的教育模式培养出的也可能是五谷不分、四体不勤的啃老族。

父母从没想过，孩子在初中时学习成绩就差，如果进入普通高中读书，入学时在学习成绩上就与绝大多数同学差距甚远，自信心备受打击，自卑感油然而生。而且，普通高中都是针对大学升学办学的，无论是一般高中还是重点高中，学校和老师都会倾尽全力去关注那些升入大学有望的学生，教学进度和要求也是向升大学看齐的，自然会对那些升大学无望的学生不屑一顾。所以，学习成绩差的学生，自然跟不上教学进度而厌学弃学，再加上被老师忽视，被同学看不起，产生自暴自弃现象也就是必然。这些孩子除了在普通高中白白浪费大好的三年青春外，还要备受三年的痛苦煎熬，最终还是一无所获。高中毕业后升学无望，又无一技之长，只能找那些毫无技术含量的工作。如果要想从事有技术含量的工作，还得重新去接受职业培训，获得职业资格证。不仅如此，孩子在普通高中的三年，父母也会白白付出不少的钱财和精力，还要伴随孩子学习成绩差对自己心灵的煎熬。

职业学校办学是直接培养具有中等文化程度的技术工人的。职业学校的学生在学习期间不仅可以学到一至几门职业技能，拿到相应的职业资格证书，还会受到与从事职业活动相关的职业能力和其他适应社会的素质的培训，例如演讲与口才、社交礼仪、社会交往、组织管理等。学生一出学校就可以马上进入员工角色，为社会创造财富，不再要父母负担，更不会让父母面临孩子读书后仍然回家啃老的困扰。

近几年来我国大学生就业形势严峻，主要说的是普通大学学生找工作难，但职业院校的大中专学生找工作并不难。我国目前最缺乏的是高级职业技术人员，普通大学学生所学的专业不是与社会需求脱节，就是供大于求、难于找到工作。

因此，对于那些初中阶段文化知识比较差的学生，我极力建议去就读中等职业学校。学习基础差的学生高中毕业后也最好去读职业技术高校。这些孩子进入中、高等职业院校学习，大多会喜欢上学校的专业课和社会课程，也会为学校宽松、活泼的氛围所吸引，不仅能学到一技之长，而且可以学到进入社会后的交际、口才等才能，孩子出学校后不会找不到工作，更不用父母担心其生存和生活问题。我在职业学校从事了十年的教学和管理工作，我任班主任时的学生现在不少生活条件都比我好得多。不少职业学校毕业生进入社会后不久就成了企业的技术骨干或管理者，还有不少人自己做了老板。因此，我告诫父母，不要因为自己的脸面去跟社会风潮，在孩子读书就业等人生选择上一定要有清醒的头脑，要根据孩子的兴趣、特长、意愿以及现有的文化基础，与孩子一起做出较好的权衡：孩子去读普通高中或普通大学究竟会不会得到我们所期望的那种结果，不要强求孩子服从父母的意愿而导致孩子走弯路和家庭无谓的损失。

第二篇

理正观念，
回归理性家教常态，
做明白父母

第四章　让家庭教育从盲目走向清醒，从杂乱走向有序，做明白父母

参加学习培训，掌握科学教养孩子的知识与技能，做合格父母

教育的本质就是做人的教育，无论是学校教育、家庭教育还是社会教育，都是如此。在学校教育、家庭教育和社会教育三个方面的教育中，只有社会教育不可能是有序的，家庭教育和学校教育都应该而且必须处于有目的、有计划的有序状态。从学校教育诞生开始，就逐步进入了有目的、有计划的有序状态。而家庭教育却一直处于杂乱无章的无序状态，由于父母从来没有接受过怎样做父母的教育培训，父母在不知道怎样做家长的情况下就糊里糊涂地结婚，然后就糊里糊涂地生孩子、教养孩子，不仅是父母的悲哀，更是孩子的悲哀。父母连自己都还不懂得怎样做人就在教孩子怎样做人，父母自己都不知道为何读书，却千方百计要孩子读书考出好成绩。这确实是对家庭教育的莫大的讽刺。

不知道怎样做父母，父母只能按照自己想当然的方式教育孩子，结果导致孩子成长过程出现不少问题，也把自己弄得身心疲惫、焦头烂额。

很少有父母意识到教养孩子需要科学理论和方法做指导而主动去学习家庭教育知识的，直到孩子的成长出现了严重问题，父母还不知道原因就在自己身上，孩子的问题主要是自己错误的家庭教育所致，而只是一味地责备孩子怎么顽劣，怎么大逆不道。

问题孩子的背后一定有问题父母，孩子的问题主要是父母的问题教育方式所致。这是我对父母们的当头棒喝！对父母的谆谆警示！

皇甫军伟说："我们要反问的是我们的教育储备够不够，我们的家庭教育能量够不够，我们的教育修养够不够。"父母要知道，不合格的父母，是难以把孩子培养成为一个合格的人的。

每对夫妻在做父母前，确实应该想想，自己准备好做父母了吗？是否具备科学教养孩子的知识能力，是否具备承担教养孩子的资格和责任，是否能做一个合格的父母。如果答案是肯定的，你就可以理直气壮地做父母了。如果答案是否定的，你就要自觉购买一些家庭教育书籍来学习，或者参加一定的家庭教育培训，首先让自己成为合格的父母。

克服功利思想，不求孩子"成龙成凤"，力求孩子"健康成人"

目前，我国的教育可以用"功利"和"短视"四个字来概括。中国青少年研究中心发布的一项调查结果显示，83.6% 的中学生父母要求孩子考试成绩在班级前 15 名以内，近 55% 的父母希望孩子读到博士学位。家长寄予孩子过高希望，常常让孩子累得喘不过气来。

教育只重视学生的考试和升学，不重视学生的生存、生活和创造等方面能力的培养，不为人的可持续发展和未来生活考虑。从幼儿教育到大学教育，"功利"两个字贯穿了我国教育的始终。社会教育承担着为"功利教育"推波助澜的角色，学校教育和家庭教育则扮演着"功利教育"实施者的角色。功利教育的代名词就是唯分数的应试教育。几乎所有的教育活动都围绕着应试升学转，包括体育和艺术等训练体能和审美情趣等素质的教育项目，都成了应试教育的工具：通过艺考和运动员级别可以在升学中加分，那些与升学考试联系不上的课程，例如劳动课、综合课、地方课等，在中小学基本都被砍掉或挤占了。教育的本质应该是育人，育人最重要任务是教会受教育者怎样做人、怎样更好地生存和生活，可是在我国的教育中这个本质却被抛在了一边，成了只见分数不见人的应试教育的手段，应试教育把一个个活生生的人变成了只知道为分数和升学而读书的储存知识的容器和考试的机器。

功利性教育在家庭教育的典型体现，就是每个父母都竭力要让孩子通过读书"成龙成凤"。在绝大多数父母眼中，学习就是孩子成长唯一的事情，读书的目的就是考好分数、升好学校。在孩子好坏的评价上，也只有一条标准，学习成绩好的就是好孩子，学习成绩差的就是没出息的孩子。若孩子学习成绩好、能升入重点学校或名校，父母就十分自豪，同时也继续给孩子加压，让孩子在学习上疲于奔命；若孩子学习成绩差，父母就觉得脸上无光，就放弃对孩子学习上的要求，就认为读书无用，以致让孩子厌学甚至弃学。

父母要明白，真正的学习是掌握知识的学习，而不是为考试而死记硬背的学习。掌握知识和考试分数绝不是同一回事。一个孩子的考试分数优秀，并不能证明他掌握了所学的知识。如果孩子只是为考试成绩而学习，就可能在死记硬背上下功夫，考试后便把大部分知识遗忘了。

无数孩子的成长历程和成年后的生活状态表明，在孩子成长过程中最重要的事情并不是狭隘的为升入好大学而"成龙成凤"的读书应试，而是健康的身心、健全的人格、生存和生活素质等的形成。这些与做人和生存生活密切相关的素质，才是孩子最终立足社会、适应社会、维持生存和发展的最重要的品质。

还有一个值得父母警示的，就是不少父母逼着孩子刻苦读书，孩子的学习成绩也确实一直优秀，可是由于孩子长期处于过度紧张和过大心理压力的状态，隐形心理问题不断累积，最终必定成为心理障碍，在中学或考上大学后就自杀了，有的在硕士或博士就读期间或毕业后也自杀了。这样的孩子对父母是光荣呢，还是不幸？答案不言自明。不少父母对孩子的偏执教育，最终把孩子逼上了绝路，父母用"成龙成凤"这把无形的"软刀子"杀害了孩子。

所以，在孩子的培养和发展目标上，父母需要有清醒、理性的头脑，要放下功利思想，按照孩子的天性教育孩子，用能让孩子自由、健康成长的方式管教孩子，按照让孩子成为合格社会成员、具有生存和生活能力的人的目标来教养孩子，孩子长大后才能独立承担生存和生活的责任，才不至于成为父母的累赘，才能让父母省心放心。

孩子成长的根本目标是"健康成人"，而不是"成龙成凤"。无论孩子长大后发展如何，无论地位高低、物质贫富，只要孩子能够承担做人和生活的责任，堂堂正正做人，能通过自己的劳动自食其力，能正常、平和、快乐地生活，就是做父母的成功，就是父母的欣慰。

不求孩子"成龙成凤"，力求孩子"健康成人"，让孩子成为一个能自食其力、对社会有用的人，这是家庭教育的唯一任务。

当年杜鲁门当选美国总统后，有人向他的母亲祝贺："你有这样的儿子，一定十分自豪。"杜鲁门的母亲回答说："是的。不过，我还有一个儿子同样让我骄傲。他现在正在地里挖土豆"。

杜鲁门母亲的伟大，就在于她把挖土豆的儿子与当总统的儿子同样引以为傲！这种教子理念是值得所有父母借鉴的。无论是身为总统的孩子还是种土豆的孩子，都是她自己成功的作品，都值得自己骄傲。只有像杜鲁门母亲这样以平和的心态对待孩子成长，才能够培养出像杜鲁门这样影响历史的伟人和种土豆自食其力的儿子这样都对社会有用的孩子。

父母付出了巨额金钱，往往不仅得不到相应的回报，还浪费了孩子的不少时间，伤害了孩子的身心健康，也耗费了父母不少时间和精力。例如，为加分考级给孩子报各种体育艺术培训班，让孩子无限制地补课，给孩子购买大量教辅资料和高昂的学习用品，用物质奖励刺激孩子学习，等等，都要付出大量的金钱，但是这些做法对孩子的学习积极性不仅没有促进作用，反而起到负面作用。

即使经济条件一般的家庭，父母也要给孩子最好的生活消费，不管需要不需要，适用不适用，只要钱花在孩子身上，父母都舍得。美其名曰现在就只有一个孩子，不要委屈了孩子。无论家庭条件怎样，孩子都要去最好的幼儿园；花再大的代价，也要让孩子去读名校和重点学校。不管孩子是否有与读重点学校和名校相适应的文化基础，也不管孩子愿意不愿意，更不管孩子进入重点学校和名校后学业和成长会不会比一般学校更糟糕，父母天真地以为进入了重点校和名校，孩子就可以成才。

我经常告诫关心孩子就读学校的父母，孩子就读的学校一定要适合孩子的智力和学业基础状况。孩子成长最重要的是正常做人，身心健康和快乐。养育孩子也要遵循经济学原理，也要考虑投入与产出，理性投资，以最小投入获得最大效益。父母出了钱反而阻碍了孩子健康成长甚至让孩子遭罪，这种赔本生意真是比生意场上赔本更加不幸！

"一切为了孩子"、"为了孩子的一切"，这些口号都是极端错误的，这是把父母教养孩子的方向引入误区。耗费巨大财力千方百计让孩子读重点上名校，其实也是为了满足父母的面子和虚荣心的一种表现。像对待生活消费一样，父母对孩子的成长和教育投入也应遵循"量入为出"的原则，有多大的腿穿多大的裤，有什么家庭条件就给孩子什么样的生活，孩子适合就读什么样的学校，就让孩子接受什么样的教育，不要不顾家庭承受能力、无限制地满足孩子的生活需求，更不要节衣缩食甚至贷款让孩子去就读重点学校、贵族学校等所谓的名校。

理性的教育投资，应是以提高孩子的文化和艺术修养、发展孩子的兴趣爱好和训练孩子的社会实践能力为投入目的。在节假日带孩子外出郊游或旅游，让孩子参加提高素质能力的夏令营等活动的投入也是必要的。

针对不少父母不顾家庭经济条件是否容许，跟风社会潮流，花巨额费用想让孩子成名成星的不理性投资的现象，南京艺术学院音乐系钢琴专业杨继琲教授说："一个普通家庭如果因此为了小孩负上巨额债务，那是否明智，也要打上疑问号了。而且这样一来，把孩子逼得背水一战，只许成功不许失败，对孩子来说压力太大，那就不是在培养孩子成才了，而是在以孩子为工具对孩子的命运与全家的命运进行赌博了。这从某种意义上讲是违背人性的。喜欢音乐本是好事，这样的结果，则可能变成悲剧。"

教育孩子要学会"无为而治"，顺其自然

"无为而治"是老子道家思想的一个精髓。老子认为，世界的本原是无，只有无才符合道的原则，"圣人处无为之事，行不言之教"。无为，即"不为物先，不为物后"，顺乎自然以为治。无为就是不要刻意有为，对事物发展持顺其自然的态度。因为世界原本是无，追求的结果也会从有变无，因而揭示事物发展的结果并不是最重要的，而探究事物发展的过程才是最重要的。有好的过程就会有好的结果。过分在意结果，反而会让过程出现不少人为的磕绊，导致相反的结果。要有所为，就要持有所不为的心态。有所不为才能放下无谓的担心，轻装上阵，以达到有所为的目的。无为是实现无所不为的前提条件。"以无事取天下"、"无心插柳柳成荫"是"无为而治"思想的典型写照。

"无为而治"是一种博大的胸襟，一种平和的心态。有所不为，心态平和，排除杂念，专心做事，才能保证取得有所为的结果。

"无为而治"的思想体现在家庭教育中，就是父母要对孩子的成长结果持顺其自然的态度，不要刻意逼孩子成为什么样的人。孩子的成长受到了多种因素的制约，

不是父母想要孩子成为什么样的人，孩子就能成为什么样的人。

制约孩子成长的因素主要有先天的内在遗传因素和后天的外在成长环境。孩子的内在遗传素质是先天从父母的遗传基因里带来的，是不能改变的。一个出生正常的孩子，其先天遗传潜质决定着孩子最有可能成为什么样的人，不能成为什么样的人。例如，有的孩子的潜质偏重于逻辑思维，有的孩子的潜质偏重于形象思维。偏重逻辑思维的孩子最有可能成为科学家，偏重形象思维的孩子最有可能成为艺术家。父母教育孩子应顺应孩子的遗传潜质，让孩子得到最好的成长和发展，反之则会影响甚至阻碍孩子的成长。所以父母不能强制孩子按照自己为其设计的人生道路成长和发展。教育孩子刻意而为，往往都要被碰得头破血流，期望越大，失望越大。顺乎孩子的天性，遵循孩子的成长规律，对孩子实施科学的教养，让孩子的成长过程变得更单纯、更顺利、更健康，不要太在意孩子成长的结果，孩子能成为什么样的人，就以平和的心态去接受，反而会让孩子得到较好的成长和发展。

教养孩子"无为而治"，是教育孩子的至高境界，能够达到这一境界的父母非常少。本书把这种思想介绍给父母，是要让父母对孩子的成长结果抱一种顺其自然的平和心态，减少父母教育孩子的心理压力，孩子的教养过程就会变得轻松起来，成长结果自然会更理想。教养孩子具有"无为"思想，父母就会少了急躁和焦虑，多了理性和平和，就会避免不少亲子冲突，让亲子和谐，家庭温馨，家人和乐，何乐而不为呢！这种家庭的氛围，也是常态家庭教育所追求的目标。

叶圣陶的长子叶至善是著名的编辑出版家和作家，曾任中国少年儿童出版社社长兼总编辑。但小时候读书并不用功，当年小学一共12次升级考试，他竟有4次不及格，别人只需读6年的小学，他竟不得不读了8年。奇怪的是，被人称作大文学家、大教育家的叶圣陶，从未因此焦虑。在叶至善的印象中，父亲从不逼他考个好分数，也从不强迫他将来一定要上大学。父亲对他实施的似乎是一种"顺其自然"的教育。就是这种顺其自然的教育，让叶至善得到了健康成长，最终成了著名的出版家和作家。

做好父母的一二三

做好父母的一二三，指的是做一个好父母，一是要用心，二是要科学，三是要持之以恒。

每个父母都要求孩子要用心学习，教子观念正确的父母还要求孩子用心做事。父母都知道，不用心学习就不会有好成绩，不用心做事，任何事情都会做不好。

在孩子的教育上不愿意用心的父母很多，用心的父母却很少。父母就是这样在孩子面前言行不一。由于教育孩子不是简单的、一朝一夕的事情，要用心就要花时间、费精力、下功夫，就会非常累，还要面临不少孩子问题带来的烦恼，还会生不少气。所以，不少父母把孩子交给爷爷奶奶外公外婆带了事，以逃避教育孩子的责任及其所带来的烦恼和困扰。

有一次我与原乐山师范学院青年教师发展协会学术总监、现琼州学院教授、浙江大学教育学博士曹惠容老师交流家庭教育，曹老师谈到，她们的孩子坚决不会让爷爷奶奶外公外婆带，而是要亲自带。自从她从外地调回乐山工作后，他们夫妻就分工，天天陪着孩子，早上由老公送孩子上学，下午由她负责去学校接孩子回家。为了教育好正在读小学二年级的孩子，她放弃了竞聘学院院级领导职务资格，基本上也放弃了外面的社会活动；老公原来周末都外出打牌，为了教育孩子，她与老公做斗争，让老公把打牌的习惯改掉了；为了培养孩子的独立自理能力，从孩子四岁开始，她就有意识地培养孩子做一些简单的家务活，现在孩子在家里除了要做洗碗、扫地、拖地等家务外，还要专门负责照顾家里养的宠物乌龟。

听曹老师讲到这些在教育孩子上下的功夫后，我感慨道："曹老师，你教育孩子真是用心呀！"

曹老师说："不用心不行呀！非常遗憾的是，在我国，现在像我们这样用心教育孩子的父母却不多。父母只知在外潇洒玩乐，却不愿意在教育孩子上多用点心。"

我说："的确如此，现在不用心教育孩子的父母确实不少，但是他们却还要求孩子用心读书，成龙成凤，要考上一流大学。孩子学习不好就训斥孩子。"

做用心的父母，在孩子的教育上多下点功夫，多付出点时间和精力，这是孩子健康成长父母必修的功课。不用心教育孩子却想孩子成才，只能是天方夜谭。

教育孩子还要讲科学，这也是孩子健康成长的前提条件。不少父母没有接受过系统的家庭教育培训，也没有自学过科学的家庭教育知识，没有做好准备就做了父母，在教育孩子上不出问题才怪。

做任何事情都需要科学的理论做指导，科学的方法做保证，教育孩子成为什么样的人，决定着孩子一生的生存发展，不能没有科学家庭教育理论和方法做指导。所以，我建议将要做父母和已经做了父母的都应学习一些科学家庭教育知识，让自己从盲目糊涂的父母变成清楚明白、知道应该怎样做家长的父母。

教育孩子要用心，要科学，这是孩子健康成长的必然要求，可是更需要长期坚持。孩子的成长是分分秒秒的连续过程，每分每秒孩子都在变化，都在成长。孩子往什么方向变化、成长，每时每刻都需要父母的教育引导和管理。不少父母心血来潮的时候管管孩子，大多数时间则弃孩子于不顾，这种"三天打鱼两天晒网"的教育方式，孩子怎会有好的成长结果？

熟知我的不少人都羡慕我孩子的优秀，也羡慕我没有在教育孩子上遇到什么烦心事，可是他们却不知道，我是怎样陪伴孩子走过了他最重要的成长阶段的。孩子读小学时，我们家住乐山城郊，孩子在城里一所小学读书，距我家十几里路，孩子读一年级时，我天天都骑着自行车送孩子去乘公交车，下午放学后又骑自行车去城里接孩子回家。孩子小学二年级时，我每天早上都要骑自行车送孩子去乘公交车，下午都要在距家两三里路的站口去接孩子。孩子读小学时的周末，基本都跟着我，我带孩子去城里学画画，带孩子郊游等。从孩子小学到高中毕业，除了出差以外，只要孩子在家，我就一定在家。孩子就是这样在我的陪伴下长大的。

我感到很欣慰，在教育孩子上我不仅用心，科学得法，还持之以恒，没有间断地陪伴孩子长大，也收获了孩子健康成长、理想发展的结果。

按照孩子的天性培养孩子

每个孩子都是具有独立个性特点的个体。每个孩子都具备某种独特的优势天赋潜质，智慧的父母善于发现并顺应孩子的天赋潜质培养孩子，给予孩子合适的教育助力，让孩子向着适应其优势潜质的方向发展，自然会得到理想的成长结果。

遵循孩子的优势天赋潜质为孩子确定成长目标和发展方向，孩子就容易顺利成长，成长过程也会少走弯路。如果孩子的心思确实没有在学习上，而喜欢动手做事，父母就应该让孩子多做事，孩子在做事中智力自然会得到发展，能力自然会得到培养，孩子就可能在某个领域取得突出的成就。如果孩子不是读书的料，而喜欢奇思异想，动手创造一些新奇的东西，孩子就可能具备某方面的创造才能，那么父母就应因势利导，激发孩子在创造发明领域的热情，让孩子在创造活动中知道科学知识的重要，促使孩子爱上学习。

美国著名教育心理学家、哈佛大学霍华德·加德纳教授等人提出了多元智力理论，强调每个人都有不同的潜能或特质，及早发现这些潜能或特质有助于未来的学习，学前儿童的智能发展有很大的可塑性，多元智力理论为弹性课程、自由选择课程提供了理论依据，有利于因材施教，让每个孩子独具的潜质得到开发，有利于孩子成为最好的自己。

在《心智的结构》一书中，加德纳首次提出并重点论述了多元智力理论的基本结构。加德纳认为，支撑多元智力的是个体身上相对独立存在的、与特定的认知领域或知识范畴相联系的8种智能。这8种智能包括：

语言智能：对语言文字的感受、理解和运用的能力。

数理逻辑智能：数字运算、逻辑推理和抽象思维的能力。

视觉空间智能：对空间、线条、形状、颜色等视觉空间元素的准确识别能力，以及从不同的角度和层面改变和重塑空间的能力（根据最初的感知进行创作的能力）。

身体运动智能：支配身体动作和熟练操作物体的能力。

音乐智能：对节奏和旋律的感受、欣赏、创作和表达的能力。

人际关系或社交智能：察言观色并对他人的情绪、脾气、心意和企盼做出恰当反应的能力，以合作的方式进行学习活动；在群体中工作；通过为别人服务来学习。

自我认识智能：体验自己的情绪感受和分辨自己各种不同心理状态的能力，明白自己的强项和弱项。

自然认知智能：善于观察自然界中的各种事物，对物体进行辨识和分类的能力。

按照加德纳的理论，每个孩子都或多或少具有8种智力中的几种，只是其组合和发挥程度不同。每个孩子都有自己独特的优势智力领域，有自己的学习类型和方法，孩子之间不存在哪个更优秀、哪个更低劣。这个孩子具有语言和数理逻辑方面的智能优势，那么这个孩子在适应学校学习方面就具有独特的天赋，就有可能在学业成就上比其他孩子更为优秀；另一个孩子具有对节奏和旋律的感受、欣赏、创作和表达的音乐智能天赋，那么这个孩子往音乐艺术人才方面发展可能更易取得成功。

以此类推，每个孩子都具有自己独特的智力特点和相应的容易成才的发展方向。父母要在教育孩子上更为成功，就要找到孩子的优势智能潜质，并针对性地给予教育和训练，将孩子的优势智力发挥到更高水平。

孩子独特的智力特点就是孩子的天性，这种先天带来的遗传基因是不能改变的。我们只有顺势而为，遵循孩子的天性培养孩子，才能让孩子的教育事半功倍，让孩子得到最好的成长和发展。

一个智力残疾的孩子，他的大脑神经可能大部分异常，但是大脑皮层某一部位的功能可能还是正常的，如果能够通过教育训练发挥大脑正常部位的功能，那么也有可能在这方面成为天才，这就是"白痴天才"之说的依据。智障孩子舟舟的父亲顺应孩子对音乐节奏感悟力强的天性，最终把舟舟培养成了一个"天才智障"指挥家就是一个很好的例子。

> 舟舟，又名胡一舟，男，汉族，1978年生，智力残疾，湖北省武汉人，中国残疾人艺术团演员。患有21三体综合征，先天愚型儿。幸运的是，舟舟的父亲从来不愿意让儿子放弃生活和快乐的权利。舟舟父亲查资料得知，21号染色体多一条的人有可能成为数学或音乐天才。于是他就打算在这两方面发展舟舟。他叫舟舟认识数字，可是怎么都教不会，他又拉小提琴给舟舟听，结果舟舟听后很兴奋，双手不由自主地随着弦乐节拍比划着，当时舟舟刚两岁。父亲发现了儿子在音乐方面的天赋，从小就偏爱指挥。于是，在舟舟3岁的时候，父亲便带着他走进武汉交响乐团的排练厅，从此，舟舟便在音乐的海洋里起航了。1999年在北京首次登台指挥中国芭蕾舞剧院交响乐团演奏《瑶族舞曲》等曲，获得极大的成功。2000年9月赴美巡演，指挥美国国家交响乐团等著名乐团演奏《自新大陆》交响曲第四乐章，被世界著名的音乐大师斯特恩誉为"创造艺术的指挥家"。1998年《舟舟的世界》专题片被译成多种语言在海内外播出。舟舟是世界上唯一一个不识乐谱却能指挥大型交响乐团的人，他多次获得与世界著名的音乐大师同台演出的机会。从1991年1月开始至2007年6月，舟舟已登台演出近300场，足迹遍布世界60多个国家和地区，场场爆满。如今的舟舟和舞蹈演员邰美云是我国残联仅有的2名终身演员。

读了舟舟的故事以后我在想，当知道舟舟可能成为数学天才，可是经过教育证明舟舟不仅没有数学天赋，而且连基本的数学思维能力都没有时，舟舟的父亲如果硬是要让他成为一个数学家，是不是会被世人笑话。但是，舟舟的父亲却从舟舟能够随着小提琴弦乐的节拍比划，发现了儿子具有音乐天赋潜质，于是顺应孩子的天赋潜质，让孩子走上了音乐之路，舟舟才成为了一个著名的"天才智障"指挥家。舟舟父亲成功培养舟舟的事例说明，孩子的教育培养方向和目标一定要顺应孩子的天性，才更有可能让孩子走上成功。舟舟父亲成功培养舟舟成为"天才智障"指挥家的故事，对你是不是有所启发呢？

克服教子焦虑症，用平和的心态对待孩子学习和成长

受"望子成龙，望女成凤"思想的影响，几乎所有的中国父母对孩子的成长和未来都寄予了很高的期望。成名成家，光耀祖宗，荣耀父母，是中国父母教养孩子的最高目标。父母的这种教子心态面对以分数为唯一标尺的考试制度时，就注定孩子会从出生的那天起，就进入了不要输在起跑线上的应试教育"马拉松比赛"之中，父母也让自己教养孩子的过程一直处于高度紧张焦虑状态，生怕有所懈怠就让孩子在分数的起跑线上败下阵来，让自己在孩子身上的梦想成为泡影。处于这种教子焦虑状态的中国父母实在是太多太多了。

父母为何会被孩子的教育和成长弄得如此焦虑？主要是父母的教子观念出了问题。父母教育孩子的焦虑主要来自孩子的学习方面。父母把教育孩子的目标放在让孩子成龙成凤上。可是父母都没有考虑过这些问题：能成龙成凤的孩子有多少？自己的孩子又是不是成龙成凤的料？不少父母一味地让孩子往升学应试的独木桥上挤，为了让孩子挤过升学应试的独木桥，可以说使出了浑身解数，耗尽了全身心血，生怕孩子被挤下来。可是挤上升学应试独木桥的孩子毕竟是极少数，众多的孩子在费了九牛二虎之力后，还是逃不脱被挤下独木桥的命运。

最重要的是，父母不明白，自己对孩子学习的过度焦虑、不停地唠叨和加压，对孩子在学习上的上进心和信心起的都是负面作用，没有一点好处。厌学不是孩子的错，而是父母和老师对孩子的学习太过关注、太过加压，让孩子无法承受沉重的学业负担的结果。孩子厌学，是对过重的学业负担和过大的学习压力的一种本能的自我保护现象。

其实，如果父母在教育孩子上的观念清醒一点，态度理性一点，不要把孩子的学习成绩和升学看得过重，以顺其自然的心态看待孩子的学习成绩和升学，孩子反而会从容自如地学习，学习成绩会更好。

按照常态下培养最好的孩子的思想，孩子的教育一定要顺应孩子的天性，遵循孩子的成长规律，不要刻意让孩子成为什么样的人，更不要强求孩子按照父母

的方式去做，而要让孩子自由地成长。只要孩子做人没有问题，身心健康，即使学习成绩差一点，父母也要为之欣慰。如果父母能抱着这样的心态，教育孩子就不会那么麻烦，更不会让自己那么纠结焦虑了。

刻意让孩子成为什么样的人，孩子的成长往往都会向父母期望的相反方向发展；而顺应孩子的成长规律，让孩子自由发展，孩子反而会成为优秀人才。

自然规律、社会规律和人的生存生长规律都是一致的。而且规律都是不能违背和抗拒的，否则就会自食恶果。孩子的成长也符合"有心栽花花不开，无心插柳柳成荫"的自然规律。父母对孩子的成长目标往往带有主观臆断性，实施的方法也往往与孩子的成长规律相悖，自然收不到好的结果。只有顺应遵循孩子的成长规律，孩子才能顺利成长。

"放松下来，生活本来就是一种教育。"我很欣赏这句话。

与其刻意塑造，不如顺应自然。

教育孩子，父母需要修炼定力

面对社会愈演愈烈的应试教育教子风潮，父母一定要有清醒的头脑，要修炼定力，不为社会风潮所动，按照理性科学的方式实施对孩子的教养，这样才能尽可能避免孩子的成长出现问题。

孩子怎样成长，成为什么样的人，决定着孩子的人生发展、事业成功和人生幸福。不少父母却在孩子的成长上很功利，目光短浅，没有长远考虑。孩子从出生到青年期的成长状况，决定着孩子未来发展和一生的生活。父母只希望孩子的学习成绩好，能考上好中学、好大学。不少父母在孩子教育上缺乏自己的主张，从众心理严重，盲目跟风追随应试教育潮流，不管孩子有没有潜质和基础条件，也让孩子往升学的独木桥上挤。别人让孩子参加培训班和补习班，就生怕孩子不参加就会输给别人，花了大量的费用让孩子参加培训或补习，把孩子弄得疲于奔命，可是孩子的学习成绩还是没有长进，不仅让家里的经济陷入了困境，还给自己增添了无尽的烦恼。

在形形色色的各种补习班、培训班面前，父母一定要有"任尔风吹浪打，我自闲庭信步"的气魄和胸怀，坚持宁要一个健康快乐的孩子，也不要一个被学习重负压垮身心的孩子。父母要善于发现孩子的潜质和兴趣所在，因势利导，让孩子往自身能成为最好的自己的方向发展，不要强求孩子走读书升大学一条路。父母要有自己的教子主张，树立坚定的信念，不让应试教育的偏狭潮流左右了自己的教子观念。

在孩子教育上具有主见和智慧，不受社会风潮的影响，按照自己认准的方向培养孩子的榜样父母，非台球神童丁俊晖的父亲莫属。丁俊晖的父亲发现了孩子在台球方面的潜质和兴趣后，让孩子放弃学历、专攻台球技艺的胆略和气魄，无疑在自主培养孩子方面为父母们做出了榜样。

丁俊晖的父亲最早发现儿子对台球感兴趣是在1996年暑假。那一年，只有8岁的儿子整天在邻居家的台球厅打台球。儿子个子很矮，趴在球桌边刚好能够击球。出人意料的是，一个暑假下来，儿子竟击败了所有成年对手，在宜兴城一举成名。

一年后，儿子已很难在当地找到对手了。上三年级，儿子成绩很出色。有一天，父亲问儿子："你那么喜欢打台球，是为了玩呢，还是为了别的？"儿子很认真地回答："我可以拿全国冠军。"父亲一听万分高兴，说："就冲着你这句话，我会尽力满足你的愿望的。你好好练吧！"夫妻达成了这样的共识：儿子既然有台球方面的天赋，就要尽全力培养他；扼杀儿子的天赋和特长，无异于扼杀他的生长，我们不能干那样的事。

丁俊晖的父亲为了孩子方便练球，专门开办了一个台球厅。当丁俊晖的台球技艺到了一定程度的时候，还专门聘请专业台球教练来教孩子。当孩子的台球技艺在当地没有对手的时候，丁俊晖的父亲已然孤注一掷，把台球厅和房子一起卖了，拿了十万元现金陪儿子前往广东东莞，到那家云集全国众多好手、练球条件在全国数一数二的"精英台球城"参加了高强度、全天候的专业台球封闭式训练。当丁俊晖要在打球和求学之间做出抉择时，他看着父亲的眼睛说："爸，我拿定主意了：留下来练球！先拿世界冠军，再去读大学"父亲伸出手与儿子对了对拳头，说："儿子，别害怕，还有我和你妈呢！我们会一辈子陪着你。现在陪你拿冠军，将来陪你上大学！孩子，我们想告诉天下的父母：培养世界冠军比培养大学生困难得多，你有这样的天赋，我们才做出这样的选择。我们也想告诉天下的孩子，爱好和天赋是两回事儿，别为难父母，也别为难自己……儿子，认准了就别后悔！"后来儿子告诉妈妈，那天他流泪

从盲目走向清醒，
从杂乱走向有序，
做明白父母

让家庭教育

第四章

057

了，他很想念老家的学校、老师和同学，但他已把台球世界冠军作为自己的人生目标，如半途而废，就连父母都对不起，所以只好放弃上学。

在父母的支持和父亲精心陪同下，丁俊晖终于获得斯诺克台球世界冠军。

丁俊晖的父亲让儿子在十一岁时就弃学练球，在如今应试教育盛行的年代，不仅冒了很大的风险，也需要很大的胆略和定力！但是，丁俊晖的父母却非常坚定地让孩子朝着世界冠军的目标走下去，不仅让孩子获得了成功，而且证明父亲在孩子的培养上多么具有智慧和胆略。这种智慧和胆略是很少有父母具备的。在强大的应试教育力量面前，丁俊晖的父母仍然能够义无反顾地实施让孩子弃学练球的决定，没有强大的胆略和内心定力是根本不行的，否则一个台球神童就被埋没了，台球的世界冠军就会被应试教育给扼杀了。

不少父母顽固地让孩子追随应试升学之路，不仅造成了孩子的悲剧性结局，而且给自己和家庭带来了无尽的烦恼和困扰！

父母一定要清醒地建立这样的观念：人生不止读书一条路，三百六十行，行行出状元。不少没有高学历的孩子成人后事业有成，成就卓著，比不少高学历的孩子生活得好，这个众所皆知的事实，对父母应该有所启示。

如果有人认为我是在宣扬读书无用论，那就大错特错了。在以科学文化和科学技术为标志的现代社会，不读书自然不行，尽量把书读好当然是非常好的事情。可是，不是把书读好了就能适应社会、维持生存，不是把书读好了就能成就人生。古今中外，最高端的人才都是极少数的。如果你的孩子没有进入这极少数高端人才行列的潜质，那么，你就千万不要强迫孩子走读书升学成才之路，否则你不仅会让孩子面对巨大的应试升学的痛苦，到头来还会一场空！

第五章　改变观念和态度，做开明父母

不要不辨是非、盲目听话的乖孩子，要明白事理、有做人原则的懂事的孩子

人们往往把"听话"与"懂事"相提并论，父母经常对孩子说，你看某家的孩子好听话、好懂事。其实，听话和懂事不是同一个概念，而是一个交叉概念。"听话"是无条件地听从，没有是非观念，不知道什么该做、什么不该做，别人叫你做什么就做什么。"懂事"则是明白事理，有做人的原则。听话带有百依百顺的奴性，懂事则是能明辨是非、服从真理的品格。

父母教育孩子，千万不要把培养听话的乖孩子作为自己的教子目标，而要培养明白事理又有独立精神的懂事的孩子。

QQ聊天时我称赞一个我教过的学生是乖乖女，学生问我，听话的就乖吗？我被她的问话怔住了。

是呀，听话的孩子就是乖孩子吗？

我马上反应过来说，乖孩子不只是听话，而且对人有礼貌，学习做事要主动。

其实，听话的不一定是乖孩子。如果一个孩子对父母唯命是从，父母说什么就听什么，父母叫做什么就做什么，没有独立判断是非的能力，做事没有主动性，督一下动一下，这样听话的孩子不会有出息。如果孩子对父母做坏事的要求也不拒绝的话，不仅害了他人，也会害了自己和父母，这不仅不是乖孩子，而且是对父母的不孝。听话的孩子最重要的特点就是服从和顺从、循规蹈矩、照章办事，长大后可以做个按部就班工作的好员工，却不会成为有创新成果的人才，更不会成为具有独立组织管理才能的领导者或具有冒险创新精神的企业老板。

懂事的孩子明辨是非、明白事理、不会唯唯诺诺、人云亦云，知道应该做什么，不该做什么，不仅有独立做事的能力，而且有做事的主动性，还具备创新精神和

创造能力，进入社会后能够很快地适应工作和人际环境，具有良好的人缘，能主动完成自己该做的事情，并富有创造性地参与工作，容易取得工作业绩和创造性的成就。

一直以来人们赞扬听话的孩子是乖孩子，其实是进入了乖孩子标准的误区。听话的不一定是好孩子，不听话的未必就不是好孩子。不少父母认为不听话的孩子身上所具备的缺点，其实恰好就是孩子能适应生存和生活、取得创造性成就的优点，这是父母教育孩子需要树立的一个新观念。

"蚁族"亲欣慰，"啃老"亲可悲

在打破毕业包分配体制，自主择业成为大学毕业生的主要就业方式后，社会出现了两个特殊的群体——"蚁族"和"啃老族"。"蚁族"是对"大学毕业生低收入聚居群体"的典型概括，"啃老族"则是对大学毕业后不出去找工作自谋生活，而是回到父母身边，衣食住行全靠父母，花销还往往不菲的一群人的称谓。

可以说，除了少数有家庭背景（富裕家庭和权位家庭）的大学生外，绝大多数都会经历"蚁族"阶段，这是转变为社会人的一个必经阶段，是大学生毕业后从对社会的无知、工作上无能、生活上的无力、事业的无助，走向独立、成熟的社会人的一个阵痛阶段。

不少父母可能面对孩子的"蚁族"艰苦生活会非常心疼，我十分理解父母这种发自内心对孩子的怜惜之情，可是我要对父母说的是，"蚁族"群体的孩子们都很了不起，如果你的孩子成为了蚁族一员，你应该为孩子感到骄傲，孩子能成为蚁族一员，愿意接受艰苦的创业生活，证明是父母教育孩子的成功。"蚁族"打拼事业的艰难与他们原来在读书期间有父母百般照顾的生活相比，具有很大的反差，孩子从什么都依靠父母到独立面对和承受如此艰难困苦的生活，真需要很大的毅力和勇气，但这也是孩子迅速适应社会的一种必须经历的过程。孩子能够承受人生转折这么大的反差的生活，要比那些"啃老族孩子"不知要优秀多少倍，也会更让父母宽心和放心。父母所要做的，是在理解"蚁族孩子"的同时，多给孩子一些心理上的支持和必要的经济上的资助，让孩子更顺利地度过这个艰难的阶段。切忌像不少父母那样逼孩子回家去考"公务员"等工作，这些工作虽稳定但却不是孩子所喜欢的，如果孩子服从父母为自己设计的人生道路去从事了自己不喜欢的工作，委屈和痛苦就会伴随他以后的人生。父母更不要怕孩子吃苦，而让孩子回到自己身边过养尊处优的"啃老族"生活。

分数和学业并不是人生最重要的东西

对人生来说，学业重要不重要？当然重要。在文化和科技高度发达的当今社会，高学历会有更多的择业机会和成功保障。对于学生来说，分数重要不重要？当然重要，因为现在是以考试分数为标准来决定升学的。读书升学是人生成长阶段的一个很重要的任务。然而，对人的生存和生活质量来说，分数和升学并不是决定性的东西。维持人的生存的最基本的条件是会做事、肯做事、能把事情做好和人际交往等基本的生存生活能力，保证人的生活质量和幸福感的则是身心健康、和谐的人际关系、健康的生活方式等。学业应该是排在做人、健康、能力素质之后的东西。没有基本的生存生活能力，学历再高也是枉然；没有健康的身心，学习成绩再优秀也没用。不少父母却把孩子的分数和学业当成了首要的且唯一的东西，把孩子成长最重要的东西给颠倒了、放弃了，这无疑是本末倒置。

有一篇标题为《"紧箍咒"扼杀了青春》的报道，介绍了一对教师父母从小逼迫孩子走升学应试之路，最终让孩子患上了严重心理疾病的过程，值得父母深思和警醒：

18岁的赵强，有着高高的个头，儒雅文静的外表，嘴唇上稀疏可见的黑黑的茸毛，标志着一个男子汉的成熟。可此时，小伙子青春的肌体竟没有一丝的活力，麻木的神经已到了崩溃的边缘：说起话来语无伦次，逻辑混乱，不时瞪起惊恐的眼睛四处巡视，疑心别人在偷听；毫无根据地认为父母讨厌他、要迫害他，和他们在一起感到中间隔了一大块黑布。尤其到了晚上，他更加的紧张……医生诊断，赵强患了心理疾病。

处在畅想年纪的赵强，生命的小舟刚刚起航，尚未遇到惊涛骇浪，为何早早搁浅在岸边？疑问把我们带到赵强的童年：

幼年的赵强是个智商较高的孩子。上小学后，父母把全部希望都寄托在他的身上，迫不及待地给赵强戴上了"一定要功课好"的紧箍咒。只要赵强稍有懈怠，就会遭到父母劈头盖脸的毒打。平时的训斥，更是家常便饭一般。长期粗暴的管教，使赵强活泼的天性被泯灭，变得愈来愈胆小、孤僻。

让人悲叹的是，赵强的父母都是教师，整天接触的学生与赵强年龄相仿，可他们偏偏不了解自己孩子的心理需求，他们忙于学校的升学率，关注班级学生的成绩，父亲还是多年的先进教师。然而在家里，他们给予自己孩子的则是冷漠或居高临下指责性的"教诲"。如此一直延续到赵强上高三。

始料未及的事发生了。在临近高考的前两个月，赵强突然变得异常烦躁，父母"一定要考上大学"的话语总是嗡嗡响在耳畔。特别是夜夜驱赶不掉的梦魇缠绕着他，使他感到郁闷得要窒息。脆弱的神经再也没有承受力，赵强终于病倒了。

天下没有哪个父母不爱自己的孩子。赵强的父母在得知独子患了心理疾病，不能参加高考的时候，心急如焚，痛苦万分。

读完这则报道，我不仅对赵强这个孩子感到痛彻心扉的怜惜和心疼，更为其父母在教育子女上的粗暴专制和愚昧感到悲哀。身为教师的父母一点都不知道孩子成长最重要的是什么，而用偏执的教养方式亲手制造出了一个悲剧的发生。最悲哀的是，孩子已经患了严重心理疾病，父母不是为孩子的疾病焦急，却仍为孩子不能参加高考而"心急如焚，痛苦万分"！高考比孩子的健康和生命还重要吗？这样的父母真是愚昧之至！

做为父母，你肯定不愿意重蹈赵强父母的覆辙，让你的孩子重走赵强的成长之路吧？

家庭教育成功的根本标准，就是孩子能否成为一个自食其力、身心健康的社会成员。让孩子身心健康、做人合格、具有生存和生活能力是家庭教育的根本任务，一味地期望孩子成龙成凤则是功利性的教育。功利性的教育让孩子从小就失去快乐，失去做人的本性，让孩子生活在过大的压力之中，是注定失败的教育。

我们说孩子身心健康、做人、生存和生活技能的培养比孩子读书掌握知识更重要，并没有忽视知识能力的重要性的意思，而是指对于人维持生命和快乐幸福感来说，身心健康、生存和生活技能等要比知识更重要。要更好地适应现代社会生活，提高自己的生活质量，非有比较高的知识文化不可。所以，父母重视孩子的学习并没有错，但不能把孩子应该形成的最重要的素质能力忽视了，而把考试成绩和升学当成孩子成长路上的唯一一件事情。

扭曲的教养方式根源于父母的面子思想

父母"望子成龙、望女成凤"背后，其实是一种虚荣和面子心理。孩子学习成绩优秀，父母脸上有光，孩子考上重点中学和重点大学，父母感到荣耀。孩子学习成绩不好，父母脸上无光，不能抬头见人。就是这种虚荣心和面子心理，不仅扭曲了父母的心，更扭曲了孩子的成长轨迹。

现在不少孩子小小年纪就感慨活得很累，活着没有意思，为什么？就是因为他们整天面对的就是做不完的作业，承受的是巨大的学习和升学压力，他们没有感受到人生的快乐和幸福。

有一位网名叫"满天飞翔"的高二学生在网上这样写道："我其实什么也不是，甚至我连做一个人的资格都没有。我没有权利，在家里我没有发言的资格，我必须按照父母为我设计的未来去实现他们的蓝图。我是什么东西，我不是东西。我甚至连我家的一条小狗都不如。晚饭后小狗只要一叫，我父母会立刻兴高采烈地带它去花园散步，出门前却板起一张十几年如一日的"酷毙"的脸命令我必须待在家里看书写作业。我每次上网都是因为他们带小狗出去的时候才有机会，这是我唯一与世界接触的机会，这也是我唯一能与这个世界交流的机会。不知为什么，我心里没有任何幸福感，尽管我物质生活上应有尽有。相反，在我心中有一种莫名的仇恨，我恨我的父母，不知道他们为什么要这样对我。"

为了一纸考试分数，父母把孩子的生活封闭在了书本和作业本上，使孩子失去了人的正常生活，变成了只会读教科书和写作业的机器。

如果父母放下了虚荣心和面子心理，看重孩子的身心健康、平安快乐和全面发展，学业成绩好坏就不能对父母产生多大的影响了。孩子的成长就会避免不少由父母人为导致的问题，父母教养孩子也会变得轻松起来。一个人的脸面其实是靠尊严和实力来支撑的。孩子的尊严不是由学业成绩来体现，而是由做人是否健康，是否多才多艺，是否全面发展来体现的。

自我签名为"百色，魅力少年"的网友"风骨傲气的秘密花园"QQ漂流瓶上留言道：从我学会奔跑那一刻起，我就开始不停地向前奔跑，因为我不敢回头，怕回头看见的，是您眼角的失望！对不起，爸妈。孩儿，让您失望了！

几句简短的留言，道出了不少孩子内心的声音：父母，我们最怕的就是看到你们失望的眼神！父母这种眼神让多少孩子变得多么没有自信呀！就为了父母的面子，不少孩子为了不让自己在学习和升学上看到父母失望的眼神，就这样忐忑不安、疲惫不堪地往前奔跑，可是父母还是嫌孩子没认真、没努力，孩子会感到多么的委屈和无奈啊。

父母教育孩子要有这样的心态，不要为了自己的面子而委屈了孩子，不要让孩子违心地服从父母的意愿，走父母为自己设计的人生道路而生活的不开心。只要孩子好好做人、在走正道，就让孩子走自己愿意走的路，别管别人怎么说！

管教孩子须宽严有度

现代父母教养孩子有两个极端倾向，一是管得过严，让孩子像奴隶一样，对父母唯命是从，没有一点自由；一是溺爱娇惯或放任不管，让孩子随心所欲、自我任性或放任不管。这两种方式对孩子成长的危害都很大。

对孩子管得过严，容易让孩子感到压抑，失去独立个性和独立自主，不利于孩子独立人格的形成，会形成自卑退缩的性格，孩子只能看父母的眼色行事，将来会因没有独立自主能力而难以适应复杂的社会生活，在工作和事业上也难以有创造性。父母对孩子管教太严，也可能让孩子产生对父母的逆反对抗，导致亲子冲突严重，家庭氛围紧张，让父母和孩子都失去安宁的生活。

对孩子溺爱娇惯，会让孩子养成极端自私、霸道任性、自我为中心的性格，孩子从小就会给父母惹出不少事端，增添不少烦恼，孩子长大了也难以适应有规则的社会生活。对孩子放任不管，孩子会因缺乏必要的管教和约束，而染上许多不良气息，很小就会成为问题孩子，不仅为他人带来危害，还会为父母带来难以收拾的麻烦。

可以说溺爱和放任是最糟糕的两种教养方式，会比管得过严的教养方式给孩子带来更大的问题，后患无穷。父母切忌溺爱和放任孩子。

子不教父之过，教不严亲之过。管教不严、任其所为祸害孩子一生。

但是，严格不等于专制，严格更不等于严酷。严格之道应该是严而有度、严而得法、严而有理、严而有情。严格要遵循合情合理的原则。如果父母对孩子的管教让孩子感觉到是在情理之中，再严格都不是问题，都能为孩子所接受。

攀比对孩子的成长是致命伤

一个父亲和儿子到麦当劳去，眼见停车场有两辆特长的高级豪华轿车，心里便嘀咕是什么事啊，接着见两个老师带着一大群四五岁的小男孩小女孩走出麦当劳。男孩们向黑色的轿车走，女孩们则向白色的轿车走。好奇的父亲忍不住问走在最后的女子："今天这是庆祝什么呀？"

她微笑着答道："庆祝小朋友幼儿园毕业。家长们出钱请吃麦当劳，并租了加长豪华轿车接送他们。"

幼儿园毕业？父亲啼笑皆非。旁边一个经过的人听了也直摇头，他问这位父亲："那小学毕业呢？"

这位父亲转头问他："那么中学毕业呢？"

两个陌生人，竟然相视而笑。父亲快人快语："小学毕业豪华游艇接送，中学毕业飞机接送，大学毕业要由火箭接送。"

陌生人一边点头，一边和这位父亲一起大笑。笑过之后，当我在麦当劳里坐下的时候，心中却忍不住满是疑问：现在的大人是不是给小孩子太多？是不是给得太早又给得太容易？

上文记叙的场景，在我国境内随处可见。

"我们辛苦挣钱还不是为了孩子，现在只有一个孩子，钱我们花得起。"这是我国父母普遍的心理。在这种心理支配下，父母之间攀比孩子的物质消费一浪高过一浪，为孩子购名牌、排场不断升级，发了财的父母有的是钱花，而条件一般的家庭，父母也打肿脸充胖子，不仅让家庭经济陷入困境，还让孩子的物欲膨胀，同时滋生和助长了孩子的攀比心理，让孩子把注意力集中到物质享受上。

父母对孩子的教养缺乏理性，家庭条件越好，越有可能成为孩子成长的致命伤。古人的"自古雄才多磨难，从来纨绔少伟男"之说，很贴切地揭示出了家庭条件与孩子成长的矛盾关系：富裕人家的子女大都成不了事，而穷人家的孩子成才的却不少。在此，我再一次向父母强烈推荐我在《让孩子成为最好的自己——成功家庭教育的五大要素》一书中提出的"再富也不能富孩子"的教子理念，诚恳的告诫父母在孩子的物质消费上一定要有所节制。我相信，如果父母接受了我的这个理念，你的孩子的成长道路一定会完全不一样。

台湾富豪王永庆节俭教子的事迹，是非常值得每个父母仿效借鉴的。

王永庆家族是台湾最有名望的大家族，家产丰厚，人丁兴盛。海内外亲朋甚多，总计在百人以上。但是王永庆是一个节俭出名的父亲，他的儿女在美国刻苦求学，因为他对于学费与生活费都算得十分精准，就像管理企业一样，总是"量出为入"，不让儿女有过奢侈生活的可能，因为他深信"由俭入奢易，由奢入俭难"。此外，和儿女联络都是写信，从不打电话，"因为觉得打电话太贵了"。儿女还必须回信报告花了哪些钱，就连买支牙刷都得翔实记载。王永庆对于孙子也没有任何宠溺的举动，在美国念大学的外孙暑假回台塑生产线实习，王永庆也要求他天天都要写报告，除了关于如何增进生产线的效率之外，还要分析自己在求学过程中，所花的学费对于自己的帮助。

作为台湾"经营之神"王永庆的女儿，王雪红一手所创的威盛集团下属企业30多家，涉及IC设计产业链的各个环节。威盛集团总营业收入超过650亿新台币。王雪红也因此成为台湾女首富，是王永庆子女中被公认为"最像父亲的孩子"。

受父亲影响，勤奋节俭也深入到王雪红的骨髓之中。不要浪费，服装只要穿得得体就好；开的车不需要太好，能稳定行驶就行；吃的东西不要太奢侈，由俭入奢易，由奢入俭难；做人要坚持，讲究回报，将自己赚的钱回报社会；做企业就要做最好的企业，做产品就要做最好的产品——这些都是父亲重复了很多遍的告诫，早已成为她的行为规范。

父亲的辞世对王雪红是一个重重的打击。但当别人问起父亲对她有什么样的影响时，她仍愿意理性地回答："他留给我们的很多风范，像勤劳朴实、脚踏实地做人、追根究底、止于至善，这些可以给子子孙孙好好揣摩、好好实现，我相信这些都是我们最大最大的资产。"

父母攀比的背后是"怕没面子"和"怕孩子受委屈"两种心理作祟。避免孩子产生攀比心理，父母就要克服面子思想，不怕孩子受委屈，在孩子的消费上要坚持"量入为出"的原则，坚持以孩子需要、适用和家庭经济容许为标准。父母要坚决拒绝孩子在消费上的过分的或无理的要求，同时给孩子讲清为何父母不同意某种消费的道理。让孩子形成合理消费的理念和习惯，养成节俭的品格，不仅能让孩子受益终生，同时也会减少父母不少麻烦。

高学历不是高素质的代名词

学历的高低与素质高低是不能画等号的，高学历不等于高素质，学历高素质低、有知识没文化的人俯拾皆是。学历低也不能证明素质就低，古今中外不少学历低甚至没读过多少书的人却成就了大事业。这是不可辩驳的事实。

学历高素质低的人主要表现出两种生存状态，一是道德品质低下危害社会的败类，二是生存和生活上的低能儿，不能正常料理自己的生活，甚至连生存都成问题。例如马加爵之类的偏执狂,学历高但是成了杀害同学的罪犯。还有一大批"啃老族"孩子，虽然学历高却连生存能力都没有。这样的高学历孩子还不如一个能做好清洁工或人力车夫的低学历孩子，既靠勤劳养活自己，又服务了他人，奉献了社会，同时也让父母放心。

在创富领域存在这样一种现象：学历不高的人当老板，学历高的人却成了这些低学历老板的打工仔，不少没考上大学的人却在社会如鱼得水，比考上大学的人更能适应社会，生活得也更好。

原因在于，人是否适应复杂的社会生活主要与生存的能力素质有关，而与知识多少、学历高低没有必然联系。决定人生成功主要是情商和创造能力，也不是学历的高低。

作为一个有三十多年教龄的老教师，我目睹了这样一个事实，不少原来在学校学习成绩差甚至问题行为成堆的学生，进入社会后都迅速成为了各行各业的佼佼者，但是他们却懊悔于原来没有认真读书，以致现在才知道知识储备和文化素养的重要。我也目睹了不少父母因为孩子大学毕业后不愿意找工作，而宅在家里啃父母那种无助和痛苦不堪的情景。

我要告诫父母，你千万不要煞费苦心逼孩子学习，也不要因为孩子的学习成绩差而责骂和贬损孩子，只要孩子学习努力了，学多少是多少，能学到什么程度是什么程度，要把心思转移到培养孩子的做人本分和生存能力的培养上，要多留意、发现你孩子的潜质和兴趣所在，着力发挥孩子的潜质和兴趣，就不愁你的孩子成不了材。

人的一生中，生存下来、活得更好才是硬道理，学历高并不能代表生存和生活得好，学历低也并不代表会生活得不好，关键看有没有适应社会的能力素质和健康的身心。

培养有知识、有文化、有品位的孩子

最原始的文化概念指个人受教育的状况，人们往往把有知识的人称为有文化的人，其实这是一个误区。

知识与文化有着密切的联系，但绝不是同一概念。

知识侧重于认识和经验层面，而文化则偏重于精神层面。人们常说的企业文化、校园文化、酒文化、传统文化，都是指精神层面的东西。

对个人来说，知识是头脑中存储的经验、认识和规律等信息，文化则是人的文明素养、情趣爱好、琴棋书画、艺术修养等精神品质。

有知识不等于有文化，学历和专业相同的两个人，在同一专业领域掌握的知识程度可能相同，但是他们的文化修养却可能差异很大。

如果将知识比作一个人的骨骼，那么文化素养就好比血肉，缺少知识的人难以站立，但是缺少文化的人就不能显得丰满滋润，其精神生活就会非常干瘪。缺少文化的人就缺少了一种理性，缺少了一种做人的品位。无论担当什么工作，都可能缺少必要的社会责任感，用狭隘的知识来认识处理问题，做出有悖于社会道德的事。现在一些高学历的人工作难找，难以守业，除了其所学专业不对口外，就是其文化修养素质比较差，通不过综合素质的检验。

古人曾这样描绘人生历程：修身、齐家、治国、平天下。修身就是修道德之身，修文化之身，这是第一位的。具备良好道德修养和文化底蕴的人，才可以担当起重要工作乃至治国大任。

就有那么一种人，饱读诗书，学富五车，头脑中装了许多知识，可是就是没有情趣爱好，不懂人情世故，其头脑只是装知识的容器，是一个有知识没文化的人。在孩子的教育上，父母往往很重视孩子知识的学习，而忽视对孩子文化涵养的培养，以致让孩子成为了高学位低品位、有知识没文化的人，使孩子很难适应社会和过高品质的生活。

因此，父母培养孩子的目标，应确定在让孩子成为有知识、有文化、有内涵、有品位的人。在孩子出生开始，父母就要树立让孩子全面发展的理念，不仅要让孩子重视学校考试学科的学习，而且要让孩子博览群书，拓宽知识面，还要注重孩子遵守社会规范、待人接物礼貌礼节、讲究道德伦理，具备高尚的人类情感和高雅的审美情趣等文化素养的培养，提升孩子的人生价值和生活品位。

孩子的教育不能错过关键期

不少父母认为，孩子还小就迁就他一下吧，等孩子稍大再教育也不迟，这是一个极端错误的教子观念。

发展心理学告诉我们，孩子的语言、艺术、行为习惯、人生态度、人生观、价值观等品格素养的形成是有关键期的，错过了关键期要想再形成缺失了的品格就非常困难。而且，在已经形成的某种品格，无论是好品格还是坏品格，都是要伴随孩子终身的。孩子的成长是不等人的。

孩子的身体和智力发育、不少行为习惯的形成，关键期都是在幼年、童年、少年时期。研究表明，孩子从出生到五、六个月是对排便功能学习的敏感期，在这个阶段，如果成人对宝宝的排便要求及时做出反应，帮助宝宝慢慢建立条件反射，以后只要将宝宝抱成排便的姿势，并配合"嘘嘘"的诱导声，宝宝就会排便了。这个时期是培养孩子对排便做出控制性反应的关键期，要让孩子养成控制排便的习惯，父母就要抓紧在这个时期对孩子进行排便训练，逐步加深层次并坚持到孩子两岁左右。

又如，在孩子的婴幼儿和儿童时期，是养成的讲卫生、讲文明、对人有礼貌等行为习惯的关键期，错过了这个时期要想重新形成讲卫生和文明的言语行为就会很困难。

小学阶段是形成良好学习习惯的关键期。如果孩子形成了自觉主动和认真学习的习惯，以后的学习自然不会让老师和父母操心，也会终身受用；中学是形成良好的人生观、价值观和树立远大理想的关键期；大学是树立正确的事业观、择业观、创业精神和正确的婚恋观的关键期;结婚生子阶段又是树立正确的教子观念，掌握科学的教子方法，成为合格父母的关键期等等。

一言以蔽之，孩子从出生到长大成人乃至结婚生子的各个不同的成长阶段，都是孩子某种品格形成的关键期，父母决不能等闲视之——错过了教育的关键期要想再培养孩子的某种品格就非常困难。

　　抓住孩子成长发展的关键期对孩子实施教育，从出生开始就长期不懈，让孩子形成各种应该具备的品质，不仅能让孩子顺利成长，而且会让孩子受用终身。孩子长大后父母也会省心，不必担心孩子的生存、生活和行为出现什么大的问题。

　　有所谓的著名教育专家说，只有不会教的老师，没有教不好的学生。这种说法是极端武断偏执和错误的。孩子如果形成了桀骜不驯、自私任性等不良性格，再高明的人也难以让他改正过来的。所以，父母要有意识地给孩子营造良好的成长环境和学习氛围，让孩子从小养成讲卫生、懂礼貌、讲文明和喜欢读书的习惯。

　　父母对孩子早期行为培养的任务，可以概括为两个关键词：管教、培养。早期教育就是抓住关键期对孩子进行科学的行为管教和品格培养。

　　"管教"词听起来有些生硬不顺耳，但是将其分开为独立的两个字"管"和"教"，听上去不仅非常顺耳，而且其含义也深刻多了。

　　管，就是管住孩子的口和手脚，不让孩子讲脏话、说粗话，不容许孩子不尊重人、乱打人。教，就是教会孩子立身做人、对人礼貌、行为规矩、讲究卫生、学会做事、热爱劳动、勤奋节俭、好学求知等等。

　　对孩子的教育既要早教更要早管，管和教同时并举，不能重管轻教，也不能轻管重教。管是约束孩子的言行，不让孩子做什么，教是教会孩子行为规矩和为人处世，教会孩子应该做什么。

积极看待和应对孩子的逆反和叛逆

　　在对父母的辅导和咨询中，经常有父母这样问我："徐老师，我的孩子进入初中后怎就变得那么叛逆呢？我们说什么他都要与你顶嘴，孩子脾气变得特别'犟'，特别'冲'，孩子的心理又很脆弱，说轻了怕对孩子没用，说重了又怕孩子受不了、走极端，徐老师你说我们该怎么办？"

　　每当遇到这样的问题，我都会笑着对他们说："你的孩子已经进入了青春期，进入青春期意味着什么，意味着孩子从依赖走向独立，孩子开始具备独立意识，认为自己是一个成人了，希望父母把自己当大人看待，可是父母却还是把他们当小孩，用小孩的方式去要求孩子，用小孩的标准去评价孩子的行为，孩子自然会有心不甘情不愿的表现。孩子已经具备了与父母对抗的能力，所以不再会对父母的说教言听计从，开始表现出对父母的逆反。孩子的这一举动，打破了原来父母与孩子之间的你说我听、你要求我做，孩子对父母的要求绝对服从的模式，父母自然会产生孩子怎么突然变得那么不听话，那么逆反叛逆的感觉。其实，逆反和叛逆，是孩子从完全依赖父母走向独立、走向成熟的必经阶段，是正常现象。孩子如果一直都很听话，一直毫无主见地服从父母，才是不正常的表现，这样的孩子可能永远都不会走向独立和成熟。"

"哦，原来是这么回事呀。那我孩子的逆反叛逆是正常的喽。"每当听完我前面的话，父母都会为解开了心中的一个结，而松了一口气。

然而我却要继续对父母说："虽然逆反叛逆是孩子进入青春期、走向独立的一个正常现象，但是，如果孩子动辄叛逆，不分是非黑白对大人要求和教育一概对着干，那也不是好事情，说明孩子很不明事理。因此，在正确看待孩子的叛逆行为的同时，父母也要对孩子的逆反叛逆行为进行正确的引导，对孩子的无理逆反对抗行为不能迁就。要让孩子懂得，阐发独立见解、能独立分析问题、解决问题是好的，对父母提出不同意见，父母是会接受的。但是，如果对父母正确、合理的要求也要逆反，就是不好的。如果把固执己见、自以为是迁移到同学、老师或社会交往中，就会得罪很多人而把自己孤立于人群之外，是要吃大亏的。当然，如果父母讲究情理，对孩子的要求合情合理，孩子逆反就不会有底气，更不会理直气壮了。

对待青春期孩子的逆反叛逆，父母既要正确对待，又要合理地加以引导，相信孩子会顺利度过这个人生的'疾风暴雨'的叛逆期，顺利走向成熟的。"

逆反和叛逆本来是中性词，但往往被父母看做了贬义词。褒义看，逆反叛逆是孩子独立性的表现。孩子的独立性是生存发展所必须的。如果孩子没有逆反心理，对父母的话言听计从、百依百顺，那么也就不会有创造性，以后很难在社会生活中作出出色的成绩来的。

叛逆的孩子身上最大的优点，就是具有独立性和敢做敢闯的品格，如果引导得好，其往往是进入社会后能干大事的人。

就贬义来看，孩子可能是毫无理由的叛逆，或者动辄就与父母逆反对抗。出现这种情况，父母首先要反省自己是不是在对待孩子的态度和教育方式上出了问题，如果确实是父母自己的问题，就要及时作出调整。孩子过分的叛逆，最大可能来自父母对孩子的管教太过分，不近情理。通常，对"不可理喻"的父母，孩子的应对方式更多的是逆反对抗，少数是以退缩逃避的方式来与父母无声对抗。

"再富也不能富孩子"是教养孩子的一条重要准则

我在《让孩子成为最好的自己——成功家庭教育的五大要素》一书中首先提出了"再富也不能富孩子"的教养理念，这个理念强调"不能富孩子"，却没有要穷孩子之意。我现在仍然坚信，"再富也不能富孩子"，应该成为每个父母对孩子物质消费的一条重要准则，这条准则无论对男孩还是对女孩都适用。

在物质消费上，有人提出"男孩要穷养，女孩要富养"的观点，可能是说男孩子应该从小经历艰难困苦的磨砺，才能够发奋图强打拼事业干出大事；女孩从小享受优越的条件，才能够变成淑女。这是一个谬误认识，是与人的成长的客观规律不相符的。

其实，无论男孩女孩，如果从小受穷，都可能导致自卑的性格。无论男孩女孩，如果从小无节制的消费，都有可能导致物欲膨胀，最后成为一个只知道索取和享受，不知道劳动和创造的纨绔子弟和千金小姐。

所以，在物质生活条件上，无论是富裕家庭还是平民家庭，无论对男孩还是女孩，都既不能穷养也不能富养。

家境一般的家庭，可以为孩子提供力所能及的条件，让孩子过尽可能好的生活，接受尽可能好的教育，但决不能打肿脸充胖子，节衣缩食跟风攀比让孩子过富足的生活，也不能欠债让孩子进重点学校和贵族学校读书。家境富足的家庭，也要在孩子能够健康做人的前提条件下，让孩子过稍微好些的生活，接受尽可能好的教育。

人的本质应该是物质和精神的统一体，具有高尚的精神，但却穷困潦倒的人仍是不幸的；财富充裕而文化贫瘠、精神空虚的人更是可悲的。所以，无论是男孩还是女孩，在精神文化品质的培养上都应该富养，让孩子成为心灵健康、情趣高雅、精神充实的人。无论男孩还是女孩，如果从小头脑中只装着一个"钱"字，长大后为了赚钱可以泯灭良心不择手段，即使成为了富翁，也是一个穷得"只有钱"的人，其人生也是悲哀的。

在庆祝教师节晚餐上一个中年同事与我闲聊，谈到孩子的教育问题时非常感慨地说，溺爱孩子真是孩子成长的大敌呀。我说，你何以发出这样的感慨呢？

他很难为情地说，现在孩子大学毕业了，也不出去工作，花钱大手大脚。就这样闲着不说，还要让我们给他买汽车。买了汽车也罢，还经常催促我们去给汽车加油，他让加 200，我们只加了 100，他还很不满意地说，还不如不加。哎，现在孩子大了，要他改过来也不可能了。我们对他说什么也没用了，说什么他也不肯听了。

我小心翼翼地对他说，你的孩子就是啃老吧。

他说，不是吗，他曾去一个好友的单位工作，一个月 1000 多的工资远不够他用，还是要问我们要。

我说，在节俭用钱这点上，我的孩子确实做得非常不错。2003 至 2010 年他在北京师范大学读本科和硕士，大一大二时我给他每月 500 元加上学校的补贴 80 元总共才 580 元；大三大四我每个月只给他 600 元，加上学校补贴 80 元总共才 680 元。在北京这样消费水平比较高的城市读书，每月六、七百元费用是比较紧的，可是大学本科四年，硕士三年，孩子从来没有打过一次电话问我们要过生活费。孩子读硕士时，导师每月给他 1000 元的生活补贴后，就完全自立，没再问我们要钱了。

旁边一位中年同事听后很感慨地说，像你儿子这样优秀的孩子真难找。不过，你们孩子不能与他的孩子相比，你的家庭情况远远不如他的家庭情况的。

我说，这倒也是，家庭拿得出来，可以满足孩子，孩子向父母索要就成为理所当然了。

有人可能说，这个例子可能恰好证明孩子要穷养，其实，我的孩子用钱少也不是穷养，只不过是孩子懂得节俭罢了。而现在不少在物质上被富养的男孩女孩，不仅物欲横流，而且在心理和行为上都会出现很多问题。物质上富养必然导致孩子知识上和精神上的贫乏。

不要把孩子的优点当问题，缺点当优点，换个角度看孩子

就像硬币有正反两面一样，任何事物都具有正反两面性。孩子身上的优点，可能正是他的缺点；孩子身上的问题，可能恰恰是他的优点，就看你从什么角度去看孩子。例如，听话本来是孩子的优点，可是如果孩子什么话都听，人云亦云，就恰好是阻碍其独立性、主动性和创造性的缺点。学习成绩优秀的学生往往缺乏生存和生活能力。而那些问题孩子的叛逆精神，恰恰是因为其具有独立性和主见的可贵品格。

单从学习应试和升学来评价，那些学习成绩差的孩子大都被视为问题孩子，学习成绩好的孩子被称为好孩子。父母要客观全面地看待和评价孩子，既要发现

孩子的优势所在，同时也要发现孩子的弱势在哪里，既要有意识地强化孩子的优势，更要着力弥补孩子的弱势。只有这样，才能教养出品学皆优、素质全面的最好的孩子。

据我多年的观察得出的结论，不少父母与孩子亲子关系冲突严重背后的原因，就是父母总是看到孩子缺点，看不到或者根本不看孩子的优点，以致孩子在父母眼中一无是处，孩子则非常反感父母对自己偏颇的评价而与父母逆反对抗。所以，亲子关系紧张、孩子逆反的主要责任在父母。如果父母换一种角度，用欣赏、肯定的眼光看孩子，你就会发现，原来自己的孩子也是具有不少优点的，因而也对孩子充满着欣慰，就会少了好多责备、抱怨带来的对孩子成长的负面影响，也会避免无谓的亲子冲突，利于亲子和谐，家庭安宁，自己也会感到管教孩子的轻松。不信就试试看，如果你经常用欣赏、肯定的眼光看孩子，你就会发现孩子身上到处都是闪光的优点，随之而来的就是你与孩子的关系变得亲密和谐，孩子的表现也一天比一天好，最终形成良性循环。

成长比成功更重要

成功只是过去时，成长却是现在时。人们常说，活到老学到老。活到老学到老就会不断成长。社会在不断进步，人要跟上不断进步的社会，就得学习，就得成长。人的一辈子都需要成长。

人们都喜悦于取得的成功，却总是懊恼于挫折和失败。却不知道挫折和失败更能比成功促进人的成长、成熟和不断完善。

成功只证明至此时此刻为止的过去取得了一定的成就，不能证明未来还会辉煌。成长却是持续一生的事情。成功可能出于偶然因素，并不能证明一个人就真有大的能耐。如买彩票中大奖的成功，纯属偶然运气，与一个人的能力素质没任何关系。成长却是素质不断提高完善、经验不断积累和精神不断充实的体现。

成功有限，成长无限。人不能保证永远成功，却可以做到不断成长。

成功的经验是成长蕴藏的宝贵财富，成功可以成为激励因素，但是不能成为促进人成长的必然因素，人可能被成功冲昏头脑，从此不再进取，让成功成为阻碍成长的绊脚石。失败的教训能够促使人反省，让人吃一堑长一智，促进人的成长。如果能接受失败的教训，每失败一次，就会成熟一点，由此不断完善自我、走向人生更高的境界。

　　人生的每种成功都是在特定的条件下取得的，其成功的经验对人可能会有所启发，但是不能复制到每一个人和每一件事情。失败的教训却能为每一个人吸取，作为前车之鉴警醒他人，让人不再重蹈覆辙。

　　以上对成功和失败在促进人成长中的作用所做的阐释，意在告诉父母，人生都是在做错事和失败中成长的。世界上没有不做错事的完美之人。由于幼稚和不成熟，孩子在成长的过程中会做出不少错事，所以父母要以理解和包容的态度去对待孩子犯的错误，不要以指责训斥打骂的方式去伤害孩子。

　　父母教育孩子，重要的不是孩子做不做错事，而是父母以怎样的态度对待孩子的错误，用怎样的方式教育、引导孩子找出导致错误的原因，从而吸取教训，不再犯类似的错误。孩子做错事后，父母如果能够让孩子引以为戒，错事就变成了好事。例如，孩子的学习成绩可能有反复，有考得好的时候，也会有考得不理想和考砸的时候。有的父母看到孩子考好了就喜笑颜开，就对孩子亲热得不得了、就把孩子捧到天上去；而一旦孩子考差，就一脸的乌云，对孩子体罚责骂。这种只见分数不见人的态度和方式，除了让孩子自高自大或产生严重的挫败感之外，对孩子稳定提高学习成绩一点好处也没有。父母没有想想，战场上是没有常胜将军的，那些被称为所向无敌的将军也会有打败仗的时候。孩子没考好，已经非常难过，最怕父母的责骂体罚，最需要父母的理解安慰和鼓励。父母要做的，是以平常心对待孩子的考试成绩，孩子考好了不过分喜形于色，但是不要忘记对孩子的表扬和激励；考差了也不要脸露难色，在对孩子进行安慰鼓励的前提下，与孩子一起分析没考好的原因，是粗心大意、过分轻视出的错，还是知识确实没有掌握好。如果是粗心以后就细心一点，轻视出的错以后就重视一点，知识没有掌握好以后就认真一点。让孩子知道改进的方向，对孩子以后的学习和考试必定会有好处。

　　削弱过分看重孩子成功的结果的偏态，重视让孩子的成长过程变得实在，让孩子不断在失败中找出原因，并汲取教训，促进孩子不断完善和成长，这才是父母教育孩子的着力点。

培养最好的孩子
常态下

第三篇

走出误区，
回归科学家教常态，
做智慧父母

第六章　孩子性格和行为模式由父母塑造

——十种父母类型，你是哪一类型呢

在长期对家庭教育和青少年的成长研究中，我得出了这样结论，孩子成为怎样的人，主要决定于孩子的成长环境和父母对孩子的教养方式，父母对孩子的教养方式对孩子的行为模式和性格的形成，具有决定性的作用。父母是孩子的启蒙老师，也是孩子终身的老师。孩子从出生的那天起，在行为习惯、性格脾气、生活模式、为人处世方式、人生观、价值观取向等主要做人的品格和素养上，都是在长期与父母一起生活中，受父母一言一行、一举一动等行为举止的潜移默化下形成的。

有什么样的父母就有什么样的孩子，一般情况都是如此。

英国著名哲学家、教育学家、社会学家、心理学家、《斯宾塞的快乐教育》一书的作者赫·斯宾塞说："作为父母的你绝对要清楚，孩子的性格怎样，几乎完全取决于你的教育方式如何。"不同家庭孩子的不同成长状况，主要在父母不同的教育观念支配下，在教养方式上表现出不同的类型。在不同父母类型中成长的孩子，会形成截然不同的价值观、生活态度、人格特质、行为方式、心理健康水平等特质。父母不同的教养方式都将在孩子的成长中烙下深深的印记。这些印记一旦刻在孩子身上就很难消除，将会伴随和影响孩子的一生。良好的父母类型，将会给孩子提供良好的成长条件和环境，有利于孩子健康人格的形成和身心健康，让孩子成为一个合格的社会成员。不良的父母类型，可能造成孩子不健康的心理、扭曲的心态、偏常的人格、消极的生活态度以及偏态的行为模式、低劣的处事为人方式等不良特质，会给孩子一生带来不良影响，甚至使孩子走上歧途，毁掉孩子一生的幸福。

根据父母的教子观念、对孩子的态度以及采用的教育方式和方法的不同，我对父母类型及其对孩子成长的影响进行了长期的分析研究，最终归纳出了"溺爱娇宠，过度保护型"、"放任不管，疏于管教型"、"强制武断，绝对服从型"、"简单粗暴，责骂体罚型"、"宽严不一，矛盾冲突型"、"唠叨贬损，心理暴力型"、"放弃责任，空巢缺损型"、"重智轻德，读书唯一型"、"民主平等，理性开明型"、"行为示范，身体力行型"十种典型的父母类型。这十种不同的父母类型对孩子的成长具有不同的影响。下面逐一进行分析介绍。

溺爱娇宠，过度保护型

这是目前在我国最普遍的一种父母类型。这种类型的父母认为，现在就一个孩子，父母所做的一切都是为了孩子，再穷也不能委屈孩子。在这种观念的支配下，父母在物质消费上百般满足孩子，在日常生活上百般照护和呵护孩子，孩子要啥就满足啥，如果孩子要天上的月亮，父母也要想办法把它戳下来。条件富足的家庭娇惯溺爱孩子还可以理解，可悲的是好多家境条件一般的父母也向富裕人家养孩子的尺度看齐，节衣缩食也要让孩子过锦衣玉食的生活。溺爱孩子的父母在行为上百般迁就孩子，对孩子没管束，孩子要做什么都依从，生怕委屈了孩子。

父母对孩子太溺爱了，几乎到了"犯罪"的地步。这种"罪爱"，使孩子逐渐变得性格扭曲、懒惰，只知道索取和享受，不会付出和给予，甚至没有生存生活能力。父母把对孩子的关爱看作是无所不包的代替和无微不至的照顾，极易扼杀孩子的天性和童真，并导致孩子性格上的缺陷和心理上的障碍。

古人颜之推在《教子》一文中说："吾见世间，无教而有爱，每不能然。"意思是说，我看到世上有些父母，对子女不加以教诲，而只是一味宠爱，总觉得不能同意。

最坏的家庭教育就是毫无原则、毫无节制地满足孩子一切需要和要求、百般溺爱、照护孩子的教育。

父母的溺爱娇宠，也可能造成患一种叫"彼得潘综合征"人格障碍的孩子。孩子在家任意妄为，可是一旦离开家庭，就处处碰壁，寸步难行，难以与人相处，没有人会吃孩子那套，经常会因自己的原因陷入人际冲突的尴尬场面，也给父母和家庭带来不少麻烦。有"彼得潘综合征"的孩子，即使已经到了成熟的年龄，仍然会停滞在孩童的不成熟时期，就像拒绝长大的彼得潘，拒绝成熟，拒绝承担责任和义务，拒绝走进成年人的生活。他们只会要赖、不成熟、孩子气，即使已经成年，却还表现得相当幼稚。

娇惯溺爱的家庭教育方式，最有可能产生在那些有爷爷、奶奶辈与孩子生活在一起的家庭。由爷爷奶奶辈单独教养的"留守孩子"，极易受到爷爷奶奶们的溺爱，而形成任性妄为的性格。老人们对孙辈往往都是非常溺爱，他们对孙辈采用毫无原则的呵护态度，对儿女教育孙子经常横加干涉。这是产生在家庭中任性、固执、目空一切的"小皇帝"、"小霸王"的一个重要的原因。父母要尽可能对老人讲明溺爱对孙子不是爱，而是害的道理，让老人尽量与培养健康孩子的教养方式步调一致。在这方面不要怕老人生气，因为孩子的健康成长比老人生气更重要。如果感到老人监护孩子对孩子的成长有问题，最好想法把孩子带到自己身边，由自己带孩子。

对孩子溺爱，还容易发生在单独一人抚养孩子的离婚妈妈身上。由于父母离婚，孩子缺少了父爱，离婚妈妈会认为对孩子有所亏欠，产生补偿心理而百般宠爱和迁就孩子，致使孩子进入偏离正常成长的轨道。这是我特别要提醒离婚妈妈们警示的。对于离婚妈妈，后面我还要用专门的篇目介绍。

放任不管，疏于管教型

有的父母认为，孩子成为什么样的人，书读得读不得，是天生的，完全看孩子的造化，因而对孩子的成长采取听之任之、放任自流的态度。这些父母认为，管好孩子的衣食冷暖就行了，对孩子的行为表现怎样，学习如何基本不过问。在放任的教育方式下成长的孩子，因从小缺乏管教和约束，会形成没有是非观念、不懂人情世故、对人冷漠、没有情感、行为懒散、没有规矩、缺乏自我控制能力等性格特征，也容易受不良风气和环境的影响染上各种恶习，对孩子的学业和正常的社会生活带来阻碍，也会给孩子一生的生活带来不良影响。

这种家庭教育方式也可能与父母的工作性质和生活方式有关。例如工作忙无暇照管孩子；或者信奉人生就是追求快乐的生活观念，父母整天忙于交友和娱乐，放弃对孩子管教的责任。

有的父母为了生存和生活奔波在外，无法顾及孩子的教育，似乎还情有可原。但是即使是这种情况，如果确实认识到孩子健康成长的重要性，父母也要做出恰当的安排，尽可能尽到教育和管理孩子的责任。那种为了追求潇洒自在的生活方式，忙于交朋结友、打牌娱乐，而不管孩子的父母，则是对孩子成长极端不负责任的表现，根本不配做父母。

对孩子放任不管的教育类型，最容易出现在追求享乐的生活方式和离婚后孩子在身边的父亲身上。

强制武断，绝对服从型

在强制武断型父母家庭，孩子与父母的关系就像君主和臣民的关系。父母容不得孩子说半个"不"字，孩子对父母绝对服从。父母无端要求孩子服从自己，包括孩子的升学、就业、婚姻等人生重大问题，都要由父母说了算。

有研究数据显示，心理正常的孩子中，采用强制武断的教育方法的家庭只占了5.25％；有心理健康问题的孩子中，采用强制武断的教育方法的家庭就占了16.75％，这表明采用强制武断的教育方式容易导致孩子的心理问题，有的还可能发生心理疾病。

> 心理咨询中有这样一个案例：前来咨询的是一个重点中学高一的女生。她的症状是受不得半点的精神刺激，一遇刺激就胸闷气急，严重时会抽搐昏倒。经详细了解病史，得知从6岁起父母就给她定下考上清华、北大的目标，规定她学习成绩必须是前三名；还规定她必须学习美术专业。每年寒暑假都要去北京学习美术，很少有玩的时间。10岁前她还能听父母的安排，但后来就开始同父母对抗，常常偷跑出去玩电子游戏，泡网吧。父母从严肃教育到重重责打，都不能阻止她玩乐欲望的增长。一次被母亲从电子游戏室找回来后，母亲一耳光打去，她顿时两眼发直，尖叫一声抽搐成一团，从此只要一不高兴，她就会发病，现在她已反复发病6年。

这个女孩患的是一种叫癔症的心理疾病，在类似的情形下就会发作，用以逃避不愉快情景。作为女儿，当父母的要求不能直接违抗时，就在她的潜意识深处发出保护自己玩乐天性的命令，以无意识生病的方式来对抗父母的强制行为。她一发病，父母的注意力就转向了她的病态症状，从而能终止父母对她的强制行为。以后，她就把这种应对方式，迁延到所有不高兴的情形。这个女孩产生这种癔症性逃避心理的原因，就是来自父母强制武断的教育方式。

关于强制性的教育方式，著名教育家井深大说过："世上的父母似乎认为，命令孩子是父母天经地义的权利。通过命令来指挥孩子的行为，只能从行为中夺走孩子必不可少的兴趣。总是靠命令行事的孩子，一旦没有命令，自己就什么也不会做了。"

著名作家叶兆言，他在对待女儿叶子的教育问题上非常负责任，但是在教育的方式上却表现出急躁和强制，使叶子也经常与父亲当面顶撞甚至对抗。但是幸好叶子的母亲没有夫唱妇和，叶子也很懂事，在与父亲顶撞之后，很理解父亲对她的负责和关爱，对父亲的不近情理也表现出理解和宽容。她在高中时去美国读书一年，出国前把她写给爸爸妈妈的日记给父亲叶兆言看。叶兆言看后内心震撼，反省自己以前对女儿错误的教育方式。他常说："我正和女儿一起改变，一起成长。小女儿曾说过，我这个当作家的父亲让她还没有学会欣赏之前，就先教她学会批评。这一点真让我汗颜。所以奉劝天下的父母，多给孩子一点赞美，让他们从小就会欣赏世间的一切。父母对孩子的爱是没有原则、没有是非的。对于父母，孩子无论成功与否，都要接受。能不能出人头地，是他们自己的事，各人头上一方天，没有必要强迫孩子干什么。人生是一步一步走出来的，能把每一步走踏实了，这就很好。"相信作家叶兆言这段发自内心的感悟，对父母如何开明地对待孩子的成长是会有所启示的。

对强制武断的父母，如果孩子的性格外向且倔强的，会觉得父母不可理喻，而对父母的教育采取不置一顾的态度，用逆反和对抗来应对父母的管教，甚至会与父母对着干，沉迷于上网，离家出走，在社会上鬼混。父母不让孩子做的，孩子不仅都做了，而且过犹不及，与父母的教育背道而驰；而对于性格内向的孩子，父母的强制武断方式则会导致孩子产生自卑、退缩、闭锁的性格。

以上这两种性格的孩子的行为，都会导致人际关系障碍，严重影响孩子正常的社会生活：前者无法正常地与人相处，孩子会把对父母的对抗态度迁移到与老师的关系之中；后者则在与人交往中表现出胆怯害怕，缺乏自信，怕与人交往，形成孤僻的性格。

一个孩子在《问题父母会造就问题孩子——致爸爸妈妈的信》中这样写道：

　　一旦你们碰到不如意的事，常常会从爱走到另一极端；怒气冲天而过于严厉。这样做，会给我造成很大压力，心里觉得紧张、害怕；甚至有些精神恍惚、恐惧不安。同时使我失去信心和缺乏勇气。希望今后，特别是爸爸，别再动辄就劈头盖脸地斥责批评。因为恐惧心理会堵塞人的智慧源泉，对于学习毫无利益。相反，只能造成一个唯唯诺诺、没有开拓和创造能力的人。有句名言："问题父母就会造就问题孩子。"

　　强制武断的家庭教育，最有可能出现在高知父母身上。高知父母因自己从小开始一直都很勤奋，表现优秀，人生成就辉煌，更容易把自己的价值观念、人生的态度和追求目标投射到孩子身上。这些父母不知道，世界上每个人都是不同的，不管孩子的先天遗传素质、个性特点，拿自己作为参照标准来设计和要求孩子，强烈逼迫孩子走自己为孩子设计的人生道路，逼孩子像自己一样出人头地。父母动辄就说孩子怎么不如自己当年，怎么没出息，孩子在父母面前什么都不是，自我价值感和自尊感尽失，在父母面前永远都不能抬起头来做人。另一方面，高知父母虚荣心强，比一般父母更爱面子。孩子如果不优秀，就会觉得孩子丢了自己的脸，更容易对孩子产生急躁、冲动情绪，对孩子的教育方式就会更加偏执，让孩子产生父母太霸道、太不可理喻的看法，对父母的逆反对抗就更加激烈，人生态度就会向更偏激、更消极的方向发展，行为也会越来越消极，很容易走极端。一对教授夫妇被自己的儿子用绳子勒死了，就是因为父母对孩子的期望太高，孩子永远也得不到父母对自己的期望和要求，经常被父母责骂为无用，恶劣的情绪集聚到不能自控的情况下突然爆发，而做出了极端的事情。从心理学角度分析，这个孩子的行为是由内向外的自我保护性行为。父母没有了，自己受到的伤害就得以消除。

　　不少孩子的弑亲案件的发生，都是父母对孩子长期采用强制武断、唠叨责骂等不良教育方式导致的结果。后面我还要以专门的篇目分析介绍。

简单粗暴，责骂体罚型

　　青岛市某小学六年级学生小明（化名）总离家出走，对此他的家人苦恼不已。不久前，不明原因的父亲带着孩子，一同来到某医院心理科。医生、孩子与父母的一席话惊醒了迷茫的父母。

父亲："医生，你看看这个孩子脑子是不是出了什么毛病，动不动就离家出走，我和他妈妈没办法了！"

医生："你和孩子关系处得怎么样？"

父亲："咳！甭提了！我从这个孩子出生就和他斗！这个孩子很倔，倔的时候我就揍他，跟他斗了 12 年，现在我斗不过他了！"

医生："为什么要离家出走？知不知道爸爸很担心？"

孩子："他才不担心我，我有记忆时他就在打我！我恨我爸爸！"

医生："为什么打孩子？"

父亲："我就觉得这个孩子身上有好多坏毛病，我担心他将来学坏了，不能成才！"

孩子："我问过同学，我那些好朋友父母从来不打他们，只有我天天在家挨揍！"

爸爸："最近我也感觉他恨我了，我就不敢打他了，我想好好和他谈，但他又不听我的了。"

医生："父母都是出于责任心来管教孩子，但很多人采取的方法不对，孩子不明白爸爸为什么要打他，虽然父母出于一种责任，但孩子的感觉是这个家容不下他，他甚至得不到家人的认可，不能享受到这个家庭的温暖，所以他才一次次出走。"

现实中类似的案例太多太多。

不少父母信奉"棍棒之下出孝子"、"不打不成器"等陈旧落后的传统教育观念，信奉"棍棒式"的教育方式，对孩子教育方式简单粗暴、不讲道理，动辄责骂体罚孩子。

简单粗暴，责骂体罚的养育方式，实际上是对孩子独立人格权利的侵害。父母责骂体罚孩子都是以爱的名义，结果却让孩子对父母产生了怨恨。

在"责骂体罚型"教育方式下长大的孩子，最容易形成反社会人格或退缩型人格。简单粗暴、责骂体罚让孩子对父母充满仇恨和畏惧。孩子从小就不知道什么是自尊；也不知道做人还要讲道理。他们中的外向型孩子大多会产生严重的逆反对抗心理，形成倔强任性、冲动易怒、脾气暴躁的性格。严重的会形成反社会人格障碍，对人采用不信任或敌视的态度，为人处世也简单粗暴，以冲动偏激的方式对待周围的人和事，产生严重的人际关系障碍，甚至做出严重危害他人和社会的事情；内向型的孩子会形成自卑、胆怯、退缩、畏首畏尾如惊弓之鸟的神经质性格，严重的会形成难以接触社会的回避型心理障碍。

鲁迅在《热风·随感录二十五》一书中写道："……小的时候，不把他当人，长大以后，也做不了人。"鲁迅先生还在《上海儿童》一文中同样尖锐地指出："中国中流的家庭，教孩子大抵只有两种法。其一，是任其跋扈，一点也不管，骂人固可，打人亦无不可，在门内或门前是暴主，是霸王，但到外面，便如失了网的蜘蛛一般，立刻毫无能力。其二，是终日给予冷遇或呵斥，甚而至于打扑，使他畏葸退缩，仿佛一个奴才，一个傀儡，然而父母却美其名曰'听话'，自以为是教育的成功，待到放他到外面来，则如暂出樊笼的小禽，他决不会飞鸣，也不会跳跃。"

著名家庭教育专家尹建莉说："打骂是父母们最常用且运用最得心应手的一种方式，可是它也是最没效、最具有破坏性的一种。"

简单粗暴、责骂体罚型父母的学历和文化水平都比较低，明白的事理少，教育孩子讲不出更多的道理来，就只能采用非骂即打的简单的管教方式。所以，这类父母最需要的是培养自己的读书兴趣，通过读书提高自己的文化素养和管教孩子的能力。最好的途径是通过学校学习或参加教育机构的亲子教育培训，树立先进的家庭教育观念，学习掌握一些科学的家庭教育方法和技巧，让自己成为一个合格的父母。

宽严不一，矛盾冲突型

在错误的教养方式中，还有一种对孩子健康成长极具杀伤力的教育方式，就是在教育孩子上宽严不一，矛盾冲突严重的父母类型。这种类型的父母，表现为父母一个对孩子管教严格，另一个却对孩子溺爱娇惯；一个要管教孩子，另一个却迁就和护着孩子。父母经常为孩子的教育问题发生严重的矛盾冲突，吵架不止，大打出手，甚至闹到离婚的地步。在这样的家庭成长的孩子，孩子对父母无所适从，不知道谁是谁非，不知道父母哪一方是对的、哪一方是错的。通常小孩子都会判断哪一方是对他有利的，就靠向哪一方。由于年少，自我保护意识也很强，当他做错事情的时候，如果有人袒护他，他就会偏向谁。为了让父母都喜欢自己，孩子会对父亲一套，对母亲另一套，用不同的方式对待父母的管教，会形成阳奉阴违、投机取巧、见风使舵的矛盾型人格障碍或双重人格障碍，这是很不利于孩子今后建立良好的人际关系和适应社会生活的。

俄国著名教育家马卡连柯在《父母必读》一书中写道的："家庭集体的完整和团结一致是良好教育的一个基本条件……凡是希望把孩子真正抚养好的人，都应当保持那种团结一致的精神。团结一致不仅对孩子极为重要，对父母也是极为重要的"。

台湾曾仕强教授也说："父母在孩子面前必须特别小心谨慎，要维持相当的一致性。父母双方最好沟通协议以建立共识，然后共同采取适当教养方法，避免父母之间产生间隙，使子女养成投机取巧的习惯。"

矛盾冲突的父母类型，主要产生于价值观、对孩子的教育观念不同的父母。

父母的价值观、教育观念不一致，这是正常的，是无需责怪的。但是，如果要让孩子健康成长，在对待孩子成长的态度和教育方式上应尽可能达到统一和协调。父母之间最好能平心静气地坐下来沟通，本着求大同、存小异，谁的主张和方式更有利于孩子健康成长就服从谁的原则，协商出大致统一的教养孩子的方式，作为夫妻双方教养孩子共同遵守的原则。

在管教孩子的过程中，难免会有一方采用了错误的教育方式，此时，只要不会对孩子造成重大伤害，另一方最好不要当面指责对方，更不能出面干涉和直接制止对方对孩子的教育。当面指责对方，会让孩子觉得有人偏袒自己而怨恨管教自己的一方，不会用心去体会教育自己的父亲或母亲的良苦用心，可能会纵容了孩子的错误行为。比较好的方式是，当一方正非常生气地教育孩子时，另一方出面把气氛缓和，替孩子解围，但决不能帮孩子掩饰过错。事后再静下心来与对方进行平静的沟通，用善意的方式指出对方方式的不妥。这样做，不仅有利于对方对错误教育方式的克服，也有利于增进夫妻关系的和谐，更有利于夫妻走向科学协调的教子道路。同时，也要给孩子心灵上以抚慰，对孩子进行引导，让孩子知道自己犯的错有多么严重，以致引起爸爸（妈妈）那样生气。这样的处理会让大人和孩子都得到成长。

唠叨贬损，心理暴力型

心理暴力在媒体上也称之为软暴力。"心理暴力"是与"躯体暴力"相对应的对人的心理上产生的暴力伤害行为。本书对心理暴力的描述是，通过言语上的贬损、讽刺、挖苦、辱骂或冷漠等方式，刺激、折磨对方，或故意用冷漠打冷战的方式给予对方心理上造成负性刺激，让对方长期处于压抑不安和烦恼苦闷之中，给对方精神上带来严重伤害。严重的心理暴力行为还可能导致对方心理崩溃。

心理暴力是对人精神上和心理上实施的一种反复的、长久的无形伤害。

心理暴力用精神虐待来理解是很贴切的。

父母对孩子的心理暴力的表现形式有多种，主要有"指责唠叨"、"威胁恐吓"、"抱怨诉苦"、"辱骂贬损"、"挖苦讽刺"和"漠视冷漠"等。

指责唠叨

> 孩子刚放学回家，书包都还没放，父亲或母亲就叫道：快去做作业，……去学习，听到没有！
>
> 今天你已经玩了很久了，从上午开始玩到现在，总该花点心思在学习上吧。还坐在那里不动，我说的话你到底听到没有啊？你到底去不去？还不去是吧？
>
> 妈妈说的话你总是不听，现在吃到苦头了吧？以后看你还不听话，看我怎么收拾你！
>
> 喂，我说的话你到底听进去没有？你要是再不听，下次只会吃更大的苦头。到时候可别怪妈妈没提醒你……

这是孩子在家里常常听到的父母唠叨的话。唠叨对孩子不能产生任何教育作用，反而使孩子产生厌烦心理，让孩子内心焦躁不安。

我曾经在学校给初一学生上心理课中，在与学生讲到有关父母教育方式的话题时，让讨厌父母唠叨的同学举手，结果全班五十多个同学基本上都举起了手。这说明采用唠叨的教育方式的父母多么普遍啊。孩子们讨厌父母唠叨，在家里哪还有快乐可言。

让孩子讨厌的父母，唠叨、废话多；让孩子喜欢的父母，少说、做得多。所以，有喜欢唠叨的父母一定要克服这个毛病，对孩子能起作用的才说，不起作用的干脆不说。当说的才说，不当说的就不说。涉及做人原则的必须说，琐碎的小事最好不说，更不要对孩子小题大做，把小小的事情说得非常严重。

南宋进士袁采在其家训《袁氏世范》的"言语贵简当"篇目中，就用一句简短的话揭示了少说教的好处："言语简寡，在我可以少悔，在人可以少怨。"言多必失，失必后悔。啰唆唠叨，必获"讨人嫌"的结果。著名家庭教育专家尹建莉也说：

"父母少说废话，孩子才会认真对待你有用的话。"这是非常有道理的。

任何教育都存在这样的效应：说得越多，听得越少。父母切记！

威胁恐吓

> 你再不听话我就不要你了！
>
> 你再不听话我就把你送人了！
>
> 要是再不听话，就叫警察叔叔把你抓去！
>
> 再哭，让狼把你叼走！
>
> （以上话语是母亲对年幼的孩子常说的吓唬的话。）
>
> 父亲则常会对孩子说，你再不听话就给老子滚！

父母以上这些威胁恐吓的话，孩子一般都会信以为真，从而产生害怕和恐惧心理，孩子在家失去了安全感。每当听到父母的这些话语，吓得孩子不是哭得更厉害，就是马上闭上了嘴。

威胁恐吓，对年龄越小的孩子的心理伤害越大。孩子还非常单纯，非常信任父母，他们会相信父母说的"不要你啦"等话语是真的，所以非常害怕失去父母，会让孩子在心理上产生抹不去的阴影，也会形成孩子怯懦恐惧的性格，让孩子没有安全感，随时生活在惶恐之中。

抱怨诉苦

> 我究竟是为了谁呀，还不是为了你？你怎么就不明白妈妈的心意？
>
> 难道你不知道妈妈希望你将来是个有出息的人吗？
>
> 爸爸妈妈全都是为你好呀，你怎么不体谅父母呢？
>
> 你这个不知好歹没用的东西，我们这样辛苦，养你来有什么用！

父母以上这些抱怨诉苦的话，就是用自己对孩子的养育之恩和为孩子好，在情感上要挟控制孩子，使孩子服从自己的意志。这通常是父母用来控制孩子的一个法宝。

这种父母对孩子寄予很大的期望，用自己怎样含辛茹苦、怎样的受苦受累、怎样的不容易等无形的情感镣铐，把孩子紧紧铐在自己强大的心理柱子上，让孩子对父母背负上感情的债务，使孩子不得不屈从自己的意愿。

这种父母把自己对孩子的付出和恩情变成了孩子无法承受之重，成为了孩子巨大的心理负担，甚至让孩子产生负罪感。孩子心中整天想的就是怎样不辜负父母，能让父母得到宽慰，即使对父母有很大的不满也强压在心中。他们没有真正感受到父母的关爱和生活的美好，没有感受到学习的乐趣，长此以往，孩子会形成扭曲的性格。性格外向的孩子会与父母产生对立情绪，因受不了父母长期的心理折磨可能会突然爆发，反过来以极端暴力的方式伤害父母；性格内向且孝顺的孩子会把父母对自己心理上的压抑采用逆来顺受的方式，最终会造成孤僻、冷漠、退缩的性格，对孩子今后的社会生活肯定是不利的。

这种类型的家庭教育主要表现在母亲身上，尤其是单亲母亲更甚。

挖苦讽刺，辱骂贬损

> 你怎么总是心不在焉，说不定哪天脑袋也会忘了带回家！
>
> 真是猪脑袋，连老师布置的作业都记不清楚了。
>
> 哎呀，竟然主动念起书来了，真是太阳打西边出来了！
>
> 哟，得了满分，可真是让人吃惊啊！
>
> 看看你那得意样，才考那点分你就觉得了不起了
>
> 你这个忘恩负义的东西！
>
> 你这个没良心的，竟然跟我讨价还价！
>
> 就你那破锣嗓子，还想当歌星？做梦吧！
>
> 这么简单的都不会，看你将来怎么办！你真的很没用，你到底能
>
> 做什么啊？你将来就配给人家刷盘子吧！

父母以上这些讽刺挖苦、辱骂贬损的话，不仅严重伤害孩子的人格尊严，让孩子失去自尊，而且严重贬损了孩子的自我价值。

父母整天斥责和训斥孩子这也不行，那也没用，甚至把孩子贬得一钱不值，让孩子的自尊心和羞耻心丧失殆尽。不仅导致孩子的严重逆反和厌烦心理，还导致孩子破罐破摔、消极颓废，最终自甘堕落、走上歧途。

一个职业学校的老师讲了这样一个故事："我有一个学生他水电安装学得很好，在学校组织的'水电安装实习比赛'中拿了第一名。回去把证书拿给他妈妈看，哪知道他妈妈把证书一扔，说：'我稀罕你这个啊？你有本事拿一个博士文凭么，倒可以回来显摆。'这样一来，本来蛮好的一个学生弄得没上进心了，以后学什么都马马虎虎，成绩弄到最后，变成阿末名（最后一名）。

悲哀的父母啊，本来一个充满朝气、积极上进的孩子的人生，就在你的责骂贬损中给毁掉了，你还在那里一味地埋怨孩子怎么不争气，是怎样的窝囊废。你挥舞着你那心理暴力的鞭子，让孩子永远也不能抬起头、挺起胸来做人，孩子能不成为窝囊废吗？孩子成为窝囊废都是你一手制造的呀！不是孩子不思进取，而是孩子的上进心、自信心和荣誉感，在父母你的责骂、讽刺、挖苦中全都给湮灭掉了。

漠视冷漠

不少父母或者漠视孩子的存在，或者在孩子犯错的时候就用漠视冷漠的方式对待孩子，给孩子心理上造成无形的巨大压力，让孩子长期处于沉闷和压抑状态，不知道父母在想什么，对父母处于无所适从的状态。要知道，被人关注和肯定是人心理的一种需要，孩子更需要父母的关注和肯定。当孩子取得一点点进步的时候，他是多么需要得到父母的肯定，可是父母却视而不见，孩子会是多么的失望。当孩子受挫的时候，多么需要父母给予其关切和安抚。询问孩子发生什么事情了，对孩子说，你说出来我们帮你解决，这对孩子是多大的心理支持！

印度著名诗人泰戈尔在他的著名诗集《吉檀迦利》中写道："母亲，这是毫无好处的，假如你的华美的约束，使人和大地健康的尘土隔断，把人进入日常生活的盛大集会的权力剥夺去了。"

台湾著名学者曾仕强教授则是这样告诫做父母的："其实做父母的如果常常这样想：我对他没有什么恩惠，所以他将来怎样是他的事，不是我的事，他要怎么样是他的事。经常这样想的父母就会慢慢地解除掉情绪负债。"

父母教育孩子常常处于负性情绪之中，而情绪负债的产生原因，往往源于父母对孩子长期实行的责骂、贬损、抱怨、指责等负性教育行为。

负性教育收获的结果，一定是孩子的负性成长。

放弃责任，空巢缺损型

好多年轻父母为了生存、生活和追求事业不得不外出打拼，或者为了逃避教育孩子的艰难、图轻松省事而把孩子丢给爷爷奶奶、外公外婆代为照看。殊不知，这种隔代教养对孩子的健康成长会带来难以弥补的后果。孩子得不到父母的陪伴和照护，与父母的亲情缺失，会让孩子产生与父母的疏远和隔膜感，长大后还会埋怨父母对自己不负责任；爷爷奶奶、外公外婆的教育大多观念陈旧、方法老套，不能适应当今社会对孩子成长的要求；由于年老体迈，也没有多少精力可以对孙辈进行教育，教育的力度也达不到让孩子接受的程度。更为严重的是，爷爷奶奶、外公外婆对孙辈往往溺爱娇宠、迁就放任有加，而教育和管理不足，会使孩子形成任性和极端自我等不良性格。

家庭缺损，除了父母外出打工以外，还有父母离异的家庭。

二十多年在学校与学生接触中我了解到，单亲家庭孩子的心理和行为问题是最多的，父母离异受害最大的是孩子。

单亲家庭的孩子缺少父爱或母爱，当缺失了一方的情感需求得不到满足时，孩子会产生被抛弃的感觉，在同伴面前也会因没有爸爸或者妈妈而抬不起头，产生失落和自卑感。小一点的孩子还会猜想是不是自己不乖、不听话导致爸爸或妈妈不要我，而谴责自己，产生自责自罪感；大一点的孩子则会因父母的离婚产生疏离感，而自暴自弃，行为消极甚至堕落。离异家庭的孩子还会形成情感冷漠、性情暴躁、孤僻和怯懦等性格特征。

离异家庭的孩子的问题行为、厌学懒学现象也比完整家庭的孩子要多，也严重得多。对犯罪少年的调查统计也显示，离异家庭孩子的犯罪率也比正常家庭的孩子要高。

父母离婚也可能对孩子成人后的婚姻带来不良影响，让孩子也对婚姻抱随便态度，离婚的可能性也比较大。

在父母离婚的家庭中，跟随母亲的女孩更容易受母亲整天抱怨、怨恨等负面心理的影响，对男人产生敌对仇视心理，给女孩未来的婚姻生活带来巨大问题；男孩子缺少父亲教育则会变得行为没有约束、性格更冲动任性，缺少男子气概。有研究表明，父亲教育缺失的孩子更容易导致反社会行为。

父母不只是生育孩子的机器。把孩子生下来，除了要承担孩子的生存生活责任以外，更多的是要承担教育的责任，对孩子既不能只生不养，也不能只养不教。把孩子生下来又不承担教育责任的父母，与牲畜传宗接代没有两样，是不配做父母的！

　　我与学生的父母沟通家庭教育问题时，都要告诫他们，无论条件怎样，孩子都应该尽量由父母自己带，由父母自己管教，即使是为了生存和生活必须有人外出打工挣钱，也至少要留一个人在孩子身边照看和管教孩子，这样不仅有利于对孩子的教养，更有利于亲子关系的建立。为了不致让孩子对外出一方父母的亲情和教育缺失，外出的一方也要通过打电话或网络聊天的方式经常与孩子联系和沟通，让孩子感受到父母随时都在关注关爱着自己，就好像父母就在自己身边一样，虽然父母一方不在身边但是家庭是完整的，以保证孩子的健康成长。

重智轻德，读书唯一型

　　重智育，轻德育；重读书，轻做人；重成绩、轻表现；重知识，轻能力；重包办代替，轻独立自主，这是父母在孩子教育上普遍存在的、让孩子严重偏离正常成长轨道的问题。

　　父母望子成龙、望女成凤的期望，都集中在了孩子的学业上。把书读好成为孩子唯一一件事情，学习成绩成为父母评价孩子好坏的唯一标尺，只要孩子学习成绩好就什么都好，只要孩子好好读书就什么都满足孩子。

　　重智轻德，读书唯一型父母，不顾孩子的学习负担是否过重，无限制在学习上给孩子加压，让孩子从小就背负上沉重的学习负担，过大学习心理压力伴随着孩子长大。那些听话的孩子为了满足父母的心愿，就在疲惫不堪中学习、争取好成绩，被沉重的学业负担压得喘不过气来，让身心健康受损；不听话的孩子则与父母消极对抗，不是懒学就是放弃学习。多数学习成绩平平和学习成绩差的孩子从小就背负上了"失败者"的不好名声，自信和自尊缺失，生活态度消极，学习成绩越来越差。

　　虽然现代人掌握知识很重要，但是知识却不是做人最重要的东西。做人最重要的东西，是那些对人的生存、生活直接相关，直接作用于人的工作、学习的素质能力。如独立生活能力、自我控制能力、人际交往能力、耐受挫折能力、创造精神和创新能力、法纪观念、社会公德心、勤劳节俭、责任感、服务精神、同情怜悯、善良关爱等品行。这些品质才会让孩子终身受用。父母教养孩子，不只是要孩子把书读好，更要让孩子把人做好，重视培养让孩子终身受用的品质。理由很简单，知识可能遗忘，素质能力却伴随孩子一生。

父母也要明白，人生道路千万条，通过读书成就事业只是其中的一条。只有少数人能够通过走读书之路成才和成就人生，多数人却要通过其他千万条道路中的一条或几条维持生存和生活，成就自己的成功人生。

哈佛大学教授经过多年研究提出一个多元智能理论，说每个人至少存在语言智能、数学逻辑智能、空间智能、音乐智能、身体运动智能、人体交往智能、善于反思善于反省智能、自然观察智能等八个智能，每个人不可能这八个智能都发达，不同的人的智能特质也不相同。一个人能否顺利地成长和有所成就，关键是看他是否选择了与自己的优势智能相匹配的道路。八个智能中只有语言智能和数学逻辑智能发达的人最适合今天中国的学习。你的孩子可能在这两个智能上都处于弱势，所以读书感悟能力差，学习成绩不好。但你的孩子可能在音乐智能、空间智能等方面有优势，更适合从事音乐和体育等艺术和技能性的学习。

孩子的学习成绩不好不等于他不能成才，天才就是选择了最适合发挥他的智能特质的道路，蠢材则选择了不适合他的道路，我们期望的最好的目标是孩子做适合他的事情，走适合他的道路。所以要遵循孩子的个性特点培养孩子，引导和支持孩子独立做出自己的人生选择。

民主平等，理性开明型

民主平等，理性开明型父母，对孩子的成长持清楚、明白、理智的态度，不刻意按自己的意愿去设计孩子的人生道路，与孩子是朋友似的平等关系，对孩子持民主尊重的态度，采用的是商量沟通的方式，没有给人以居高临下的感觉。

采用民主平等，理性开明家庭教育方式的父母，既对孩子严格管教，又尊重孩子的人格尊严和独立性；既注意规范孩子的言行，又对孩子循循善诱，让孩子做到通情达理；既不姑息迁就孩子的不良行为，又注意在管教孩子中保护孩子的自信心和自尊心，注意方式方法的科学性；在涉及孩子成长的重大问题上，父母不会独断专横，强迫孩子服从自己的意志，而是与孩子交流和沟通，尊重孩子的意见，以人生向导者身份为孩子做参谋、提建议，引导孩子自己作出正确决定，让孩子独立做出人生选择。只要孩子做得对，父母就肯定，只要孩子选择正常正直做人，孩子无论做什么父母都支持，不仅会让孩子得到更好的发展，而且也会减少很多教育孩子的烦恼困惑，让教育孩子的事情变得轻松愉快。

民主平等，理性开明的父母，重视孩子的精神和情感需求，理解孩子，宽容孩子的过错，对孩子说理引导，对孩子具有亲和力，保护孩子的隐私，是孩子的贴心朋友。

在民主平等，理性开明型父母家庭成长的孩子，人生态度积极、心理健康、开朗阳光、情感丰富、品行善良、富于同情心、自尊自信、言行文明、学习自觉主动、学习成绩好。既知书达理，又有探究精神；做事既有主见，体现出独立性，又善于合作，体现出团队精神，人见人爱人缘好。性格活泼开朗，思维灵活开阔，既能脚踏实地地做好每一件事情，又具有创造精神。这种孩子的人格健全、身心健康，充满着朝气蓬勃的生命活力。

民主平等，理性开明型父母，往往也受孩子的信赖和尊敬；亲子关系融洽和谐。父母对孩子的教育事半功倍，也很轻松。这是一种最科学、最有效、最轻松的家庭教育类型。

行为示范，身体力行型

这种类型的父母大都学历较低，对科学家庭教育理论和方法也知之甚少，但却是朴实无华堪为孩子学习榜样的劳动者。这种类型的父母，主要以善良宽厚、老实做人、踏实做事、勤劳朴实、诚实待人等身体力行的榜样行为给予了孩子良好影响。

这类父母对孩子的期望也是简单而朴实的。他们期望孩子有出息，生活过得比自己好，但是却不会刻意让孩子在学习成绩上要做到一流，在学业上要有多高的目标，人生要有多大成就，而是靠勤劳和节俭来尽力供养孩子的生活和读书，用自己对家庭负责的态度、简单朴实的生活和淳朴的处世方式，给予孩子潜移默化的影响。由于父母对孩子的影响是勤劳纯朴的，父母靠自己的勤劳和汗水来经营生活，所以孩子也会形成勤劳纯朴的性格；由于家境不怎么好，所以孩子会有比较强烈的改变自己命运的愿望，所以学习上有自觉主动性，不要父母督促，也不让父母操心，学习成绩也优秀。行为表现也单纯朴实。

俗话说，言教不如身教；一百次空洞的说教不如一次身体力行的身教。身体力行型父母，主要是以自己身教的榜样作用为孩子做出了良好的示范和潜移默化的影响。

在"非诚勿扰"节目上有一个男嘉宾说，为了供养他上大学，他没有文化的父亲同时打三份工，非常辛苦劳累但却从不抱怨。他为父亲的朴实勤劳而感动，边讲述边流泪，也让在场的女嘉宾和观众感动得流泪。这个男嘉宾的父亲，对孩子不仅没有说教，甚至没有更多的话说，只是用他的朴实和勤劳品格塑造了一个懂得艰苦创业、懂得感恩的儿子。

无声的教育力量才是最强大、最有效的。人们往往不是看一个人怎么说，而是看他是怎么做的。孩子的教育尤其如此。作为父母亲要切记这一点。

在以上几类家庭教育方式中，民主开放型是一种最科学、最有效、最利于孩子身心健康和正常成长的父母类型。身体力行型父母则给孩子的成长以潜移默化的榜样影响，这种"无声胜有声"的教育让孩子得以顺利地成人成才。其余几种类型的父母，都会从不同角度对孩子健康成长造成阻碍，其最坏的结果是会形成孩子的人格偏差和严重的问题行为，对孩子的成长发展和生活带来不少问题，也让父母面临不少孩子问题带来的困扰。

父母的教养方式塑造着孩子的品格，决定着孩子的成长和命运。父母对自己所属的教养类型有所了解，知道错误的家庭教育类型会给孩子的行为方式和人格带来何种偏差，就会在教育孩子上少走弯路、少犯错误，就有可能成为一个合格的父母，让孩子健康成长。

亲爱的父母，你属于何种类型呢？

第七章　怎样做一个有威信的父母

父母在孩子心目中的威信，是教育孩子取得良好教育效果的重要条件之一。但是，父母的威信绝不是靠高高在上的权威架势来实现，而是靠父母在人格魅力、善良宽厚、民主平等、身体力行的表率作用来建立的。

父母自身人生态度积极，工作认真负责，为人宽厚、讲文明懂礼貌，处处以身示范，又能关心爱护孩子；孩子在父母身边有安全感、对父母有依恋感，孩子热爱父母、信任父母、尊崇父母。父母在孩子心目中就有威信，父母说的话孩子爱听，教育就有效果。父母能让孩子亲近和信赖，这是孩子自觉接受父母教育的前提。

有的父母根本不关爱孩子，只是要父母威风，胡乱训斥孩子，或用错误的方法惩罚孩子，使孩子慑于父母的威风，表面上屈服，但心里委屈、不服气。也有的父母为了建立威信，让孩子对自己有好感，就无原则地迁就、溺爱甚至讨好孩子。这样做可能使孩子养成自私任性、骄横跋扈、以自我为中心的性格，孩子对父母的无理要求也会得寸进尺，哪里还会有父母的威信。

总之，用强制、独断、高压、责骂、体罚、溺爱、许诺等不妥方式教育孩子的父母，都不能获得真正的威信。父母的威信是在长期与孩子的接触中，以自己对孩子理性的态度、良好的道德品质、崇高的理想信念、负责的精神、朴实的生活作风等身教行为建立起来的。身教重于言教。如果做父母的不能严于律己，不爱学习、工作马虎、言而无信、爱占便宜、行为不检点，在孩子心目中缺乏好的形象，自然不会有威信。

不做权威父母，做威信父母

权威往往是高高在上被人敬而远之的。具有威信的人则是可亲可敬的人。人们对于权威的话可以置若罔闻，然而具有威信的人的话却是不会不听的。

孩子从出生那天起，父母就与孩子朝夕相处，即使迫于生计父母离家不与孩子在一起生活，但是那种血浓于水的亲情却每时每刻都把孩子与父母联系在一起。父母不仅有供养孩子的义务，更承担着教育孩子的责任。教育孩子能否有效，主要决定于父母在孩子心目中是否有威信。在孩子心目中没有威信，父母对孩子的教育不仅不会有效果，还会起负作用，即使父母说得有道理，孩子都要从反面去理解。

我就这样问过我所教的一个初中学生："你父亲说话你听吗。"学生非常干脆地回答："我父亲球莫名堂，日隆的很（四川话，意思是，我爸爸什么本事也没有，窝囊得很），哪个听他的话！"试想，一个父亲在孩子心目中如此没有威信，还叫父亲吗？

在一本被称之为"世界积极心理治疗大会"隆重推荐给父母的读物中，一个作者提出了"父母是孩子必然的权威"的命题，这种偏颇的论断，会对父母产生极大的误导。父母权威的确立不是生而就有的、必然的，而是在教育孩子的过程中以自己的身教作用逐步建立起来的。父母的权威在孩子小的时候可能是存在的，但是随着孩子年龄和阅历的增长，父母的权威会逐步削弱。当孩子具有与父母对抗能力的时候，父母的权威就可能起不了作用了。可是，父母在孩子心目中的威信一旦建立起来，就是牢固而稳定的，随着孩子年龄和阅历的增加会越来越稳固。

我就可以毫不谦虚地说，我在孩子心目中不是权威，但是一直都是有威信的。孩子初中毕业的时候，偶然中看到孩子笔记本中关于他崇拜的人的文字，他说最崇拜的人是周恩来总理，第二崇拜的人就是他的父亲。试想，父亲成为了孩子心目中崇拜的人，他在孩子心目中还能没有威信吗？他所说的话孩子还会不听吗？

那些非常独断专制的父母，在孩子很小的时候可以用高压暴力手段显示自己的权威，让孩子臣服于自己。但是当孩子长大以后，他们就可能会以同样的方式回报父母，父母在孩子面前不再具有权威的威慑力，反而是孩子在父母面前显示出权威的力量来了。一个有威信的父母，在孩子心目中的威信是永不磨灭的，父母在孩子心目中的良好形象，会像磐石一样耸立在孩子心中，会一直受到孩子的尊重和爱戴。有威信的父母的言和行都堪为孩子学习仿效的榜样，说的和做的都能让孩子信服，对孩子的教育能让孩子心悦诚服。

父母在孩子心目中有了威信，就不愁孩子不听父母的话了。

以开放的态度对待孩子的成长，做开明父母

现在的青少年与父母，在所接受的教育、信息以及生活观念、价值观上，都是大不一样的。如果父母只是用自己的价值观念和所接受的教育去要求孩子，不仅落后于时代，而且会与孩子产生很大的代沟，而导致冲突。

现在不少父母，不是用陈旧观念和生活方式去看待孩子的行为，就是盲目地逢迎社会潮流，去满足孩子追求时尚生活方式的欲望和要求。导致孩子不仅不接受父母那一套说教，而且耻笑父母的无知。不仅起不到任何教育效果，还会给孩子的成长带来不少问题。

有些父母以"自己过的桥比孩子走的路多、吃的盐比孩子吃的米多"自居，本来自己的看法就不正确，却还要用家长的强权压服孩子，让孩子屈从自己，结果造成孩子与自己的逆反和对抗。英国著名儿童教育家尼尔说："如果父母把他们过时的想法、做法和道德观念强加在孩子身上的话，他们就毁了孩子的一生。他们是在为过去而牺牲孩子。这种强迫价值观念造成仇恨，也造成问题儿童。"

开明父母会以开放的态度对待孩子的成长，会尽可能为孩子营造一个宽松的成长环境。尊重孩子的独立人格和独立处世立身的权利，不把自己的意志强加给孩子，不强求孩子走自己为孩子设计的人生道路。在孩子的情趣爱好、升学和工作等人生抉择上都尊重孩子的意见，让孩子独立的做出人生选择，父母只是扮演孩子导航人的角色，为孩子的成长做好参谋、提出建议。只要孩子是走正道，孩子一旦做出了选择决定，即使父母有不同意见，也坚决支持孩子的选择和决定。

开明的父母不会用简单粗暴强制的方式逼孩子读书，也不会要求孩子的学习一定要达到什么目标，一定要考入什么学校。而是给孩子创造宽松的学习环境，让孩子自觉主动地学习，只要孩子尽力了，孩子学到什么程度就什么程度，孩子在学习上反而会保持持续的热情，收获意想不到的学习效果。

父母要想缩小与孩子在观念和想法上的距离，减少代沟，就要跟上社会前进的步伐，不能故步自封。除了自己要不断地学习吸收新观念、新信息和新技术以外，也要虚心向孩子学习，从孩子那里学习自己不懂的东西。

父母能够放下尊严或架子向孩子学习的本身，就是对孩子的一种很有效的教育作用，也是父母开明的表现。父母向孩子学习，可以提高孩子对父母的信任，减少父母与孩子之间的代沟问题；可以缩短父母和孩子之间的距离，增强父母与

孩子的情感交流和沟通，有利于亲子关系的建立和加强；也可以使孩子从父母那里得到价值观的认同，有利于孩子自信心的加强，更有利于父母对孩子的有效教育。

一次身教胜于百次说教，不做说教父母，做身教父母

孩子一出生，父母就一直是孩子模仿和学习的对象，父母做出表率，对孩子具有潜移默化的影响作用。有威信的父母总是身教重于言教的。父母做人端正，孩子自然会形成端正的行为。

> 奥巴马说，要知道，我们年轻的男孩女孩都会观察到这一切。他们会观察到你不理会或虐待你的妻子；会观察到你在家不为别人着想的表现；会观察到你的冷漠无情；会观察到你只为一己之私着想。所以，我们在学校或在街上会看到这些同样的行为表现是不足为奇的。这就是为什么我们必须以身作则来把同感和关爱传递给我们的孩子。我们需要给他们做出这样的榜样——— 强者不是把别人击倒而是把别人扶起来，这才是强者。这就是我们为父的所应负起的责任。

孔子曰，其身正不令而行，其身不正，虽令不从。

为什么不令而行？因为父母堪为孩子的表率，令孩子信服，父母不说孩子都会仿效去做。

为什么虽令不从？因为父母言行不一，说一套做一套，当面一套，背后一套，孩子弄不清楚你是怎样的人，不信你说的，叫他怎么会听你的？你自己都不信自己所说，孩子怎会听你的？

身教为不教而教，说教为教而教。

为不教而教为上教，为教而教为下教。

一次身教胜于百次说教。有效的教育始终是身教重于言教的，一切教育都是如此。人们不是看一个人怎么说的，而是看他怎么做的。孩子主要是模仿父母长大的，孩子是父母的影子。孩子的行为方式受父母的影响获得，所以与父母的表现一样。父母要重视自己的言行对孩子的影响。

不过，教育也是离不开言教的，但是言教并不等于说教。言教就是让孩子懂道理、明事理，没有言教孩子就不能懂得做人的道理，就不知道应该做什么，为

什么应该那样做。但是父母往往把言教变成了空洞的说教，让孩子反感和厌烦。

最有效的教育是言教和身教的协调统一，通过言教是让孩子知道应该做什么，为什么那么做；身教则让孩子知道应该怎么做，会怎么做，给孩子为人处世做出榜样。没有身教，孩子就养不成做人的规范，就形成不了做事的习惯和做事的能力。

新东方创始人俞敏洪说："我母亲身上的勤劳和善良对我产生了影响。小时候有两件事情，一件是快要下雨，邻居晒着稻谷，邻居不在家，母亲带着我们全家把邻居家的稻谷收到一个角落里，结果我们家的谷子没来得及收被雨淋了。我母亲经常说远亲不如近邻。

第二件事情是村东头有五口人家，我们家是四口人。那家人没有粮食吃，我们家也不多，他跑到我们家借粮食，母亲就把粮食一分为二，拿出五、六斤让我端给人家。我说我们自己也没有粮食，为什么要给他们？母亲说这点米，在地里弄点菜，接上新的粮食是没有问题的，但他们家没有粮食就会被饿死了。"

俞敏洪母亲在这些小事上对孩子善良、怜悯、同情等品质的形成，会起到多么大影响呀。而他的父亲喜欢帮助别人，一高兴什么利益都不计较的个性对他影响也很大，并在他身上得到了很好的体现，俞敏洪说："我一高兴就把新东方的股份分给新东方的员工。"

教育家夏丏尊对身教的重要性有这样的论述："以言教者讼，以身教者从，教育者必须有相当的人格，被教育者方能心悦诚服，只靠规则是靠不住的。"简单空洞的说教，光说不做，说一套做一套，只能让孩子对父母由怀疑变质疑、由质疑变否定、由否定变抵触、由抵触变不从、由不从变逆反对抗，由对父母的不信任感变成对父母的鄙夷。试想，教育到了如此地步，还有什么效果可说。

不少父母往往是言教过多而身教过少。言教又往往是空洞的说教过多，入情入理的说理较少。说教不仅无用，反而伤害了孩子的心理。或者是说的一套，做的是另一套，言而无信，开始让孩子云里雾里产生疑惑，进一步产生对父母的不信任，最后便产生对整个成人世界的不信任、对整个人的不信任，形成怀疑型人格。

就读书而言，不少父母要孩子认真读书，自己却是一个从来不读书、不看报、手不挨卷的人，叫孩子怎么喜欢读书？难怪出现过这样的笑话：孩子对父母埋怨道，一家人吃饭，就我一个人读书。孩子把读书当着一种十分委屈的事情，哪还能认真把书读好？

在美国一所大学的日文班里，突然出现了一个50多岁的老太太。开始大家并没感到奇怪。在这个国度里，人人都可以挑自己开心的事做。可过了不长时间，年轻人们发现这个老太太并非是退休之后为填补空虚才来这里的。每天清晨她总是最早来到教室，温习功课，认真地跟着老师阅读。老师提问时她也会出一脑袋汗。她的笔记记得工工整整。不久年轻人们就纷纷借她的笔记来做参考。每次考试前老太太更是紧张兮兮地复习、补缺。

有一天，老教授对年轻人们说："做父母的一定要自律才能教育好孩子，你们可以问问这位令人尊敬的女士，她一定有一群有教养的孩子。"

一打听，果然，这位老太太叫朱木兰，她的女儿是美国第一位华裔女部长——赵小兰。

2001年1月，赵小兰获得小布什的提名，并顺利通过美国参议院的听证，成为美国建国220多年来第一位华裔部长。赵小兰曾经当过两届美国劳工部长，任期打破美国政坛记录。从2001年上任到2009年卸任，这位在美国政坛开创了诸多第一的华裔女性，为自己的内阁生涯画了一个创纪录的句号——成为二战以来任职时间最长的劳工部部长，而且也是唯一一个在布什政府中任职满8年的内阁部长。赵小兰被西方传媒界誉为"展翅的东方凤凰"，她实现了华人在国际上从"苦力"到进入美国最高权力中心的华丽转身。

朱木兰夫妇有六个女儿，被称为"赵氏六朵金花"，赵小兰是老大；二妹赵小琴是名校威廉和玛丽学院的硕士；三妹赵小美是哈佛大学商学院硕士；四妹赵小甫获哥伦比亚大学法学博士；五妹赵小亭也是哈佛大学商学院的硕士；小妹赵安吉从哈佛商学院获得企管硕士后，被父亲安排到他的福茂航运公司挑大梁。

在我国，大凡年纪上了50岁的女人大都已经准备安享晚年了，就是年轻人能够坚持学习的都非常少，退休后哪里还会有兴致读书呢？赵小兰的妈妈朱木兰却能约束自己与年轻大学生们一起学习日文，就不难想象她何以能培养出六个出色的孩子来了。

说话算数，信守承诺

说话算数，信守承诺，言必信，行必果，是父母在孩子心中建立威信的根本条件。

我国古代曾子在教子过程中践行信守承诺的事迹，是值得父母学习的。

曾子，又叫曾参，春秋时期鲁国人，是孔子的弟子。曾子深受孔子的教导，不但学问高，而且为人非常诚实，从不欺骗别人，对自己的孩子也是说到做到。有一次，他的妻子去街上买东西，儿子哭闹着一定要去。可曾子妻子嫌麻烦，就随便哄他一句说："你在家玩吧！等妈妈回来给你杀猪吃。乖！"儿子果然不哭闹了，等着吃猪肉。妻子回来后，曾子拿起刀就去杀猪。妻子感到很奇怪，就问丈夫："咦，今天又不是过年过节的，你杀什么猪呀？"曾子回答说："不是你自己说回来后要给儿子杀猪吗？""哎，我是哄孩子玩呢，你怎么当真了，应付一下就算啦。"曾子严肃地说："孩子可不是开玩笑的对象。他小，不懂事，凡事都要向父母学习，听从父母的教诲，如果父母说话不算数，欺骗了孩子，孩子就会认为人是可以欺骗的，转而去欺骗别人。如此一来，孩子骗人就成为父母教的了。而且，你骗了孩子，孩子以后就不再相信你了，你说的话他还听吗？"曾子的妻子恍然大悟。

曾子的诚信行为直接感染了儿子。一天晚上，儿子刚睡下又突然起来，从枕头下拿起一把竹简向外跑。曾子问他去做什么，儿子回答："我从朋友那里借书简时说好要今天还的。虽然现在很晚了，但再晚也要还给他，我不能言而无信呀！"曾子看着儿子跑出门，会心地笑了。

曾子的故事告诉父母，对孩子的教育要言而有信，诚实无诈，一言既出，驷马难追，为孩子做出诚信的表率。父母不能随便对孩子许诺，答应孩子的事情，就一定要做到，不能说过后就忘记，更不能随便糊弄孩子了事。孩子是很纯真的，在孩子的心中还没有人情世故的污染，他们对父母和成人的话是百分之百相信的。

父母答应孩子的事情，如果由于客观原因不能兑现，也应及时向孩子解释清楚，对孩子表示歉意，让孩子从内心理解和原谅父母，同时另想办法予以弥补。如父母一而再、再而三地言而无信，孩子会对父母产生不信任感，并认为人都可以说话不算数，慢慢地也会学会说谎了。

在与学生接触中，经常会听到学生埋怨父母说，父母说话不算数，答应了的事情不是忘记了，就是找各种理由来不兑现承诺。父母这样的做法，无疑告诉孩子做人可以随口承诺别人，可以一转身就忘记，这样就有可能也让孩子成为说话不算数、言而无信，不守承诺的人，在社会上也不会被人信任，难以立足。

所以，为了孩子成为信守承诺的人，父母首先就要为孩子做出信守承诺的榜样来。

尊重孩子，让孩子走得更高、更强、更远

尊重是人际交往的一个重要原则，是建立人与人之间良好关系的桥梁。没有尊重，就没有平等交流，人与人之间就无法沟通，更谈不上与人关系的和谐。由于孩子在父母面前处于弱势地位，孩子更需要得到父母的尊重。不少父母对孩子没有尊重的观念，在教育孩子时，随意打骂侮辱讽刺挖苦，不仅严重伤害孩子的自尊和人格，还造成孩子的厌烦和逆反，导致严重的亲子关系冲突。

不尊重孩子，对孩子实行强权教育，为孩子设计人生道路，强制孩子按照父母的意愿成长，在孩子身上实现自己的心愿，是父母以爱的名义来掌控孩子，是对孩子独立人格的绑架。父母这样的做法限制了孩子的独立自主权，剥夺了孩子的自我成长权，束缚了孩子自由独立、更快更好的成长。

孙云晓说："教育孩子的前提是了解孩子，了解孩子的前提是尊重孩子。"尊重是一切教育的基本原则，也是最高原则。没有尊重就没有教育，更没有效教育。无论是家庭教育、学校教育还是社会教育，要取得效果，尊重受教育者是必要前提。受教育者感到被尊重，才能接纳教育者，教育者的教育才会起到作用。

父母与孩子除了养育和被养育的关系外，在人格和人生权上是平等的，这也是父母应该尊重孩子的人性依据。尊重孩子，平等地对待孩子，给孩子被信任感，孩子才能对父母有亲近感，父母的教育才能被孩子所接受。父母的威信，不是对

孩子居高临下的俯视和用专制武断的强权来树立的，而是用父母的民主意识、平等尊重的态度和身体力行的榜样作用等人格魅力来建立的。不尊重孩子的专断强权父母，只能让孩子的感情离自己越来越远，以致退缩躲避父母或与父母对立、逆反和对抗。

谈到尊重孩子，就不能不谈到孩子人生的选择决定权和隐私权应该受到父母的尊重和保护的问题。不少父母认为，孩子是自己生的、自己养的，自己对孩子不仅有教育管理权，还有无限的控制支配权甚至宰割权，因而对孩子的管教近乎到了为所欲为的地步。这是一种法律意识淡漠的表现。在法律上孩子的人格不仅与父母平等，而且还是受法律保护的。父母对孩子没有无限控制和支配的权力，更没有任意宰割的权力。

父母对孩子的不尊重的表现大到孩子读什么学校、选什么专业、走什么人生道路，小到孩子吃什么东西、穿什么衣服都要服从父母的意愿。还有不少父母喜欢窥探孩子的隐私，私自翻阅孩子的日记、询问孩子电话是男生还是女生打的、私自翻看孩子的手机信息和通话记录等等。孩子成为了父母的私有物品，父母的这些做法最令孩子反感和讨厌。

孩子本身是一个具有独立思考、独立人格的活生生的人，孩子成长到一定年龄段，在生理上具有强大的力量，在心理上具有一定的能量的时候，他就不会随意听命父母、任由父母摆布了。因不受父母尊重而长期积聚的负性情绪的能量，在某一刻由某种导火线点燃，就有可能突然爆发而指向父母，造成对父母的巨大伤害。这也是弑亲现象屡屡发生的一个重要原因。先是父母折磨和伤害孩子，最终孩子对父母带来更大的折磨和伤害。孩子对父母的伤害，大都是父母一手造成的，是父母长期不尊重孩子累积的结果。

所以，父母一定要懂得尊重孩子，这也是家庭和谐、生活安定的保障。

　　好不容易有个假期了，父母商量着去哪儿玩好。这个时候请叫上你的孩子吧："来，孩子，咱们商量一下该去哪儿玩好。"相信受到这样的"邀请"，孩子会非常开心。他在家中的地位得到了体现，他从父母的重视中感受到了一份尊重，也不再觉得父母高高在上，反而有种亲近感。生活中还有许多事，比如家里经济紧张了，需要商量如何节约开支；比如要添置一样家具，需要商量买什么式样和价位的；比如想在家里搞个小聚会，商量怎么办才有创意……这些事情完全可以让孩子也参与讨论，让他也贡献一份"才智"。别说，有的孩子还真能贡献出一个大人怎么也想不到的好点子来呢。哪怕他真的说不出有价值的建议，这种讨论本身，对家庭、对孩子来说，都是有意义的。

父母尊重孩子，主要是尊重孩子的独立人格和孩子的独立自主权，包括说话权和自主做事的权利。放下父母的权威，涉及孩子的生活、学习和前途的事情，都要与孩子沟通商量，最好让孩子自己做主、做决定。例如涉及补课之类的事情，一定要孩子自愿。涉及孩子升学选择学校或专业，找工作等孩子的人生选择的大事情，更应尊重孩子的抉择。

换位思考，理解和信任孩子，给予孩子自信的力量

父母往往只知道自己给孩子创造了多么好的物质生活条件，只知道孩子吃不愁、穿不愁、玩不愁，但是孩子面临的学习和升学、工作竞争等压力有多大，往往是父母很难想到而被忽视的。

不少父母与孩子谈不拢，亲子关系冲突严重，一个重要原因就是父母没有站在孩子的立场换位思考看问题，对孩子要求不切合实际，对孩子的评价也不假思考、随口而出、消极、偏颇。

理解和信任孩子，是父母与孩子之间情感链接的黏合剂。没有站在孩子的立场换位思考想问题，就不会知道孩子的真实感受，也不会有对孩子的真正了解，就不会有针对性的教育。

北大高考状元葛琳琳说："是父母的爱和信任让我有了希望。特别是妈妈给我说的那番话，其中有一句是：'……妈妈相信你能成功！'就是这句话，让我闭塞许久的心灵因为这种信任和鞭策，开始为阳光和世界打开了一条缝，这句话让我压抑许久的泪水汹涌而出，勇气和激情再一次回到我身上。是的，我为什么要那么脆弱，为什么不相信自己，为什么那么轻易地想放弃自己。在问了无数个为什么后，我突然感觉自己的身上重现了以前的力量和坚强，感觉到自己的人生就在面前等待自己去把握。我慢慢地在灿烂的太阳底下伸出了自己的双手，看着那些错

综复杂象征着命运的掌纹，我轻轻地对自己说，原来，命运在自己手中掌握着。是父母的爱和信任，让我充满自信，使得我在高中三年的生活中，能以最好的心态来迎接生活和学习中的各种挑战。"

通过第二年的复读才考上北大的高考状元刘鹏程说："复读的决定，并不仅仅是我自己考虑成熟后做出的，更多的原因来源于爸爸的支持。爸爸只有高中文化，但他的执着让我怀疑自己不思进取。他是一位普通的农民，每天辛苦地劳作，将更多的希望寄托在我身上。并且他坚信，他的儿子应该是最优秀的，应该走进全国最好的大学，爸爸给了我无尽的信任与期待。作为儿子，我希望能用自己的行动来报答父亲的爱与付出。于是我再次经历了高三，一个不同的高三。"

父母的信任，就是给予孩子的自信力量，就是给予孩子在人生道路上不畏艰难险阻，勇敢地战胜各种困难的精神能量，这种信任，是孩子人生之路迈向成功的动力源泉。

放弃食指教育，学会拇指教育，多赞赏和肯定孩子

如果把我国的教育方式与西方的教育方式做个形象的描述，那么，我国的教育方式是"食指教育"，西方国家的教育方式是"拇指教育"。西方的老师和父母通常伸出大拇指赞赏孩子，中国的老师和父母则喜欢伸出食指指责和训斥孩子。前者不断地给予孩子自信和向上的正能量，让孩子者不断积极进取；而后者给予受教育者的是自卑和消沉的负能量，让受教育者感到沮丧和消极。

在我国，无论是老师还是父母，大都很吝啬伸出拇指对孩子进行赞赏和表扬，生怕一赞赏和表扬孩子就会骄傲起来。老师和父母对孩子的关注点，都放在了孩子学习不认真、考试成绩下降等不好的表现上，总是喜欢用食指指着孩子，说孩子这样不行，那样不对，缺乏对孩子欣赏的眼光，对孩子好的表现和进步视而不见。孩子好的表现和进步往往在父母那里得不到肯定和赞赏，让孩子非常失落。例如，孩子数学从来没有考及格过，孩子回家很高兴地对爸爸说，我的数学及格了。爸爸听后说，你及格有什么了不起，考八九十分的人多得是！又如，孩子的英语从来没有上过一百四十分，孩子这次考上了，回去对妈妈报喜，妈妈听后却问，考上一百四十五的有多少？孩子的一片兴致和成就感被父母怀疑态度和否定的话语一下

就给打消了，孩子的积极向上的热情也被父母的一盆冷水给泼灭了，从此可能再也不会有学习的劲头了。

所以我说，厌学不是孩子的错，是学校、老师和父母太看重学习成绩，一味地用学习成绩评价的结果。厌学主要是目前的唯考试成绩和唯升学的教育和学习模式造成的。

如果孩子认为自己在父母眼中一无是处，是一个没出息的孩子，孩子的自我价值感就会尽失，就会没有尊严感，做事没有自信心，最终变成一个没有生命热情的消极颓废的孩子。

西方的教育采用的是"拇指教育"，父母主要看孩子的优点，经常给予孩子表扬、赞赏和鼓励，即使是孩子的小小优点，父母也要给予肯定和鼓励。在拇指教育下成长的孩子，很自信、积极向上，也有独立性，所以西方的孩子的创造精神和创造能力都很强。这也许是诺贝尔奖主要被西方人获得，而我国至今还只有莫言一个人获得过诺贝尔文学奖的重要原因吧。我国孩子的独立性、创造精神都被教育者们用"食指教育"给扼杀了。

以下的一则外国故事，很清楚地说明了父母对孩子评价是如何影响孩子的人生道路，孩子如何成为了父母口中评价的那种人的：

> 一个棒球手到监狱做演讲，他讲述了自己的成长故事：小时候他第一次玩棒球，一不小心把父亲的牙打流血了，没想到，父亲却夸赞他说："孩子，你日后肯定能成为一个优秀的棒球手。"第二次玩棒球，他把家里的玻璃打碎了，父亲还是没有责怪他，而是对他说："打得好，孩子，你将来没准是世界冠军呢！"
>
> 犯人们听到这个故事窃窃私语，一个犯人站起来说："我小时的经历与你的一样，只不过我的父亲没有夸奖我，而是气愤地说："你一天到晚给我惹事，将来肯定是个小混混！"

我们可以看出父母的一句话怎样决定了孩子的一生的。孩子惹出相同的事端，不同的父母所持的态度和反应不一样。父母正面看事端，把孩子往积极方面影响，孩子就往成功的方向成长。反之，孩子则往坏的方向成长。

看到这，你还要继续贬损、否定你的孩子吗？

第八章　走出家庭教育的误区

在教养孩子上，由错误的教子观念的支配，不少父母都进入了教育孩子的误区，这些误区导致孩子的成长出现了不少问题，也让父母饱受教育孩子困扰的煎熬。

小时不忍心，长大不省心

"小时不忍心，长大不省心"这个关于家庭教育的论断，是我在不久前对一个因纪律涣散、学习懒散而被迫休学的大一学生的心理辅导过程中得出的。因这个孩子的父母认为自己没有教育管理孩子的能力，就把他托付给姨妈姨父教养，姨妈姨父特别宠爱迁就他，在物质消费上任意满足他，使他形成了懒散、不能吃苦、不会与人交往等严重问题，以致进入大学后不能适应大学和老师的管理，不仅纪律涣散、学业懒散，还与专业老师对立敌视到了谁也见不得谁的地步。

"小时不忍心，长大不省心"也是我几十年观察研究家庭教育，辅导和咨询众多父母的家庭教育问题后得出的经典结论。不少父母溺爱迁就孩子的教养方式，都会应验"小时不忍心，长大不省心"这个论断。

不少父母认为孩子还小不懂事，就百般迁就孩子，不忍心让孩子受任何委屈，更不忍心拒绝孩子的无理要求，不忍心制止孩子的不良行为，最终使孩子成为了小霸王、小妖精，也给孩子一生发展和生活留下了祸根。孩子还没长大就问题成堆，不断地惹出祸端让父母去收拾，把父母弄得焦头烂额。

因此，父母从小就一定要下决心按正常社会公民应具备的道德和素质标准来培养和管教孩子，下狠心坚决拒绝孩子的无理要求，坚决制止孩子的不良行为，哪怕孩子怎样哭闹都不要心软。一定不要因为孩子小，怕委屈孩子而心慈手软，迁就、放任和纵容孩子的不良行为。

对孩子不良行为的管教和纠正，是父母与孩子之间的征服与反征服的战争，是检验哪个更有韧性的较量。在这个战争较量中，最终是父母战胜孩子还是孩子战胜父母，关系到孩子往好的方面成长还是往坏的方面发展的大问题。

好多时候，父母教育孩子都需要在理智和情感之间做出选择。理智就是让自己冷静下来思考怎样的教育方式才对孩子的健康成长有好处。对孩子健康成长有好处的方式，哪怕会让孩子感到委屈甚至要让孩子吃苦受累，父母也要狠下心来，坚决让孩子按要求去做。

不让孩子输在做人和生存生活的起跑线上

"不要输在起跑线上"，这是在教育孩子上最能震动父母心灵、对父母鼓舞作用最大的一句口号，孩子一出生，这句话就开始深入到了每个父母的灵魂和骨髓中。为了不让孩子输在起跑线上，不少父母耗费了大量金钱、时间和精力，被弄得疲惫不堪、心力交瘁，但是还是以孩子输得惨不忍睹而告终，让父母沮丧不已。

令父母们趋之若鹜的这条起跑线是什么呢？人人皆知，这条起跑线就是分数的起跑线，学习成绩的起跑线，升学的起跑线。孩子一出生，中国父母就有意无意地把视角投向了这条起跑线，孩子入幼儿园，父母就在为孩子进入这条起跑线奔跑做准备，进入小学读书，孩子就正式在这条起跑线不停地奔跑，被弄得身心疲惫，目的地就是考上大学，就是考上重本、一本或二本。

孩子的起跑线需不需要跑好，需要；需不需要父母把握，需要。现代社会是充满激烈竞争的社会，起跑线没跑好，没有加足马力、精神振奋地走好人生的第一步，就会落后于别人，被激烈的社会竞争所淘汰。

但是，人生的起跑线有多条，究竟哪一条需要跑好，哪一条需要父母为孩子把握好呢。不少父母恰巧没有把握好孩子起跑线的正确轨道，让孩子从出生开始就进入了以高考为目的地的起跑线，而没有想到、更没有把握好做人和生存生活这两条对孩子人生最重要的起跑线。

在我国以分数为唯一标准的中、高考制度模式下，升入什么学校对孩子来说肯定是重要的，把握分数的起跑线至关重要。但是，分数的起跑线并不是孩子人生最重要的起跑线。孩子人生最重要的起跑线，是对其人生起方向性作用、与生存生活密切相关的起跑线，即做人的起跑线和能力素质的起跑线。做人的起跑线包括做人的良好品德、人生价值观、人生态度、行为习惯等；能力素质的起跑线主要包括生存能力、生活技能、人际交往、勤劳刻苦等素质。

与人的生存和生活质量相关的品质有许多，其中最重要的有身体健康、心理健康、生存生活能力和知识文化四种品质。我对这四种品质的排序为：第一是身体健康，并列第一的是心理健康，第三是生存和生活能力，第四才是知识文化。这种排序无可辩驳的论据是：没有身体健康做任何事情都难，甚至让人生活在痛苦之中；没有心理健康人就不能正常生活，如果患了抑郁症等心理疾病还可能生活在黑暗的痛苦煎熬之中，连死的念头都会产生；一个不会做人、道德品行败坏的人，学历越高做出的坏事越大，对他人和社会的危害越大，这种人可能连畜生都不如；而一个人如果没有独立生存和生活的能力，再高的学历、再多的学识也是一个无用之人，例如一个大学毕业后回家守着父母吃住的啃老族孩子，即使清华北大毕业又有何用？而一个学历不高、身心健康，踏踏实实踩人力三轮车养活自己和家庭的孩子，也是一个有用的人。你是愿意要一个高学历的啃老族孩子呢？还是愿意要一个学历低的靠自己的勤劳生存和养活家人的卖苦力的孩子呢？我相信所有理性的父母的答案都是非常明确而一致的。

心理扭曲，做人没做好的高学历孩子做出伤天害理的事情来手段更加残忍和离奇，以优秀成绩考上大学的本科生马加爵杀害几个同室同学和复旦大学医学专业的研究生林森浩蓄意用化学药品"二甲基亚硝酸胺"毒死室友黄洋，主要都是因为心胸狭窄、心理扭曲不能忍受日常琐事矛盾的仇恨心理所致的。当然，他们在做人方面也是存在很大问题的。像马、黄这样的高学历孩子，最终都被法律判处了死刑，相信同时也给他们的父母在心灵上留下了抹不去的阴影。

从重点小学到重点中学，再到重点大学，几乎每所学校每年都有因不堪学业重负和过大的心理压力而自杀的学生，而在一般学校这种情况几乎没有。其原因就是这些孩子的父母对孩子学业上的期望过高，同时重点学校学生的学业负担和压力也很大，当学生难以承受过重的学业负担和心理压力的时候，就可能以结束自己生命的极端方式来逃避它们。重点学校学生患心理疾病的比例比普通学校高的原因也在于此。

凤凰网教育版 2014 年 2 月 19 日转载了大河报刊登的谭萍、王灿以"调查报告称五个中学生中就有一人想过要自杀"为题的文章：北京大学儿童青少年卫生研究所一份历时 3 年多，涉及全国 13 个省的约 1.5 万名学生的《中学生自杀现象调查分析报告》，在 2007 年公布，数字令人触目惊心：中学生 5 个人中就有一个人曾经考虑过自杀，占样本总数的 20.4%，而为自杀做过计划的占 6.5%。

该转载文章核心提示写道：海南省海口市 13 岁的初中生小瑾，无意中偷听到母亲与班主任通话聊她学习有关的内容。于是她大喊一声："我再也不要上学了！"便摔门而去，来到附近一栋公寓 15 楼纵身跳下。

时有发生的中小学生自杀事件，除表面反映现在的学生心理非常脆弱以外，更直接的原因主要来自学习负荷太重，学习心理压力太大等。而过重的学习负荷和过大的心理压力大都与父母对孩子学习的期望和要求太高有关。

所以，从小就重视孩子的身心健康，开始教会孩子做人，培养孩子的生存和生活能力，才是父母应该把握的、最重要的起跑线。做人如果偏离了方向，再高的学业也是枉然，再多的知识也会用错地方。孩子如果是一个道德品行极坏的人，那么他所学的知识只能用来做坏事，越多的知识对他人和社会的危害越大，最终也会祸及家庭和父母，为亲人带来灾难和痛苦。

曾仕强教授说："做人最重要的是生活，但现在人们更重视知识，甚至为追求知识而影响到生活。父母不知道教育子女如何生活，却急于要求子女早日学到很多知识和技能，实在是本末倒置，不知轻重。甚至我们现在已经把家庭变成了学校的一部分，只是为了课前准备和课后复习，几乎丧失了家庭的功能！"

曾先生这里说的家庭的功能，就是教育孩子学会做人和培养孩子生存和生活能力的功能。由于父母把孩子的起跑线搞错了，都死死盯住了分数和升学的起跑线，让孩子从小缺乏接受做人的教育，缺乏良好行为习惯、基本的生存和生活能力等素质的培养，最终都成为了只知道读死书、死读书的机器，为孩子成人后适应社会生活带来巨大的困难。孩子连自己的生活都不会料理，生存也成为问题，只能步入啃老族的队伍，最终成为父母的累赘和包袱。父母也得承受相应的恶果。

据台湾 TVBS 网站报道，高雄有一名 30 岁的台湾大学电机硕士，学校毕业后，对社会适应不良，成了流浪汉，这个月就因为毁损民众的财物，二度进了警局，不但动手砸了幼儿园的玻璃，还用安全帽打坏路边摩托车的后照镜，突如其来的暴力行为，就像是不定时炸弹。

男子走在路上，身上还背着安全帽，停在一旁的摩托车后照镜，被他用安全帽打坏，警方接获报案抵达现场，没想到没过几天，这一名男子暴力行为又发作，这一次遭殃的是一间教会附设的幼儿园，公布栏的玻璃整片都被他打碎。幼儿园老师："打这个地方，玻璃就是碎在这里。"

玻璃被人重击，砰然巨响，老师担心吓到小朋友，赶快清扫，接着报警。幼儿园老师："他可能就是经过这边，然后临时起意。"

这一名男子1个月内，就因为破坏行为进了派出所2次，警察侦讯的时候，才发现他有高学历，是台大电机所毕业的高才生，通知他的父母，才知道是出了社会之后，因为适应不良，找不到工作，后来又和家人有误会，愤而离家出走，现在居无定所，过着流浪的生活。高IQ(智商)、高学历没有为他带来幸福人生，反而因为无法做好情绪管控，连生活都没办法好好过。

本报道中的主人翁的学历不低吧，当初那耀眼的学历光环够让父母自豪吧。可是这个充满耀眼光环的孩子却因为只会读书，而不适应社会，最终成了一个流浪汉，高学业的光环终究没有照亮他步入社会后的人生道路，也没有给他的生存带来一点保障，伴随他成年后的人生是一片黑暗。

人生就是一种选择。选择什么样的人生道路就要承担什么样的后果，这就是人生的自然法则。

怎样培养孩子也是父母的一种选择。对孩子选择什么样的教养方式，往什么方向培养孩子，父母会收获相应的结果，这也是教养孩子的自然法则。

我在不同的场合和地点与父母接触交流，总会告诫父母，一定要树立做人比学业重要，掌握知识比分数重要，会做事比会读书重要，能力比知识重要的观念，不要只盯着考试分数。

为孩子选择什么样的起跑线，怎样把握孩子的成长方向，确实需要父母们三思，父母，你可不能盲目跟风呀！

不信任是亲子关系的致命伤

父母对孩子的不信任态度，是导致亲子关系冲突严重的一个致命伤。天津市一项关于"父母的何种做法最受孩子欢迎"的调查显示，近七成受访的中小学生认为是"父母信任自己"，同时他们认为最苦恼的事情则是父母"不相信自己"。80%的学生不愿意将心事告诉父母，他们选择将成长中的烦恼向同学诉说或写在日记中，还有一些学生选择了上网诉苦。

　　初二学生柳越几乎每天晚上都和同学聊QQ，为了获取儿子的聊天记录，本来对电脑不精通的妈妈吴女士，常常趁儿子开电脑输入密码时准时端着水果出现在他身后，就为了看清儿子输入的密码。吴女士盯了三四次，偷瞄成功。后来趁儿子不在家，仔细审读了二百多页的聊天记录，还把那些常联系的同学朋友按"危险程度"分了等级，尤其把有暧昧迹象的小女生列入"黑名单"，冒充儿子发送"绝交"信息。柳越对妈妈的行为极为愤怒："那感觉，如同自己被妈妈扒光了，一点隐私都没有。"此后，他再上网必将房门锁得严严实实，之后将聊天记录清除得干干净净。

　　父母对孩子不信任的一个突出表现，是对孩子与异性同学的交往近乎神经质的态度和关注，父母千方百计地窥探孩子与异性同学交往的秘密，偷看孩子日记，甚至跟踪孩子，非抓住孩子的"不轨举动"的把柄而教训之不可。

　　高一学生胡可心长得漂亮、性格活泼，喜欢参加团体活动，在班上乃至年级人缘都很好，电话自然也多。妈妈担心她和男同学的交往会耽误学习，只要一有男同学打电话来，就捕风捉影，胡乱猜测，怀疑她和男生有亲密关系，然后以"过来人"的口吻软硬兼施，苦口婆心地劝阻，无论她怎么解释妈妈就是不相信，甚至还偷听她电话，仿佛非要找出她早恋的证据不可。几次之后，胡可心找到了对付妈妈的法宝：能不说就不说，能少说就少说，反正说了她也不信。

　　父母对孩子的不信任还表现在对待孩子的学习上。孩子平时学习成绩不好，经过努力有了比较大的进步，兴高采烈地告诉父母自己考试取得了好成绩，希望得到父母的赞赏和鼓励，但是父母往往却表现出对孩子的不屑和不信任：你考那么点成绩就沾沾自喜，人家某某同学考了100分呢？你是不是考试作弊得来的这个成绩哟？父母的话就像一瓢冰冷的冷水，一下把孩子的积极向上的热情给扑灭了。孩子的兴致从火山口的热度变到了进入冰川般的冰凉。孩子再努力也得不到父母的信任和肯定，再有进步也得不到父母的表扬，反而常被父母讽刺挖苦打击，孩子的学习热情还能保持么？

好多亲子矛盾冲突，都是来自父母对孩子的不信任，不相信孩子尚未被污染的纯洁的心灵，不相信孩子说的话，不相信孩子有独立处理学习、生活和人际关系的能力。为了证明自己的判断没有错，父母能千方百计地"搜集证据"证明孩子不诚实、无能。殊不知这些行为极易刺伤孩子的自尊心，以至让孩子产生对父母的不信任感和反感，造成父母与孩子之间的隔阂越来越深。

孩子最需要的是父母的信任、理解和尊重。要让孩子信任父母，父母首先要信任孩子。父母要营造这样一种氛围，孩子可以放心大胆地在家里谈论自己的想法而不会受到父母的批评和指责。即使孩子犯错，父母也要做到就事论事，不翻"旧账"，做到"对事不对人"，不以错事否定孩子整个人的价值。孩子在父母面前如果能够做到不担心说错话，不怕做错事，那么，孩子就会对父母无话不说，也会大胆地做自己想做的事情，父母与孩子之间的关系就会非常融洽和谐，孩子也会得到更多锻炼和成长的机会。

如果孩子告诉你，"我不想上学了"。他希望得到的回应是关心般地询问："你的意思是说，你最近对上学不太感兴趣了，能告诉我原因吗？"如果父母能这么说，孩子的心里就会感到踏实，他明白，爸妈在任何时候都会耐心听自己说话，他也愿意和父母分享自己的心事。

孩子最好由父母亲自教养，父亲教育尤其不能缺失

在父母与孩子的关系中，父亲是天，母亲是地。父教和母教天地合一，缺一不可，家庭教育才是完整的。孩子的健康成长是父母双方都不能缺失的，缺少了一方，孩子的成长都会有缺陷，都是不完整的教育。

父亲教育和母亲教育是家庭教育这架马车的双轮，缺失了一个轮子，孩子成长就会出现偏差，形成某种缺陷。孩子的性格和性别认同主要是在同性父母的影响下形成的。一个缺少了父亲教育的男孩和一个缺少了母亲教育的女孩，其性格和性别角色的认同都会出现混乱和偏差。例如，一个长期生活在只有女性家庭的男孩，其性格就会偏向女性化，表现出有些"娘"，性格柔弱而缺少男子汉的阳刚之气。

台湾曾仕强教授说："虽然父亲也应该负起责任，但再怎么说都比不上母亲。"这是一种偏颇的理论。其实，父教和母教，一刚一柔，刚柔相济，各有其长短，各有其优劣，长短相应，优劣互补，才能在教养子女上发挥最大的优势和最好的

功能，取得孩子最好的成长效果。

在孩子教育中，父母扮演着各自的角色，完整的家庭教育应该是父教和母教缺一不可的。只有父母共同承担教养孩子的责任，孩子的教育才是完整的，才可能发挥完整的家庭教育功能，孩子才可能接受到更完整的教育，从而得到最好的成长。缺少父教或母教的孩子，其人格形成都有可能出现偏差或缺陷，其情感和行为都可能出现更多的问题。

在孩子教养中，母亲教育与父亲教育各有侧重，母亲主要承担对孩子的饮食起居生活的照料和日常行为的管理，父亲则主要对孩子的行为规范和人格塑造掌控方向，所以有人认为父亲教育是"务虚"的，母亲教育是"务实"的。

赫·斯宾塞说："父亲，是孩子通往外部世界的引路人。在教育孩子的过程中，无论是性格培养，还是情感教育，无论是知识训练，还是道德品质的培养，父亲都产生巨大的影响。"

美国临床心理学家雷·盖伦迪说："父亲的存在是无与伦比的，这是养儿育女中的特别动力。"

我国的父亲担当着家庭的主要责任，在家庭起着顶梁柱的作用。就父亲的男性角色和在家庭中的重要地位来说，父亲对孩子说的话更有分量，对孩子的教育更具权威性。无论对于男孩还是女孩，父亲是支柱，是保护神。只要父亲在，家庭就有了主心骨，孩子就有了安全感。没有父亲的孩子往往被人欺负，在世人面前感觉低人一等、抬不起头，性格也会变得懦弱和自卑。

在孩子心目中，父亲像山一般伟岸，母亲像水一样宽阔。母亲教育更重外在，而父亲教育更重内在。父亲给予孩子的是勇敢、刚毅、果断、大度、自信、忍耐等性格的影响。母亲给予孩子的则是温情、忍耐、疼爱、呵护、细腻等情感的滋润。

本杰明·波斯克博士说："玩具汽车和牛仔服并不能使男孩子清楚地认识到自己是个男子汉。真正使他强烈地认识到这一点的，是童年时期他和父亲之间的良好关系。正是这种关系使得他渴望长大以后成为像父亲那样的人。"这里说的正是父亲气质和形象从小对男孩子心灵成长带来的巨大影响。一个脱离了父亲或在一个缺少了男人的家庭中长大的男孩，大多缺少几分男子汉气概，而多了几分女性的特质。同样，一个在缺少母亲温柔性格影响下长大的女孩，性格中会多几分男性的野性和桀骜不驯，而少了几分女性的温柔性情。

与父母一起生活中，男孩和女孩还可以从异性父母那里了解异性的生理和心理特质，学到与异性相处的技能，这是孩子成人后恋爱、婚姻生活不可缺少的一课。

在道家阴阳理论中，父亲属阳，充满阳刚之气，父亲教育孩子重视规则，教育孩子果断刚毅坚持原则，但是父亲最容易采用主观武断专制的教育方式；母亲属阴，充满阴柔之气，教育孩子充满母性情感，但是容易心软迁就溺爱孩子。一个父母都陪伴孩子成长的家庭，父母的阳刚和阴柔刚好互补，在教育上也可以起到相互抑制的作用。当一方与孩子陷入不可调和的对抗性矛盾冲突的时候，另一方可以起到缓和剂的作用。

在一个孩子与父母亲长期在一起生活的完整家庭，孩子的人格和情感形成会健康顺利。休息日或晚间在广场和街上休闲的人群中，当你看到女儿挽着爸爸的手依偎在爸爸身上，男孩牵着妈妈的手漫步的幸福场景，你都会有抑制不住的感动。

我国母亲教育第一人王东华说："母亲在家里是第一监护人，第一教育人，孩子是母亲培养出来的"，我认为这种说法非常偏颇。其实在家庭教育中父母各自扮演着自己的角色，各自承担着不同的教育孩子责任，发挥着各自在教养孩子成长中的功能，并没有第一第二之分。我国自古就有"子不教父之过"的家训，如果非把父亲教育和母亲教育分出轻重高低，那么在我国父亲在教养子女上承担着主要责任。

孩子在缺少异性父母中成长，至少在情感依恋上就是一种缺陷。我的一个已经近四十岁的女学生对我说"从小爸爸长期在外地工作，我的感觉就像没有爸爸的孩子，小时候经常都盼爸爸回家，所以你在教我们的时候就像父亲一样的关心我们，我有一种幸福感。"这个女生毕业后十几年没有见到过我，当十几年后他们组织同学会，她在电话中告诉我，同学聚会第一个最想见到的人就是我。

一个完整和谐幸福的家庭，对孩子的健康成长有多重要！

在进入改革开放以后，国人的生存方式从原来固定在一个地方变成了游走四方找工作创事业，所以，国人的家庭生活方式也发生了巨大的变化，由原来一家人长期完整地生活在一起，变成了一家几口人各奔一方的格局。孩子的成长也由父母同时在家共同监护教育，变成大都只有一方监护教育，因父母双方都外出打工、孩子留守在家的情况也很普遍。父母一方的缺失或者父母同时缺失，对孩子的成长带来了严重不良影响，留守孩子的心理和行为问题相对有父母照护和教育的孩子都要多。

　　单亲妈妈蔡女士的苦恼："对于孩子的教育，我是越来越没有办法了！孩子刚五岁时我就离了婚，我一个人好不容易把女儿拉扯大，现在她上初一了，可是她一跟我说话就瞪眼，要不就斜着眼睛、狠狠地盯着我，我只要说让她改正一些过错，像不认真写作业呀，东西乱放呀，不干家务活呀，她就会跟我顶嘴。我离婚后住在父母家，父母年纪大了，我怕他们听到争吵声会跟着生气着急，于是，遇到这种情况，我就强忍着不发火，尽量不和她争执，可她得寸进尺越来越不听话，事事跟我顶撞，有时，还用离家出走威胁我，我实在是没有辙了，这孩子太让我失望了……"说到伤心处，蔡女士失声痛哭。

　　有一个女性朋友咨询我说，孩子读高二了，可是遇到事情的时候还会放声大哭，我去抱着孩子安抚他，我老公还说，你管他干啥，男子汉怎么一说就哭。从孩子读小学开始，他爸爸就从来没有过问他的学习，他通常在下班回家后只会上网和炒股，与孩子没有交流，只有我对孩子关注、付出的多，所以孩子对我很依恋。现在孩子读高中的志向很高，但感觉压力很大，也没有安全感。我孩子是不是有什么问题？

　　我说，虽然父亲一直都在你的孩子身边，但是他的父亲教育是缺失的，所以你儿子表现出女性很柔弱的一面。

　　女性朋友说，就是，所以现在我很担心孩子以后面对过大压力会承受不起，担心哪一天就会出什么事情。本县井研中学一个高三学生最近就自杀了，我真的好担忧孩子。

　　我说，男孩子父亲教育的缺失，最有可能导致孩子勇敢、刚毅、果断等男性气质的缺失，性格中过多的带有女性阴柔的性格特征，你孩子性格柔弱与父亲教育的缺失很有关系的。

　　朋友问，那我该怎么办呢？

　　我说，一是你要尽量让孩子独立，减少孩子对你的依恋；二是你想方法与你老公沟通，叫他知道男孩的父亲教育缺失可能导致的后果，让他多关注孩子，多与孩子交流。例如，当孩子受到挫折沮丧的时候，只要父亲对孩子说："孩子，男子汉，勇敢点，相信你是坚强的。"孩子的心理上就有了精神支撑，就会恢复战胜困难的勇气。

有父亲在的家庭无论是妻子还是孩子就有了支撑，就有了安全感。妻子疲惫了，有一个坚实的肩膀可以靠一靠；孩子受了委屈，有父亲伟岸的力量给予心理上的支撑。全家人都会有安全感。

美国总统奥巴马在关于为父之道的演讲中讲道：

> 如果我们坦诚的话，我们应该承认有太多的父亲不在其位———不在太多人的生活里，不在太多的家里。他们置他们的责任于不顾，表现得像小男孩而不是男子汉。我们许许多多家庭的基础也因此而变得更加薄弱了。父亲们应该认识到，不是有生孩子的能力，而是有抚养孩子的勇气才配称男子汉。许许多多的妇女正干着这些英勇伟大的工作，但她们需要支持啊。她们需要另一个父亲。她们的孩子也需要另一个父亲。唯有如此他们才有牢靠的基础，我们的国家也才有牢靠的基础。如果我们要把这种追求卓越的精神输进我们孩子脑里的话，就得靠作为父亲的我们了。要靠我们告诉我们的女孩，别让你的自身价值被电视上的形象所操纵影响，因为我要你能做你最大的梦，去为之而奋斗。要靠我们告诉我们的男孩，收音机里的歌曲有美化暴力的可能，但在我家里我们的生活是为了美化成就、美化自尊、美化辛勤的劳动。让他们知道我们对他们抱有这些期望就全靠我们。这也就是说，我们自己也得达到这些期望的水平，我们在生活中也要做个追求卓越的榜样。

父亲对育儿的参与程度越高，孩子就越聪明，适应力越强。

哈佛大学的一项研究显示，父亲陪在孩子们身边的时间长短可以影响他们在数字方面的能力。

还有研究者发现，父亲精心照顾的孩子，性格更加宽容，更富有责任感。

多项研究显示，长期缺少父亲陪伴的孩子在同情心、推理和大脑发育方面都不如那些父亲经常陪在身边的孩子。缺少父爱的孩子更易有攻击性，在学校里不受欢迎，更不愿意为自己的不良行为承担责任。

父母离婚孩子无论跟着父母哪一方，都会对其成长造成致命的伤害。孩子如果跟着母亲，母亲对孩子的教养最有可能的方式就是因对孩子的亏欠和补偿心理而溺爱娇宠孩子，使孩子养成骄横跋扈、自私任性的性格，或者用整天的唠叨和抱怨等心理暴力伤害孩子心灵，让孩子对母亲产生愧疚负罪感。孩子如果由父亲教养，父亲或者忙于工作追求事业或者忙于交朋结友休闲娱乐而忽视孩子的管教，孩子既成了"没娘儿"，又缺少了父亲的管教，会形成孩子孤独寂寞自卑猥琐等性格偏差，同时会产生不少问题行为，甚至会混迹社会而走上歧途。父亲如果重新结婚，通常对孩子的成长和生活都是一种灾难。

> 北大高考状元曾文蓉谈到自己成长之路时说：小学是我最沉寂的时期。爸爸在这个时期离开家去安徽大学读研究生。从那时起，我开始变得十分十分的内向。在学校，我的学习完全是被动的，自然学习成绩平平。妈妈对我要求很高很高，她完全把我置于一条条标准之下，也许就因为这样，我偏偏不遵守那些标准条例。我明白妈妈疼我，也爱我。可是一旦爱变成了严格，小孩子从感情上是无法接受的。我常常陷于如何隐瞒期末成绩的难题中。对我而言，这个更难，因为我不善于说谎。
>
> 小学四年级时，爸爸从安大回来，他发现了我的问题，不停地开导我，也说服妈妈，孩子不可以被压抑。第一次，我知道爸爸喜欢我有英雄气概的样子，他告诉我："舍我其谁。"我觉得，爸爸的回来对我影响巨大。我可以大胆地把只得了80多分的数学卷子推到他的面前。爸爸在我心里注入了我认为最重要的东西———"英气"，他让我懂得了什么是"女丈夫"。也许，还有爸爸的疼爱很直接，让我明白，我不渺小。

华西都市报2014年2月8日以"绵阳15岁少年杀害两6岁女童，疑因被女孩嘲笑"报道了15岁少年何某残忍地杀害两个不到6岁的姐妹的新闻。何某就因在路边小便遭到两姐妹的嘲笑，就残忍地把两姐妹杀害了，在看着姐姐被何某杀害后小妹妹还跪地向何某求饶，何某还是无动于衷地把小妹妹杀害了。杀害两姐妹后，在案件侦破的三天里，何某竟然还若无其事地与小伙伴们打牌、在村子游荡！

在新闻简单的描述中我们知道了何某的成长状况："他从小都很调皮，小时候常捣蛋。有一年，油菜正好处于旺盛生长期，他居然用竹竿把他们队好几家的油菜尖打断，还把我们队上几家的也打断，我们去找他们父母理论，家长居然说哪家孩子不淘气？"看出何某小时候生活在父母的溺爱中，所以非常以自我为中心和霸道。从小父母就外出打工，初中没读就去河南学习武术去了。说明何某从小就缺少家庭教育，尤其是父母的教育。何某做出如此情感淡漠，漠视生命，如此残忍的恶行，都与其父母从小对他的溺爱和父母双双外出打工，缺少父母的管教有很大关系。

用沟通来避免对抗

如果说在人与人的关系中，尊重是连接人与人之间情感的桥梁，那么沟通就是让心与心相通的融合剂。没有沟通，人与人之间就会缺乏了解，就不会有心与心的相通与契合。

父母与孩子之间亲子冲突严重的重要原因，往往是缺乏交流和沟通。

安徽省高考理科第一名涂昊的妈妈介绍了一条很重要的家庭教育经验，就是善于倾听孩子讲话，并且及时与孩子沟通交流，促进孩子的成长：

> 要创造宽松的家庭环境。要克服家长制作风，平等地对待孩子，家庭事务特别是有关孩子的事情，要注意倾听他的意见。只有在民主、宽松的气氛中，孩子才愿意与父母交流。我家孩子从小话就多，愿意与我们交流，从小学到初中，每天学校发生的事情、老师、同学及自己的看法等等，都会告诉我们，孩子讲话时，我们会仔细听，不时也提出自己的意见和看法，通过多交谈、多交流，我们能够比较及时、充分地了解孩子的想法，及时发现思想苗头，针对性地开展教育。如果孩子还没有说几句，你听得就不耐烦了，甚至粗暴地打断他，长此以往，孩子就可能把自己封闭起来，你就很难了解到他思想深处的东西，一旦出了问题，就会后悔莫及。

尊重孩子的父母，也会受到孩子的尊重。父母经常有事与孩子商量，到了孩子要做一项决定的时候，他也会主动跟父母商量，征求父母的意见和建议，从而让自己的决定更踏实。父母要时刻记得，孩子是家庭重要的一分子。许多事情，要和孩子商量着办。学会与孩子商量，是两代人沟通的好方法。人和人之间，如果互相不沟通、不交流，是无法相互了解的。父母与孩子相互不了解，就会产生隔膜与误会。

孩子为什么往往与父母的距离那么远，就是因为亲子之间缺乏了解，更缺乏交流沟通，没有心与心的相通和融合。一天晚上在 QQ 上一个单亲妈妈找我，说自己不好，打了女儿。起因是她感觉身心疲惫想出去打牌放松，可是女儿很不高兴，不希望她出去打牌，母女发生争执，她把女儿推到了玻璃上碰伤了，由弟弟和孩子的叔叔带去了医院检查。她说，女儿对她除了要钱，就无话可说。这次冲突导致意外，就是母女缺乏沟通的表现。如果这个母亲能够平心静气地与女儿沟通，对女儿坦诚地说出自己出去打牌是想放松放松的原因，相信女儿也会理解她的。所以，我在聊天中直截了当地告诉她，与女儿的矛盾她是主要方面，她也说其实女儿很乖，就是不理解她。为何不理解，就是与女儿缺乏交流和沟通。她也表现出对女儿的内疚，并且说她一直都在担心女儿而流泪。通过与我聊天，她情绪平静了下来。

孩子与父母冲突严重，与父母和孩子都不知道用沟通的方式解决问题，跟缺乏沟通的技巧有关。没有平等对待孩子，缺乏对孩子的尊重，很少倾听孩子的想法，总是采取我说你听，我说你必须听的方式，孩子没有说话的余地。孩子也对父母缺乏正确的态度，往往采用不服气、硬碰硬的应对方式，造成孩子与父母心与心之间的距离越来越远。父母对孩子的态度和方式不变，孩子的应对方式也不会变，长此以往就形成了针尖对麦芒的应对模式，使亲子关系处于剑拔弩张、一触即发的紧张状态。在这种父母与孩子的对抗性矛盾中，父母是矛盾的主要方面，父母对孩子的态度和方式不改变，孩子对父母的应对方式也不会改变。所以父母首先应该建立沟通的观念，并努力学会沟通的方法和技巧。

要做到与孩子的良好沟通，父母主要应做好以下几个方面。

一是放下父母的身架与孩子做朋友。

父母不要把孩子当成让自己随意支配的物品，而要把孩子当成与父母一样有平等关系、具有独立人格的个体。放下父母身架，就是与孩子处于平等的地位上。

二是要蹲下来与孩子说话。

蹲下与孩子说话，沟通双方的眼睛应处于同一视平线上，这才具备了平等沟通的基本条件。变俯视孩子为平视孩子，让孩子没有被压制的感觉。

三是学会倾听和与孩子平等交流。

首先要学会倾听,给孩子说话的机会,耐心倾听孩子讲话。即使孩子表达有错,或者孩子在讲谎话等等，都要冷静，不要打断孩子讲话，让孩子把话说完。然后对孩子摆事实、讲道理，引导孩子明白事理。如果话一说出来就要受到父母的指责和训斥，那么孩子只好从此闭口，有话再也不会对父母说了。孩子把话憋在心里，不仅不利于问题的解决，而且不利于孩子的心理健康，更不利于亲子关系的谐调。

四是容许孩子与父母争辩。

如果孩子敢于与父母辩解和争论，说明父母已经做得很好了，已经真正做到与孩子的平等，表明父母已经成为孩子能信任的无话不说的朋友了。

有不少父母在向我咨询时说，孩子总是顶撞自己，让我很恼火。其实，孩子敢与父母顶撞，说明父母在孩子面前还不是独裁者，孩子也具有了自己的独立见解，这是好事情。如果孩子有话憋在心里，表明孩子对父母戒备心理严重，心理距离也比较远，这对孩子的心理健康和成长都没有好处。

父母要相信孩子是单纯的，明白事理的。如果孩子与父母顶撞，一般情况都表明父母确实有什么做得不对或者误解了孩子的地方，父母就要反省自己。如果证明确实是父母自己错了，就要主动向孩子检讨，向孩子表示歉意，这样做，孩子会觉得父母是通情达理的人，更能取得孩子的信任。

当然，有些孩子由于从小被迁就娇宠惯了，养成了任性的性格，不管父母做得对与错都要顶撞，对父母非常无理，行为出格，出言不逊。对孩子这样的行为，父母就不能任其所为了。父母要态度坚决地给予批评教育，指出孩子的错误，让孩子明白，唯我独尊、无理取闹在集体和社会生活中都行不通，会让自己处于孤立状态。父母态度坚决地制止和纠正孩子的无理顶撞行为，有利于孩子收敛自己的任性。

家规家风不可少

国有国法，家有家规。没有规矩，不成方圆。小到一个家庭，大到一个国家，都要遵循一定的规则行事，家庭才不会乱套，国家才会安定。国家的基本规则就是法律法规，家庭的规则就是家规家风。

曾仕强教授说："凡事先定规则，在明确的限度内辅导、教诲，并加以督导、勉励。然后才能培养子女堂堂正正的行为态度。如果不加以限制，子女会像脱缰的野马，东奔西窜、横冲直撞，为个人引来无穷困扰，也为父母平添无限烦忧。"

家规，就是父母为了让孩子成为一个懂得礼貌礼节，成为守规矩的人而制定的家庭规矩和规范，作为孩子和家人的行为准则。

一个家庭如果没有家规，对孩子的行为没有约束，没有做人的规范，孩子就会恣意妄为、随心所欲、不顾他人，不仅会让家庭不得安宁，还会对他人和邻里带来许多麻烦，而且在社会上也会四处碰壁。

在具有良好家规的家庭长大的孩子，在学校一定是遵守校纪班规的人，在社会也是遵守公共道德的人，长大后在工作岗位上也一定是遵守团队纪律和单位规章的人。这样的孩子让父母省心，单位放心，是到处受欢迎的人。

在周恩来二十多年的总理生涯中，周家逐渐形成了"十条家规"。

1、晚辈不准丢下工作专程来看望他，只能在出差顺路时去看看；

2、来者一律住国务院招待所；

3、一律到食堂排队买饭菜，有工作的自己买饭菜票，没工作的由总理代付伙食费；

4、看戏以家属身份买票入场，不得用招待券；

5、不许请客送礼；

6、不许动用公家的汽车；

7、凡个人生活上能做的事，不要别人代办；

8、生活要艰苦朴素；

9、在任何场合都不要说出与总理的关系，不要炫耀自己；

10、不谋私利，不搞特殊化。

这十条家规是周恩来高尚人格的写照。在周恩来总理高尚人格的影响下，从1957年始，周恩溥的后人周荣庆一家一直低调生活在河南焦作。11位后人中，除了一人有正式工作外，其他人靠做些小生意、打工维持生活。周家人从不炫耀身世，与普通市民一样，一直过着"隐居"闹市无人知的生活，日子过得平淡，甚至寒碜，但他们从来没有任何抱怨，他们在平凡、平静、平常中度过每一天……那一种渗透肌肤的阳光与向上精神让世人感叹。

美国总统奥巴马在接受《人物》杂志专访时，透露了他为自己十岁与七岁的两个小女儿制定的家规。

奥巴马家规：

1、不能有无理的抱怨、争吵或者惹人讨厌的取笑；

2、一定要铺床、不能只是看上去整洁而已；

3、自己的事情自己做，比如自己冲麦片或倒牛奶，自己叠被子，自己设置闹钟，自己起床并穿衣服；

4、保持玩具房的干净；

5、每逢生日或圣诞节，没有豪华的礼物和华丽的聚会；

6、帮父母分担家务，每周一美元；

7、每晚8点30分准时熄灯；

8、安排充实的课余生活:跳舞、排戏、弹钢琴、打网球、玩橄榄球、练体操、打网球、跳踢踏舞；

9、不准追星。

奥巴马的家规是那么具体，那么贴近孩子的日程生活细节，连不许追星都成为了奥巴马的家规，比照奥巴马，中国父母你做得怎样？有何感慨呢？

孩子在家有规矩，出了家门才不至于没规矩。孩子教育，要从建立和遵守家规家风开始。

父母们，你们是否可以像周总理和奥巴马一样，给孩子定出切实可行的几条家规呢？

家风，指一个家族、一个家庭的风气、风格与风尚。家风是一个家庭全体成员体现出来的道德风尚和精神风貌，对家庭成员是一种潜在的无形影响和约束力量。良好的家风，在日常的生活中对孩子起着潜移默化、润物无声的影响作用。家风就像一个肥沃的土壤，生长着孩子的思想，塑造着孩子的人格，熏陶着孩子精神和心灵。

受全国人民尊敬和爱戴的周恩来总理，没有给后人留下什么物质财富，却为后人留下了淡泊名利、无私奉献的家规家风，这是一笔宝贵的精神财富，子孙为之自豪，世人为之敬仰。正如周恩来总理的侄女周秉德女士所讲述的，伯父要求我们要和全国老百姓一样过简朴日子。我们都是在伯父的教导下，一步一个脚印踏踏实实地走过来的。我们周家兄妹，都是普通老百姓，没有人当大官，没有人经商挣大钱，没有小车子、大宅子。

事实上家风会在一代又一代人身上体现出来。凡长大后有出息有成就的孩子，都是在有良好家规家风的家庭中成长起来的。凡是在成长中出现严重问题走上歧途的孩子，其家风肯定存在严重问题。

社会在飞速向前发展，人类在不断进步。可是于此相悖的，是我们的家庭风貌却在退化。突出的表现是，现代家庭家风意识已经基本没有了，中华民族优良的家规也基本消失了。父母对孩子的教育处于无序无规则状态，致使不少孩子已经不知道家庭和社会生活还要有规矩存在，我行我素、目中无人，给家庭和社会生活带来不少危害，也让父母替孩子承担了不少不良后果，给家庭和自己带来巨大伤害。因此，父母教育孩子做人，必须从建立良好的家规和家风开始。

家规不仅包括日常问候、尊敬父母长辈、遵守作息时间等，还应包括不给别人添麻烦、不撒谎等社会规范。

父母不仅要让孩子懂规矩，还要让孩子懂得遵守规矩。父母要经过与孩子一起讨论，定出明确的家规，父母也要和孩子一起遵守这个家规。倾听孩子的意见与跟孩子共同制定家规同样重要。

在给孩子单独房间时，也要给他定好规矩，否则孩子整天待在自己的房间里，父母与孩子间的对话就会减少，亲情逐渐淡薄。比如，孩子回到家后，要先问候父母再进自己的房间；孩子在房间读书学习不能关门；孩子带朋友进自己的房间前，先把朋友介绍给父母；父母觉得有必要时，可以进入孩子的房间，以让父母了解孩子在居室里的实际情况等等。

为了让孩子感到父母与自己是平等民主的，我建议，在制定家规时，最好制定出父母及其他家庭成员应该都应遵守的规矩，例如，父母不能私拆孩子的信件，不能偷看孩子的日记，不能对家庭不负责任，父母不能强制孩子做不该做的事情，等等。让孩子知道，在家里不仅孩子有规矩约束，父母也有规矩约束。父母和孩子都有规矩，孩子对家规自然会心悦诚服，对促进孩子自觉遵守家规大有好处。

父母要特别注意，家规不是父母口头上对孩子的一般性要求，而是对家庭所有成员约定俗成的行为准则，具有非常严肃、不能触犯的性质。家规一旦形成，父母就要带头坚决施行，为孩子做出榜样。对孩子也不能因为不忍心，而心慈手软，孩子一旦违反家规，就要给予必要的、适当的惩戒，让孩子知道家规是不能违反的。对孩子的死缠烂磨也必须态度坚决地拒绝。如果父母对孩子退让一步，孩子就会向破坏规则前进一步，长久下去，孩子就会觉得家规可有可无，家规也就成为了摆设，名存实亡。

美国育儿权威本杰明·波斯克博士说："父母对孩子日常的要求都应该有相应的规定，还必须坚决贯彻这些规定。比如，什么时候必须上床睡觉，什么电视节目可以看，多长时间可以请朋友吃一次饭，或者多久可以带朋友在家过一次夜。这些都是家里的规矩，没有讨价还价的余地。自信的父母不会在自己已经设置的规定上跟孩子无休止地纠缠。如果你允许孩子纠缠不休，他就会不停地跟你争执下去，父母就会在每个问题上疲于应付。所以，你要表明你的看法，设置好你的底线，愉快而坚决地结束争执。"

给孩子选择和决定自己人生道路的权利

父母可以代替孩子购买衣服和学习用品，可是不能代替孩子做人生决定。正如父母不能代替孩子吃饭一样，父母永远也代替不了孩子成长，更代替和包办不了孩子一生的生活。

著名的武侠小说作家、《中国父母批判》一书的作者之一的陈舰平先生，在回答网友"你是怎样想起要当作家的？当作家与你的家庭有关吗？"的问题时说，我小时候看书多了，有一天我想我也可以写故事写小说啊，于是就动手写，走上了最初的写作之路。到后来就认定这条路，发誓非当作家不可。我当作家，既和家庭无关，也和家庭有关。我想当作家，是我个人的决定和理想。并没有家里人设计我当一个作家。我父亲是农村基层干部、乡村干部。母亲是农民。我在农村长大。祖辈没有出过什么文人。我升斗小民之家。我想查家谱，寻寻根。问我父亲，到我父亲的爷爷辈还叫得上名字，前面的已湮没无闻了。不过我想当作家，起初家里有些看法，因为我在学校时偏科，不喜欢数理化，把心思全用在看书写作上了。后来我父亲见我执着于写作，就征求我一个表伯的意见。我那个表伯，是我家族中当时最有文化的，"文革"前南大中文系毕业的，在我们县文化馆工作。表伯说，孩子有志向要当作家，就让他试试看。这以后，父亲就不反对我写作了。而且还表现为一定程度的支持：他外出带队领导一个蜂场，放蜂。从外地回来还给我买了基本文艺书。我父亲是很开明的，若不是父亲的支持，我也当不成作家了。

是的，陈舰平先生是幸运的，成长在一个开明父亲的家庭。如果陈舰平的父亲与大多数父母一样，要按照传统模式强迫孩子走读书升学成才之路，那么一个中国的著名武侠小说作家和家庭教育研究者就会被扼杀了。

在现实中，又有多少孩子的作家梦、画家梦、音乐家梦、运动员之梦被父母给扼杀了，而最终只是一无建树的人呢？

顺应孩子的天性和意愿，尊重孩子对自己人生道路的选择权，是开明父母的表现。只要孩子是在走正路，父母就要支持孩子自己主宰自己的命运，让孩子做自己喜欢做的事情，走自己选择的人生道路，孩子不仅成才的可能性大，而且其人生也会是快乐和幸福的。

父母培养孩子的成功，就是顺应孩子的天性和兴趣爱好，因势利导，让孩子把喜欢做的事情做好。开明的父母会做的，就是为孩子的人生道路导航，以自己的人生阅历和经验为孩子做好参谋，提出建议。如果孩子的选择与父母的意愿相悖，但孩子又坚定自己的选择的话，父母只能坚决给予支持，同时给予孩子力所能及的帮助。专断独裁的父母则会固执己见，强迫孩子服从自己的意愿，如果孩子不从，父母训斥孩子为逆子，用甩手不管来要挟孩子，这样不仅是对孩子的不尊重，而且是对孩子积极上进和独立精神的扼杀。如果迫于对父母孝顺或逼迫而妥协，最终按照父母设计的人生道路，上了自己不喜欢的学校或不喜欢的专业，从事了自己不喜欢的职业，注定会委屈和痛苦一辈子，最终也会埋怨父母的。

父母如果真的是对孩子好，真的爱孩子，就应该尊重孩子，让孩子开心快乐做自己喜欢做的事情。就是孩子乐意做好一名清洁工，父母也要支持孩子，并为孩子感到欣慰，因为孩子是靠自己的诚实劳动养活自己，会服务于社会人群，这比那些大学毕业后仍回家"啃老"的孩子要好得多。

股神巴菲特的儿子彼得·巴菲特说："父母鼓励我们做出自己的选择，另外，我们也从父母的教导中懂得职业地位或财富并不重要，重要的是我们能够诚心诚意、全心全意地对待自己的选择。假使我宣布自己的乐趣是捡垃圾，我的父母看到我们整天待在垃圾车上，也会感到欣慰。只要我喜欢自己的工作，对他们来说就足够了。"

彼得·巴菲特又说："巴菲特家族在这些问题上，有着特立独行的作风。我的父母从来不会告诉孩子应该做什么或应该成为什么样的人。

相反，我们在成长过程中得到的不断教导是，我们可以成为心中想要成为的人，我们应该追寻心中想要追寻的梦想。"

这就是开明父母在对待孩子的人生选择上所持的开明态度，他们不仅尊重孩子的独立人格，更对孩子具有人性化的态度和教育方式。有巴菲特夫妇的开明，才会有他们的儿子彼得·巴菲特很从容地选择了音乐媒体人的道路，最终在自己喜欢的领域成就了自己。

人生活在世界上最幸福最快乐的事情莫过于做自己喜欢做的事情，而不是拥有多少物质财富，哪怕钱少挣一点，只要工作和生活快乐，就是一种幸福。成为金钱和财富的奴隶的人是最不幸的。

我一直强烈建议父母，在孩子的人生道路的选择上，一定要尊重孩子的意见，读什么学校选什么专业、从事什么职业、走什么样的人生道路，最终决定权都应该是孩子自己。只要孩子选择的是走正路，父母就要尊重孩子，让孩子去做自己喜欢做的事情。一个人做自己喜欢做的事情，再艰苦劳累都会乐在其中。

生活在强权父母家庭的孩子，人生注定是不幸的！

2012 年 10 月 19 日我在浏览乐山新闻网海棠社区"民意上传"时，读到网友"缝砾琉璃"以"我考上了家（乡）里的事业编制，却难过地痛哭"为标题的帖子，非常感慨。天底下有多少像网友"缝砾琉璃"一样的孩子，迫于对父母的"孝顺"而不能违背父母的意愿，在父母的逼迫下走上了父母为自己选择的人生道路，从此也开始了痛苦的人生旅程，陷入每天面对自己不愿意做的事情的痛苦的折磨之中。

网友"缝砾琉璃"这样写道：

也许很多人觉得一个女孩子在家（乡）有个稳定的单位是件很好的事情，可是对于我来说却是痛苦的源泉。

跟很多年轻人一样，（我）是被父母逼回来考试的，本来只是打算随便考考，觉得自己一定考不上。可没想到从小成绩不好的我却轻而易举地拿了第一名。可能是老天作弄我，我没看的那些章节全部没考，看了（的）全部考了。

可是在家工作不是我想要的生活，都能一眼望穿剩下的日子，相亲，结婚，生子，扶养孩子长大，退休，过老年生活。除了孩子以后的成长，几乎没有什么好担忧的，在一个半个小时能走完的县城，月薪两千，请次客要花上一千的地方这么漫无目的、毫无生气地过完这辈子。想想都怕。

我才刚刚22岁，90后就开始过老年人的生活。这是一种慢性自杀！可是我又无法拒绝这个工作，爸妈希望我留在家，尤其是妈妈，这个想法非常强烈！就算我真有勇气不要这样的稳定工作去外面闯，我也不敢保证自己以后在外面能混得好，万一有个状况全家人都会劈头盖脸地骂。而且，这样的责备不止是一时，是一辈子。可是，如果我接受这份工作，无法想象剩下的日子是那（怎）样度过的。有时候想起都有点不想活了。

我想念外面的世界，我是个不安分的人，我也是个胆小的人，我只能坐在角落里哭。

就在同一天晚上，网友"小小人物"在跟帖中只写了这么一句话："我好想好想好想和楼主一起哭啊！"可以想见，网友"小小人物"一定与网友"缝砾琉璃"面临着同样的遭遇。

父母可曾想过，你们逼孩子过所谓的稳定的生活就真的是为孩子好吗？你们有没有想过，人生最大的不幸就是做自己不愿意做的事情呢？如果你们真的是为孩子好，为什么就不能让孩子去做自己喜欢做的事情，哪怕孩子喜欢去做一名城市环卫工人，只要他高兴快乐就好呀。

父母强迫孩子"过自己不想要的生活"，看到孩子过安稳的日子父母才放心，似乎是对孩子的关爱，其实这种关爱背后是父母极端自私的表现，父母只是要孩子服从自己的意愿求工作稳定，而不愿意为孩子在外闯荡付出更多的担心和责任而已。

前台湾成功大学校长吴京说："我在台湾参加了成功大学的同学会。都是七旬老翁了，可我的一个同学还在抱怨，当年他父亲不该帮他选了成功大学土木系这个专业……"

下面文章所介绍的另一个母亲的做法与多数父母相反，对孩子沉迷上网没有责怪，而是通过讲道理让儿子权衡利弊，最终让孩子心悦诚服地按照自己所期望的那样去做，实现了理想的成长结果。

进入初中后，熊文涛学习很努力，考试成绩一直是年级的前一二名。由于学习出类拔萃，熊文涛成了老师眼中的"宠儿"，同学眼里的"超人"。

初三下学期，熊文涛所在的学校附近突然出现了多家网吧，一时间，学生玩网络游戏成风。熊文涛见同学们到网吧里玩游戏很新潮、很刺激，忍不住跟着进了网吧。玩了几次后，他就上瘾了，并很快发展到旷课去网吧玩游戏，学习成绩一度大幅下滑。而此时王丽华夫妇还蒙在鼓里，直到班主任把情况反馈到家里，并严肃认真地对王丽华夫妇说："你们的孩子如果继续这样上网玩下去，别说考省城的重点高中，恐怕考市里的普通高中都难啦！"

脾气火暴的熊建军将儿子从网吧找回来，不由分说就是一顿暴打。自尊心超强的熊文涛此时逆反心理特别强，越是挨打越去上网，弄得父子俩水火不容。王丽华看在眼里，急在心里，她揣摩儿子的内心，儿子从小执着、不服输，他这么顶着干是不是另有原因呢？这天晚饭后，王丽华来到儿子房间，与儿子促膝谈心。从儿子口中得知，原来班上一些学习成绩远不如他的同学玩网络游戏《传奇》，不但级数比他高，而且还拿到了令人羡慕的兵器。这让一向要强的熊文涛很不服气，决心要在玩《传奇》上超过他们。

找到儿子迷恋网络游戏的原因后，王丽华并没有责怪儿子，而是开导他说："玩《传奇》也要认真玩，并且要玩出水平来。不过马上要中考了，如果因为玩《传奇》赢回了面子却在中考中败北，那就失了大面子了。你看这样行不行？先放下《传奇》，一心一意备战中考。待中考完后，暑假里我给你200元让你尽情玩，怎么样？"说完，她拿出200元钱，让熊文涛先存起来。

熊文涛掂量母亲所说的话，认为母亲说得在理，随后他就把所有精力投入到学习中。很快，熊文涛的学习成绩就赶了上来。但接下来，在参加长沙雅礼中学高中实验班的招生考试中，熊文涛却意外落榜了。

成绩出来后，一向自信的熊文涛有点灰心了，不想参加接下来的南雅中学（原雅礼寄宿制中学）的招生考试，想回岳阳上高中。王丽华急了，说："涛涛，别灰心，全省3000多人参加考试，你考了第84名，这说明你还是有实力的。你曾立志考进省城的名高中，现在机会就在你面前，不要轻易言输！"

听了妈妈的话，熊文涛很快振作起来，最终以优异的成绩考上了南雅中学。经过这次挫折，熊文涛醒悟了，他把200元钱还给母亲说："我那时不懂事，白白浪费了一段大好光阴。妈妈，您放心，我以后再也不会沉迷网络游戏了！"

熊文涛一旦懂事起来，就全身心地投入了高中的学习，最终选择了难度最大的"美国高考"SAT。2006年6月，熊文涛只身一人前往香港参加SAT1考试，成绩是2170分，这个成绩可申请美国排名前10位的大学。为了申请高额奖学金，这年10月，熊文涛再次前往香港参加SAT2考试，并选择了难度最大的数理化科目。尽管出现了忘带换洗衣服等一些小插曲，但其超强的专注力，使得他考出了SAT2考试历史上的最高分——三科满分2400分，一时间引起轰动。最终他被连续10年全美文理学院排名第一的威廉姆斯学院录取，这个美国顶尖的大学向他提供了19.6万美元奖学金，同时报销往返机票。

是熊文涛妈妈的开明教育把孩子从网络游戏的沉迷中拉回了正途。赴美留学前，熊文涛深情地说："我能考上美国顶尖大学，最应该感谢母亲的开明教育，是她让我学会了在挫折中奋起，并让我自由选择未来之路……"

孩子沉迷上网不走正道，通常父母们会用强制的方式让孩子脱离网络，不仅没有好的效果反而可能让孩子沉迷上网越来越严重。这则案例中母亲让孩子脱离网瘾、激发重点落榜后不愿意考省城南雅中学的儿子考上了南雅中学，为儿子以后的辉煌人生道路奠定了良好的基础，这个母亲对孩子的理性态度和教子智慧，是非常值得父母们学习的。

摒弃食古不化和传统观念，做一个开明父母，给孩子以心理支持，做孩子的坚强后盾。

放手，还孩子做事的权利，学会独立自主

皇甫军伟说："一流的父母靠放，不懂教育的父母靠管，管孩子是百分之百的失败，放孩子有百分之五十的成功。"

父母不要误解了皇甫军伟所说的"管孩子是百分之百的失败"这句话，皇甫

军伟这里所说的"管"是只知道管，不知道放。孩子该不该管，当然应该管。不管孩子的父母是对孩子的成长不负责任。管孩子不是问题，怎么管孩子才是问题。不少父母把孩子管得过多、过细、过死，不懂得变通，不知道放手让孩子进行自我管理，管得过多过严，不仅让孩子失去了独立思考、独立做事和独立解决问题的机会，形成不了独立自主的能力，还管出了孩子不少行为和心理问题，这样的管还不如不管。

台湾学者曾仕强教授说："站在不管的立场上来管，称为不管之管，这才是最好的教养方法，也就是持经达权的有效运用。凡事先想不管好不好，如果不管很好，甚至不管才好，何必要管？放手让孩子自由地去摸索、发展，父母作为旁观者、欣赏者，扮演好观众，子女一定会很受鼓舞而加倍用心。若是不管不行，不管会糟糕，这时候就要冷静思虑，应该怎样管，才能恰到好处？"

曾仕强说的"站在不管的立场上来管，称之为不管之管"，意思是"管就是为了不管"。更明白地说，管是为了实现孩子的自觉，实现孩子的自管。孩子知道自己去做，而且会尽量去做好，形成了习惯，进入了这个境界，父母就可以少管或不管孩子了，父母也就省心了。父母总是包揽孩子的一切，孩子永远都学不会自我管理，就像没有学习过飞翔的鸟儿，永远也飞不出那个父母为其构筑的鸟巢。

曾仕强教授这段话还表明了一层意思，在放手让孩子做的同时，父母作为旁观者和欣赏者，能给孩子带来心理上的鼓舞，可以起到激励孩子加倍用心把事情做好的效用。

曾仕强教授这段话的第三层意思是告诫父母，当非管不行的时候就一定要管，但是要冷静思考，想想用怎样的方式管，才能起到恰到好处的效果。这一点实在是父母普遍缺乏的。不少父母管孩子非常负责，可就是从来不考虑怎样管孩子才有效果。恰恰采用的都是错误的管教方式，把孩子越管越糟糕，直至发展到与父母逆反对抗不可相容的地步。错误的管教还不如不管。

我就亲自经历了这样一件事情。一个在我市一个重点高中读高二的女孩，母亲是单亲妈妈，由于母亲喜欢唠叨，什么都要管，女儿觉得在母亲面前喘不过气来，与母亲矛盾冲突很大，到了见都见不得母亲的地步，迫切希望离开家不让母亲进入自己的视线，真有眼不见心不烦之味。

女孩的母亲的朋友刚好也是我的朋友。朋友很清楚女孩与母亲关系紧张的状况。就与我商量让女孩来我家让我托管，同时为她做心理辅导。我家只有两间寝室，一间我们夫妇居住，另一间已经有两个男孩在我家托管居住。朋友之托不好拒绝。我对女孩说，我能想的办法就是把客厅隔开一小间让你居住。就是这样的居住条件女孩也爽快地答应了。

女孩在我家托管不久，经过我的心理辅导，母女之间的关系有了很大的好转。一学期后母女关系已经恢复了正常。这时，女孩要进入高三了。母亲希望女儿搬回去住，得到了女儿的同意。在母亲与其爷爷一起来搬折叠床和行李下楼的时候，母亲看见女儿手中抱着床被，就赶紧要去帮女儿抱，女儿很不耐烦地不让妈妈抱，母亲还要强行去拖过来抱。我在旁边看到后，很着急地对母亲说，她不让你抱你就让她自己抱吧。母亲才住了手。

这件事情使我感慨万分：天底下不知道有多少这样的父母，他们发自内心地关爱着孩子，照管着孩子，可是他们却不知道，他们对孩子"无微不至"的关爱和照管，是剥夺了孩子做事的权利，也就是剥夺了孩子成长的权利和机会。在父母的包办包揽下长大的孩子，只能成为什么事情也不会做、缺乏生存生活能力的低能儿。

> 江苏高考状元宋筱嵌的父亲接受记者采访，在回答记者关于教育孩子什么放在第一位的问题时，很断然地说："独立教育。"宋父认为："只有经历过挫折的孩子，才敢于面对成长路上的艰难险阻。或许不少父母是将学习成绩放在第一位的，但是，殊不知孩子将来面对的是非常复杂的社会，没有独立能力是难以有所作为的。所以，父母要学会放手，让孩子独自经历一些生活挫折，这将会对他们以后大有好处。我觉得自己对女儿教育最大的成功，就是教育他做一个独立的人。"

我要为孩子呐喊：父母你放手，还给孩子做事的权利，孩子自己能做的事情就让孩子自己做吧！

父母要明白，少管孩子是最好的管孩子。该管的才管，可管可不管的就不管，就放手让孩子做，孩子才会有更多自我成长的空间和机会，这是形成孩子独立自主能力，走向成熟，独立适应复杂的社会生活的不二法门。

请父母记住，只有放手，孩子才能真正让你放心，没有父母放手的一天，就不会有孩子独立成长的一天，也就不会有孩子成熟的一天。有孩子考上大学离开父母后竟然连煮熟的鸡蛋都不知道怎么吃，就是孩子在父母身边时把鸡蛋剥好了让孩子吃的结果。父母放手，让孩子独立做力所能及的事情越早，孩子就能越早走向成熟和独立。孩子能独立，才能把父母从教育孩子的疲惫中解放出来，父母才能过上安心的日子。

不让失败者成为孩子成长的预言

作为影响孩子成长的最重要关系人的老师和父母怎么看孩子，对孩子是肯定的态度还是否定的态度，对孩子成长的影响极大。父母和老师的态度和评价对孩子来说是一种巨大的心理暗示，会让孩子的成长朝着父母所评价的方向发展。有时候老师和父母对孩子一句激励的话语，可以促进孩子积极向上，甚至影响孩子的一生。而老师和父母一句否定的话，就可能让学生进入人生的黑洞，一辈子见不到光明。孩子纯洁积极向上的心，往往都被父母不良的态度和评价给扼杀了！

父母端正了对孩子的教育态度与评价，教育就成功了一半。

　　一个初一学生控诉他父母时说："希望我什么都听他们的，在家在外都要规规矩矩，不要多说话，学习要好。如果稍微不如他们的意，就对我进行惩罚，讽刺挖苦，抽耳光什么都来了。把我跟别的同学比，然后对我进行讽刺，说你是个没出息的东西，你将来定是个要饭的命，用这样的话来刺激我，我是受不了的。父母对孩子要求严格倒也没有错，孩子学坏，或考不上大学，前途就毁了，但是你处处都管着我，逼我，打骂我，能让我服气吗？我整天心情不好，想学也学不好。我讨厌我的家，我有时真不想再回到这里看他们的脸色。我时时想我的爸爸妈妈是不是真的爱我？"

　　当记者问这个学生"想过将来干什么吗"的问题时，他说："将来能干什么就干什么罢，怎么说都好，如果真的没有考上大学，我可能真会去死，我不去死，我家里人都会让我去死。"

想象得到，这个孩子在说以上的话时，内心有多悲凉，发泄出了对父母的怨气他会有多么的舒畅。我看到这些话也不免为他感到心酸。孩子生活成长在这样尖酸刻薄父母家庭是多么的不幸！有多少人能够理解到孩子这样的痛楚呢。

父母对孩子的评价是一种心理暗示，这种心理暗示就像一粒种子，会在孩子心灵的土壤里种下，在父母不断地强化下生长，最终开花结果，逐步成为孩子的一种心理定式，长此以往，孩子就会相信自己就是父母眼中和口中描述的那种人，最终就成为了父母所评价的那种人。所以，父母对孩子的评价就是孩子成长的一种预言，这种预言在父母的不断强化下就会变成现实。

父母对孩子正向的评价给予孩子积极的心理暗示，孩子就向积极的方向成长；父母口中的孩子真棒，孩子就朝真棒的方向发展；如果父母经常说孩子很乖很优秀，孩子就向乖很优秀的方向努力，最终真的成为很乖很优秀的人。父母对孩子是消极的负面评价，孩子就向消极负面的方向成长。父母长期评价孩子是一无是处的人，孩子就按照一无是处的方式行事，最终就会变成一无是处的人，一个失败者。

所以，父母切忌让自己成为孩子成为失败者的预言者和催生者。

体罚不可取，惩戒不可少

体罚和惩戒都是通过某种惩罚手段，让受教育者接受某种痛苦或不愉快体验的教育方式，但是，在教育目的和效果上两者却有很大差别。

体罚往往是指让孩子经受皮肉之苦的体验而企图达到教育训练目的的手段，其效果是即时的、短暂的，很容易引起孩子对父母的怨恨、逆反和对抗；惩戒则是通过某种对孩子具有警示作用的手段（体罚一般不在此列），以让孩子吸取教训不再重犯为目的。惩戒一般也是以父母与孩子事前约定为前提，孩子知道犯了什么错应该接受怎样的惩罚，因而孩子大都会自觉自愿地接受惩罚。

有效教育应该是触及孩子心灵和灵魂的。任何教育如果没有触及受教育者的心灵和灵魂都是无效的教育。

体罚只能让孩子屈从于父母，父母对孩子发泄自己的不良情绪，展现自己的专断威风，让孩子惧怕自己而唯令是从，只准规规矩矩，不准乱说乱动，最终达到压服和控制孩子的目的。体罚对小孩可能起到终止某种不良行为的作用，但是对已经懂事的青少年不仅起不到体罚的目的，反而会起到相反的作用。孩子只知道父母打了自己以外，什么也没有得到，过后还是会照犯。

惩戒不仅会让孩子愿意接受惩罚，而且要让孩子知道为什么会受到惩罚，利于孩子从错误中吸取教训，实现让孩子接受一次惩戒就成长一次的效果。因而惩戒是一种长效教育行为。体罚的目标直接指向孩子这个人而不是孩子做错的事情，所以给孩子带来的心理效应往往是口服心不服和对父母的不满乃至逆反对抗。惩戒是对事不对人的，因而孩子能口服心服，能够起到良好的教育效果。体罚往往起到的是负面教育效果，惩戒起到的则是正面教育效果。体罚的方式是不可取的，惩戒却是不可少的教育方式。

怎样惩罚孩子才有效果是一种学问。让孩子知道为什么要受到惩罚，通过惩罚让孩子明白自己错在哪里，从内心觉得自己该受惩罚，通过惩罚让孩子建立改正错误的意愿，惩罚过后父母还要给孩子提出怎样避免再犯的建议，惩罚才能起到了真正的教育效果。

父母惩罚孩子时，一定要注意惩罚的程度要与孩子所犯错的程度相匹配，小过小惩罚、大过大惩罚。孩子犯小错给予严重惩罚，孩子会觉得父母不讲情理而对父母不满，可能因不服而继续犯类似的错误；大错给予轻描淡写的惩罚，不能对孩子心灵以适当的刺激，孩子感觉不到事情的严重，就不能起到惩罚的效果。

我是不赞成也不主张体罚孩子的，但是也不认为打孩子就是绝对的错误。有时候孩子的行为实在太过，父母在情绪冲动、失去控制的情况下发生打孩子的事，这是可以理解的。这种情形要与经常采用体罚方式教育孩子的父母区别开来。但是，父母一定不要忘记在打孩子之后对孩子的安抚和教育引导。父母要让孩子明白，父母打了你自己也心疼，父母打你是因为你做的事情太过我不能控制，而不是不爱你。同时，父母要让孩子知道他的行为为什么会让父母不能控制，并平心静气地引导孩子认识自己的错误，既消除孩子对父母的不满心理，又有利于孩子改正错误。

体罚在中国传统家教，尤其是民间家教中是占有一定市场的。不少人把体罚等同于惩罚，把惩罚又等同于惩戒，等同于有效教育。

惩罚孩子的方式很多，而体罚只是惩罚的一种形式而已。例如，对犯了过错的孩子实行面壁思过，或者禁止一段时间他喜欢的活动，这些都是惩罚。

本杰明·斯波克说："惩罚从来就不是管教孩子的主要内容，它只是具有一种极强的提示作用。也就是说，父母用了一种激烈的方式表达了自己要说的话。我们都见过那样的孩子，他们虽然经常挨打挨骂，但是仍然恶习不改。"这是一个美国权威育儿专家谈到的美国父母惩罚孩子的情况。说明同一种教育方式在孩子身上产生的效果是没有国家和人种区别的。

惩戒是惩罚的理性层次。惩戒的含义是惩罚和训诫。惩罚伴随一定的训诫，才能触及孩子心灵，从而对孩子产生警示的效果。在对犯错的孩子实施惩罚时，一定要向孩子讲明为什么应该受到惩罚，是违背了家规，还是违反了社会规范，还是行为太没有节制等等，这样把惩罚与违背规则和规范联系在一起。让孩子明白，每个人都要为自己的行为负责，违背了规则就要受到惩罚，就要承担相应的后果，可以警示孩子说话做事一定要考虑带来的后果，从而自觉地控制自己的行为。

本杰明·斯波克说："要知道你的惩罚是否有效，最好的检验方法就是看它是否达到了预期的目的，有没有产生不良的副作用。如果你的惩罚让孩子变得愤怒，和你较劲，而且表现得比以前更差，那么这样的惩罚显然没有达到目的。如果你的惩罚让孩子很伤心，那就说明你的做法可能太严厉了。"

父母对孩子采用体罚的教育方式，说明父母对孩子的教育已经到了无计可施、无能为力的地步了。如果父母经常体罚孩子，只能证明父母在教育孩子上的无能，父母只能靠以让孩子身体受苦的方式来压服孩子。

有父母说，我从来不袒护孩子的，孩子打也挨了不少，但是为什么挨打过后他还是旧错不断呢？

这种父母就是没有弄懂一点，体罚只触及孩子的皮肉，没有触及孩子的灵魂呀！孩子犯错，父母什么也不说，动辄就给他一顿打，他错在哪里、为什么挨打都不知道，叫他怎么改？

还有的父母说，我孩子就是服打，只要一打，孩子就规矩了，所以孩子在家里规规矩矩的。可是他在学校为什么就总是惹祸呢？这种父母不知道，迫于父母高压的威严，孩子一回家看到父母就像老鼠见到猫一样，怕挨打而克制自己规矩点，所以表现得很驯服很乖很听话。一犯错就要受到皮肉之苦，孩子有那么蠢、自己找打吗？可是孩子到了学校就不一样了。现在国家法规明文规定老师是不准体罚学生的。孩子很清楚这一点。孩子在家里的身心能量得不到释放，一出家门就成了自己的天地，在学校不把老师放在眼里，不服从老师管教，与同学有了冲突也像父母一样，用打的方式解决。在家不能乱说乱动，在外就无法无天，这样能让孩子的心理得到一种平衡。所以孩子在家和在外表现会大不一样。

最近媒体炒得很凶的"狼爸"萧白佑，说是狼爸把三个孩子打上了北京大学，其实这是媒体对狼爸的妖魔化似的曲解。狼爸打孩子是事先制定有规则的，孩子犯错，什么情况下应该挨多少打，用什么打，打身体哪个部位，孩子都是知道的。

狼爸体罚孩子没有对孩子的心理造成严重伤害的一个重要原因，就是狼爸打孩子之后都有妈妈对孩子进行抚慰，为孩子疗伤，而且狼爸本人在日常生活中也重视对孩子的情感的融合。显然，狼爸打孩子不是盲目冲动的，而是在一种理性的教育理念支配下对孩子实施的教育方式。与狼爸不同的是，不少父母打孩子，都是无目的、无规则的，动辄就打，该打也打，不该打也打，甚至自己心情不好看孩子不顺眼也打，等等。孩子不仅皮肉受到伤害，心理上也受到了伤害。

在现实中那些学习优秀的孩子，一般也很懂事、明白事理，这些孩子的父母不仅民主开明，而且教育方式也得法，都是不打孩子的。被称为高考研究第一人的中科院心理研究所的王极盛教授说："我研究 400 多个高考状元，没有人挨过爸爸妈妈的打。我研究过几万个高考学生，大部分挨过爸爸妈妈的打。这个数字的背后蕴藏着一个非常重要的道理，尊重孩子的人格，发挥他的潜力，他就有自信心，各方面的潜力就得到发挥。你打骂他，考得不好就说你是脑子进水了，榆木疙瘩。这就完了，孩子的学习就有了（过大）压力。"

父母要敢于对孩子说"不"

父母对孩子的威信主要表现在该严时严，该宽时宽。在做人的原则问题上，父母要敢于理直气壮、态度坚决地对孩子说"不"。父母敢于对孩子说"不"，才能让孩子知道，父母是说话算数、不容许他在做人的原则问题上有所放任的，这样父母对孩子的教育才具有权威性。

一天放学后，侄女请我们吃饭。在一个露天茶馆等候侄孙放学回家的时候。另一刚上一年级的侄孙在旁边玩手机游戏玩得忒起劲，这个侄孙虽然才六岁多，玩电脑和手机游戏已经基本上入迷。我是坚决反对父母对孩子无限制的上网采取默认态度的，对这样小就玩网络游戏入迷就更加担心。侄孙已经读小学了，这样沉迷玩游戏怎么能正常适应小学的学习要求呢。于是我就小心地对小姨子（侄孙的奶奶）说，现在他已经读小学了，这样入迷的玩游戏不行呀。小姨子说，没办法，要他不玩不行呀！

不少父母面对孩子沉迷玩网络或手机游戏都是同样无可奈何的态度，听到这话后我几乎无话可说了。

大家已经起身要走了，侄孙仍然边走边玩着手机游戏。

我终于忍不住了，对小姨子说，现在该制止他玩了。小姨子听后伸手过去抓侄孙手里的手机，侄孙使劲地抓住不放手。

我在旁边说，他这样的行为一定不能迁就他。小姨子看到我态度这样坚决地说她，她也边说"我才不迁就他呢"边使劲把手机从孙子手中抓了过来。

这下可把她孙子惹火了，他见抢回手机未成，就从背后去抱住他奶奶使劲地抓扯，我看到后大喝一声："住手，豪豪，你这样做不行，我看到你这样很生气。"侄孙突然怔了一下，马上住了手，跑一边去了。

在坐在侄女的车上等读初三的侄孙放学时，我坐在副驾驶室里，侄孙一个人坐在后排。我试着对他说，豪豪，刚才我很生气，可这是对你好呀，你懂吗？他仍然有些生气地哼了一声，嗯。我又说，现在你已经是小学生了，那样玩游戏可不好，会影响学习的，你可要认真学习才好，你知道吗。他点头回答，知道。我说，豪豪真懂事。

过后在吃饭期间的表现看，侄孙已经没事了。

不少事例说明，对于孩子不好的行为，不是父母没办法，而是父母不想下决心狠下心去纠正孩子的不好行为。父母也往往过高地估计了孩子会产生的反应，认为孩子会怎么样，父母应该态度坚决地对孩子说"不"，孩子毕竟是孩子，在父母面前他还是有畏惧心的，孩子是不会理直气壮地与父母对着干的，再顽劣的孩子对父母也有三分畏惧之心。所以，父母不要担心孩子会闹得不可收拾。只要父母放下"不忍心"，不怕孩子受到委屈，对孩子的不良行为不"心慈手软"，孩子自然就会知难而退，向父母屈服的。如果父母在孩子"一哭二闹三上吊"的要挟下心软，那么孩子就会吃透父母心理而得寸进尺，父母对孩子的管教就会越来越无力了。如果父母被孩子的"小无赖"行为战胜了，教育孩子就宣告失败了。

　　云南理科高考状元张维的父亲张培柱是一位中学教师，对待孩子做错事，他说，如果孩子做错了事情，而且事先有申明他要对自己的行为负责任，那么父母绝对不可以姑息迁就，否则，言行不一致的父母无法在孩子面前建立威信，孩子也无法养成良好的习惯。

自然教育法的创造者 M.S·斯特娜夫人讲了一个她如何让女儿知道母亲是说话算数的故事，值得父母们借鉴：

有一天，小维尼（斯特娜夫人的女儿）要到朋友家去，问妈妈可以不可以。妈妈说，可以，并且要她12点半以前回来。但是，那天不知为什么，她12点半没有准点回来，而是过了10分钟才回来。妈妈也没说什么，指了指手上的表让她看。孩子知道迟到不对了，道歉说："是我不对！"吃完晚饭，她就赶紧换衣服，准备去看每到星期二就去看的喜剧电影。妈妈让她再看看表，并说："今天时间太紧迫来不及了，戏是看不成了。"于是她流泪了。妈妈只是对她说："这真遗憾！"但并未采用别的手段。妈妈这样做是为了让她知道，妈妈说话是算数的，并且都是为她好。

斯特娜夫人并没有因为不忍心孩子不能看自己喜欢的戏剧电影伤心流泪而心软，同意女儿照常去看戏剧电影，而是以一句话简短却非常有力的"这真遗憾！"来坚决拒绝了女儿，同时表达了对女儿心情的理解。这使我联想到，大多母亲面临同样的情形，一般都会不忍心看到女儿伤心，而马上帮助女儿尽快赶去影剧院的。

本杰明·斯波克说："如果态度坚决，当机立断，父母就会惊讶地发现，孩子很快变得讨人喜欢了，父母也会因此感到舒心。父母只有要求孩子举止得体后，才会感到孩子可爱。我也总是建议父母要尊重他们的孩子，但是也要注意维护自己的权威。父母要给孩子坚定、清晰的引导，让孩子既懂得合作又有礼貌。"

不忍心，是我国父母在孩子面前的一根"软肋"。就是这根"软肋"，让不少父母在孩子面前丧失了威信，同时也让孩子养成了不少坏习惯。要让自己在孩子面前说话算数具有威信，父母就要忍痛割掉这根"软肋"，在做人和做事的原则性面前，敢于坚决地对孩子说"不！"。

一个在孩子面前不敢说"不"，生怕不小心就触动了孩子的某条敏感神经的、对孩子的教育如履薄冰、诚惶诚恐的父母，在孩子心目中绝对没有威信可言的，也绝对不会有对孩子的有效教育。父母在孩子心目中失去了威信，就失去了对孩子的教育能力。

容许孩子对父母说"不"

总是会听到父母咨询这样的问题：孩子怎么越长大越不听话，总是与你对着干，真是令人头疼伤脑筋啊。

父母不知道，孩子逐步长大意味着孩子的独立意识在不断建立，独立人格在不断形成，独立判断和处事能力在不断增强。孩子越长大越不听话，从正面看是孩子的独立意识和独立处世能力在不断增强的表现，是好事情。如果父母总是按照我说你听、我要求你服从的方式对待进入青少年期的孩子，剥夺孩子独立自主的权利，就会阻碍孩子独立品质的形成。进入青春期的孩子很希望父母把自己当大人看待，尊重自己独立判断问题和独立处事的权利，对大人的说教会非常反感，对大人武断要求自己服从的方式会极力对抗，所以表现得很叛逆。

尊重孩子，平等的对待孩子，给孩子说话的机会，倾听孩子发表不同意见，容许孩子对父母说"不"，才能真正让孩子从依赖逐步走向独立，走向成熟。

从孩子刚懂事开始，就应该对孩子采取民主沟通的教养方式，在涉及孩子成长的重大问题上，要与孩子商量，容许孩子说出不同意见，只要孩子的意见有道理，父母就要肯定和支持。由于孩子还小，人生体验和经验不足，孩子的想法和意见往往是幼稚的甚至是错误的，此时，父母也不应该一味地否定孩子，更不能责备孩子，要尽量让孩子说完，然后再对孩子讲明道理，让孩子认可和接受父母的意见。

人的一个非常重要的心理需求，就是被人尊重。尊重人是对人价值的认可。被尊重让人感觉到被认可。孩子与父母逆反叛逆，一般都是父母不尊重孩子所致。只要孩子感受到了父母对自己的尊重，孩子一般是不会与父母逆反对抗的。

一个孩子在网上留言所说："不要和父母吵架。因为你吵不赢的时候只有挨骂，当你吵赢的时候只有挨打了。听话吧！"这个孩子的留言的言外之意，表示出了对父母武断方式的极端不满。吵不赢要挨骂，吵赢了会挨打，无论怎样都是父母占上风，还是不要与父母对抗吧。其对父母的不满之情不言自明。

父母要知道，孩子能够对父母说"不"，是具有独立意识和独立精神的表现，这是孩子非常宝贵的品质，父母要给予保护。父母尤其要在孩子的人生道路的选择上让孩子自主决定，只要孩子走正路，父母就要让孩子选择自己喜欢的生活方式和人生道路，真正实现孩子的自我价值。

著名的德国心理学家海查曾做过如下的实验：他对二至五岁时有强烈反抗倾向的 100 名儿童与没有这种倾向的 100 名儿童跟踪观察到青年期。结果发现前者有 84% 的人意志坚强，有主见，有独立分析、判断事物和做出决定的能力。而后者仅有 26% 的人意志坚强，其余的人遇事不能做决定，不能独立承担责任。

孩子是为自己活的，而不是为父母或别的什么人活的。孩子有权利也必须独立地决定自己的人生道路和生活。

当然，容许孩子说"不"，并不意味着容许孩子随便乱说，我行我素，任意妄为。当孩子什么都对父母说"不"、明知是错还要固执地按照自己的方式行事的时候，父母也要坚决地对孩子说"不"，采用恰当的方式终止孩子的行为，把孩子的行为引导到正确方向。

孩子早恋，宜疏不宜堵，"强拆"最有可能导致悲剧发生

一个父亲主张在孩子青春期不妨当个"傻父母"，这个父亲处理女儿青春期孩子异性问题的方法和机智，值得父母们借鉴。

这个父亲写道：

记得乐乐上小学四年级的时候，一天回家吃完晚饭与我聊天，说了一会儿学校的事情，乐乐突然坐起身来对我说：爸爸，我给你说件事情，你可不能骂我。我说，你说吧，我什么时候骂过你呢？

乐乐说，昨天放学后，几个同学在团结湖公园玩捉迷藏。她藏在一个假山的山洞里，没想到另外两个男同学也藏在旁边的洞里。这时，乐乐听到两个男生在议论班里的女生，其中一个问另一个最喜欢班里的哪个女生？被问的男生说喜欢乐乐，而问话的男生也说喜欢乐乐，还说班里不少男生都喜欢乐乐。

说完了，乐乐用求助的眼神看着我。我当时的选择可以骂她——以后不许听这些不要脸的话，更不许搞对象，你才多大点，就掺和这些事！尽管在这件事上孩子是无辜的，别人说什么，她怎么能提前知道呢？但不少父母可能会选择用严厉的手段"断"孩子的念头，怕孩子学坏；还有一种选择——平心静气地、耐心地做孩子的思想工作，告诉孩子还小，要把心思用在学习上，不能分心。这可能是不少好父母的选择，但这两种选择我都没有用。

乐乐说完这件让她有点难为情的事后，我笑着拍了拍孩子的背说：看来你的人缘真的很好，不但女生喜欢你、老师喜欢你，就连调皮捣蛋的臭男生都认同你，真不错！

我这么一说，乐乐也很高兴。一场看似很严重的危机，就这么轻

易化解了。事后我独自总结这件事的时候，得出一个结论：父母有时候不能太聪明了，要装傻，很认真地装傻。

再说我得意的一件事吧。乐乐上了初二后，寒假的时候，一天突然问我要钱，我问做什么？她说要跟同学出去玩儿。我顺口问，几个人呢？男生女生？乐乐说，一个人，男生。我说，乐乐你是个爱热闹的孩子，就两个人玩儿多没意思，多叫上几个同学，包括你小学时的同学，大家一起玩儿多热闹呀，就算爸爸今天请客。乐乐一听很高兴，马上电话联系了好几个同学，一起到公园玩儿了一天。

我长出了一口气。

后来，我总结出一条规律：当火车狂奔的时候，你要紧急刹车的话，一是惯性太大，再者对车也不好，容易损伤，这时候最理智的做法是，看准机会，轻轻扳动扳道机，让列车驶上理想的轨道。

这个父亲面对女儿对异性同学的萌动情感，没有采用说教乃至训斥责备的方式，更没有采取禁止女儿与男生交往的"堵"的方式，而是采用夸奖女儿优秀让男生女生都喜欢的巧妙方式，解除了女儿面对男生喜欢的不知所措的窘况；以扳动扳道机的巧妙方式，避免了女儿与异性同学的单独外出玩耍，这种在于无声处、不知不觉中处理孩子敏感的异性同学关系的方法，表现出父亲的教育机智。

我也在于无声处处理好了我孩子大约在四、五年级时比这更进一步的问题。有一天爱人在收拾屋子时，捡到了孩子用火烧了三分之一的一页小学作业纸给我看，我看到纸上写的大概意思是，他很喜欢班上一个女生，那个女生又对他爱理不理的，还喜欢与其他男生玩，他心里很不是滋味。我想，这是孩子对异性同学情窦初开的表现，是值得珍视的一种美好情感。孩子还那么小，其心灵很脆弱，最害怕父母触动他关于异性同学关系的敏感神经。如果我们很在意这件事情，可能会让孩子觉得是做了见不得人的错事，因感到羞愧和害怕而使幼小的心灵受到伤害。所以我对爱人说，这件事情到此为止，千万不要声张，装着什么也没发生过。

直到孩子长大，我们都没有在孩子面前提起过这件事情。一直到现在，这个女同学已经结婚多年有了孩子了，儿子与她仍是要好的同学和朋友。试想，如果当时我们像不少父母一样，看到孩子还那么小就产生了爱慕异性同学的情感而惊诧紧张，并对孩子进行批评训斥或说教，孩子本来还平静的心田可能就会被我们掀起轩然大波，必定会对孩子以后的学习和成长都造成不良影响，甚至会影响到孩子正常的异性交友。

不少父母面对孩子与异性同学的交往神经过敏、草木皆兵，发现孩子与异性同学交往就异常紧张，孩子出现早恋倾向就好像天要垮下来一样惶惶不可终日。父母不知道，正常的异性同学交往是孩子必须经历的事情，在与异性交往中，孩子会了解到异性心理，学习到异性的优点，学会如何与异性相处，对孩子成人后的恋爱和婚姻生活都是不可缺少的经验。进入青春期后，孩子出现对异性同学的好感乃至爱慕之情，也是正常现象，是孩子走向成人的表现，是值得父母欣喜和祝福的事情，父母没有必要那么紧张，更不要惊慌失措，要相信孩子会把握好自己，天是不会垮下来的。

父母如果对孩子与异性同学交往太过敏感，人为禁止孩子与异性同学交往；或者在处理孩子的早恋问题上太过武断偏激，强制孩子中断和异性同学的交往，都有可能导致孩子的逆反效应，把事情弄得越来越糟糕。一种情况是，孩子本来是正常的男女同学交往，还没有恋爱的想法，父母过分关注和过问，无疑对孩子是一种提示，让孩子往恋爱方面想，孩子真的可能就恋爱上了。另一种情况是，孩子本来没有恋爱，父母硬要强迫孩子承认在恋爱，孩子会认为，我没有恋爱你们也要说我在恋爱，我就恋爱给你们看吧，最终真的就恋爱上了。再一种情况是，有的父母硬是要拆散孩子要好的异性同学，最终把孩子逼成疯子甚至走上了自杀的道路，这样的悲剧已经发生过不少。在我们邻县，就有这样一位父亲，为了隔断他儿子与一个女生的恋情，把儿子关在七楼的屋子里反省，导致儿子从七楼跳下失去了宝贵的生命。这个孩子已经进入高三，而且成绩优秀，他对那个女生的感情已经到了不可自拔的地步，还自己凑钱为女朋友买了金戒指。他的父亲还是他的班主任。

试想，如果这个父亲不是那样看重孩子的升学，不强行拆散儿子与女生的关系，即使儿子仍然处于热恋之中，至少他还是一个活生生的生命留在世上。也不会因他的自杀让家人承受失去亲人的终身的痛苦和父亲无尽的后悔。

因父母武断地隔断孩子的恋情而导致的悲剧，不知已经发生了多少。父母，你会在你孩子身上重蹈覆辙、让悲剧重现吗？

父母对孩子与异性交往的最坏的做法：一是捕风捉影并逼孩子承认自己已经早恋。二是因怀疑孩子早恋，就想法跟踪孩子，寻找孩子早恋的证据。三是发现孩子早恋后强制孩子断绝与恋人的关系。

禁止孩子与异性交往和强制孩子中断早恋是父母最愚蠢的做法，不但于事无补，往往适得其反，导致不良后果发生。

相反，父母应积极鼓励和引导孩子与异性同学正常交往；当知道孩子产生了对异性同学的爱慕之情时，父母首先要给孩子真诚的祝贺，祝贺孩子将要长大进入成人行列了，然后给孩子必要的引导，把恋爱放到孩子一生的生活中去做出权衡，让孩子明白沉浸早恋会给目前的学习生活、身心成长和未来发展带来的危害，以及会对未来真正进入恋爱生活带来怎样的不良影响。要让孩子知道，得到的早，失去的会更多。同时教给孩子怎样自我调控不让自己沉浸早恋的方法。孩子在与父母入情入理的交流中，真切地感受到了父母的关爱，就自觉地把握好与异性同学交往的尺度。进入早恋的孩子也会接受父母的意见，通过权衡利弊，自动选择终止早恋。

　　她闷闷不乐，叹着气，在家里走来走去，看起来就像是只受伤的小狗，有时还放声大哭。当她焦虑的父母问她是怎么回事时，她就说"没什么"。她要如何解释她狂热的初恋呢？她所爱慕的对象甚至还不知道世界上有她这么个人呢。终于，他的父亲坐了下来，握住她的手轻柔地问她，才弄清楚她伤心的原因。他心平气和、简单明了地和她谈起了人生和爱情。他安慰着她。她还只有6岁呢。

　　这个小女孩名叫卡斯琳·基尔佩特克，后来成为美国内政部部长办公室的特别助理。她说："我没有忘记那一刻，我常常回想此事而感叹不已。他并没有嘲笑我，而是尊重我，并关心我内心深处的感情。"

卡斯琳·基尔佩特克的父亲处理早恋的机智，是值得父母们汲取的。一个才6岁的女孩产生早恋的情感，如果发生在大多数父母的身上，那是会让父母进入一种怎样惊慌失措的惶恐场面呢？呵斥、训诫、打骂，甚至上升到道德败坏的层面，都有可能。孩子刚刚萌发的一种纯洁美好的情感，就会在父母的训斥打骂中被扼杀掉了。

父母对孩子早恋的简单粗暴武断的处理，不但不会对终止孩子的早恋产生任何作用，反而会对孩子心理上造成伤害，让孩子产生激烈的逆反对抗情绪，性格内向脆弱的孩子往往会走向伤害自己的极端，外向倔强的孩子则会更坚定自己的做法，做出与恋人离家出走或发生两性关系的事情来，让父母更不可收拾，第三种情况就是逼得孩子精神失常患上精神疾病乃至走上自杀道路。所以，独断干预和强制中断孩子早恋，结果大都会是悲剧性的，不可挽回的。

孩子早恋，需要父母感同身受的理解，也需要父母入情入理的分析引导，动之以情、晓之以理，让孩子权衡利弊，理智地把握自己的人生，以达到让孩子自己做出正确的选择和决定的目的，这才是父母最明智之举。

"单亲"不是"问题父母"的代名词

单亲家庭就是只有父母一方抚养孩子的情况，在这类家庭成长的孩子问题多，这是一个客观存在的事实。这是由于孩子的教育需要父母双方共同参与，缺少了哪一方，孩子的成长都是一种缺失。

然而，孩子的成长容易出问题，并不是父母单亲这件事本身决定的，而是由于在父母对单亲这件事情所持的不良观念和负面心理支配下，单亲父母对孩子容易持不良态度、容易实施错误教养方式导致的。单亲父母最容易走到两个极端：一是嫌弃和虐待孩子，二是娇宠和溺爱孩子。前一种情况是单亲父母出于抱怨、委屈心理，把单亲带来的烦恼和困扰等受挫感转移发泄到孩子身上。后一种情况是，因离婚单亲父母认为对不起孩子，对孩子有负疚和补偿心理，从而想用溺爱迁就孩子的方式弥补单亲对孩子带来的亲情的缺失和伤害。

事实上，教养孩子是成功还是失败，并不是由父母是否完整和单亲决定的，而主要由父母所持的家庭教育观念、父母对孩子成长的态度和实施的家庭教育方式以及家庭环境影响决定的。

不可否认，单亲这件事本身一定会对孩子的心理和行为带来负面影响，然而，如果单亲父母理智对待单亲问题，厘清教育孩子的思路，对待孩子的教育有清醒的头脑，不抱怨，不对孩子过于歉疚，用清楚理性的方式对待孩子的教育，那么通常单亲父母教养孩子容易出现的问题都可以避免，孩子同样可以像完整家庭孩子一样健康成长。

人生世事难以预料，走到单亲的道路相信谁也不会心甘情愿。虽然离异或其他情况成为单亲父母，但是为人父或母的角色没变。好父母的标准永远不会变。

要承认，父母一方的缺失意味着孩子父爱或母爱的缺失，完整的支持和保护系统的缺损，容易会给孩子带来自卑感和不安全感。但是，这并不意味着孩子爱的缺失。如果养育孩子的一方处理得好，单亲并不会让孩子受到多大影响。

高考状元成长状态的研究报告中就介绍了这样一个案例，一个单亲父亲把孩子教养成为了高考状元。

> 北大高考状元纪权凌在小学六年级的时候父母就离异了，她与妹妹由父亲教养，平时与母亲不常见面。可是纪权凌却仍然健康成长，以优异的学习成绩考上了北京大学。
>
> 对于女儿的成长，纪父是这样说的："作为父亲，我在女儿成长过程中扮演的角色是一个领头人，一个引领者。尽管我是一个父亲，而且是面对女儿，但是我仍然能够很好地与她交流沟通。由于我和女儿经常谈心，所以我们能够做到相互理解、相互支持。在大多数情况下，我都是采取肢体语言——例如摸摸女儿的头，拍拍她的肩膀……在她遇打击、心情不好的时候，我会鼓励她。她上高中后，我在文化范畴不能给她特别的辅导，但是我会尽我所能，在精神上给她安慰。用古人的话说，我这个父亲有点'儿女情长'，用现代的话说，我和女儿在心灵上是'零距离'。我不但关心女儿的身体健康、饮食情况（因为没有好的身体就会影响她的未来），更关心她的精神和内心世界。在教育女儿的过程中，我希望不断地提升她的综合素质，让她在今后的人生中享受到生活的乐趣。我认为人生应该是多姿多彩的，要想让孩子将来生活丰富多彩，就不要限制他们的兴趣。我应该放手，给孩子自己成长的空间。我认为，这就是父母应该具有的一种智慧，在面对孩子时应该有的智慧。父母望子成龙，但不能逼子成龙，对孩子的期望不能盲目攀高，这样容易给孩子造成巨大的心理压力；父母不仅要关心孩子在校的学习成绩，也要关注在做人方面的基本品德修养，注意他们在社会上可能受到的不良影响。让孩子学会做人，是家庭教育的核心。"

从以上纪父对孩子的教育理念和做法中，我们可以选出这样一些关键词：父亲在女儿成长中扮演"领头人角色"、成为"一个引领者"；能与女儿很好地"沟通交流"，与女儿做到"相互理解"、"相互支持"；对女儿的教育不说教，而是重视"肢体语言"这种无声胜有声的教育；心情不好的时候给予"鼓励"，在精神上给女儿"安慰";更关心女儿的"精神和内心世界";重视不断提升女儿的"综合素质",让女儿生活"丰富多彩"、享受到"生活的乐趣";"放手"给孩子"自己成长的空间";不能"逼子成龙"和"盲目攀高";不仅关心孩子的"学习成绩",也要关注孩子"做人方面的基本品德修养",注意孩子可能受到的社会"不良影响";让孩子"学会做人"是家庭教育的"核心"。

纪父教育女儿的一系列关键词,涵盖了尊重孩子、与孩子情感交流,相互理解、精神鼓励、心灵滋润、肢体语言等良好的教养方式;也道出了家庭教育的本质不是孩子的学习成绩,而是孩子做人的素养、生活的多彩,享受生活的乐趣,放手让孩子自己成长等对孩子成长至关重要的终身受用的品质。

　　而在女儿纪权凌眼里,父亲既是他最尊敬的长辈,又是可以交谈的朋友。纪权凌说:"父亲在家里扮演着既是严父又是慈母的双重角色,给我们的爱既有母性的温和,又有父亲的沉稳。虽然他的工作很忙,却仍然重视对我和妹妹的教育,关注我们的情感及心理的变化。让我这个在单亲家庭成长的孩子,没有感到过爱的缺失。这就是父亲教育子女的智慧,无论在什么情况下,都能替孩子想一想。非常感谢我的父亲,在我成长的路上,因为他那份智慧而伟大的父爱,才让我在感动和欣喜中快乐的长大!"

单亲不仅没成为纪权凌成长的障碍,还让她成了一个品学兼优的高考状元。其根本的原因,是她有一个具有正确教育理念和充满教育智慧的父亲。作为单亲父亲,纪父在女儿心目中有如此崇高的地位是多么值得自己欣慰呀!可以想见他对两个女儿的成长付出了多么大的精力和心血!

作为单亲父亲,不仅按照完整家庭的方式来教养女儿,而且给予了不少完整家庭父母不能给予孩子的东西——慈爱、理解、尊重和放手,有效地避免了因单亲会给孩子带来的爱的失落、自卑、消极等不良情绪,最终让女儿成了一个品学兼优的优秀孩子。

纪父对女儿的教育说明,单亲家庭并不意味着孩子的成长环境就不良,单亲父母也不是"问题父母"的代名词。关键问题是,单亲父母怎样避免传统观念带来的对自己教养孩子的不良影响,怎样尽可能避免单亲可能带给孩子的成长问题。

单亲父母应尽量让单亲家庭成为正常家庭，有意识地去营造一个利于孩子健康成长的硬环境（家庭的房屋生活设施等）与软环境（对孩子的态度、亲子关系、家庭心理、文化氛围等）。

单亲不是"问题父母"的代名词，关键看单亲父母怎么做。单亲家庭孩子问题多，是因为单亲的父亲或母亲把已经问题成堆的家庭人为地弄出了更多更大的问题。

美国总统奥巴马也是由单亲母亲教养长大的孩子。

> 奥巴马在对全美中小学生的讲话中说："我自然知道要做到学业优秀并非总是易事。我知道你们许多人在生活中面临挑战，难以集中精力从事学业。我明白这一点。我有亲身感受。两岁时，我父亲离家而去，我是由一位单亲母亲抚养成人的，母亲不得不工作，并时常为支付生活费用而苦苦挣扎，但有时仍无法为我们提供其他孩子享有的东西。有时，我渴望生活中能有一位父亲。有时我感到孤独，感到自己不适应社会。"

武志红在"奥巴马母亲的育儿经"一文中，比较详细地介绍了奥巴马母亲在教育孩子时所持的理性态度和教育孩子的智慧：

> 奥巴马刚出生不到一年，他的爸爸老奥巴马获得了两个求学机会，一个是纽约新学院大学提供的足够一家三口在纽约生活的优厚奖学金，一个是去哈佛大学读经济学博士，老奥巴马毫不犹豫地去了哈佛，他对安（奥巴马的妈妈）说："我怎么能拒绝最好的教育呢？"
>
> 这是1961年，而1964年，安提出离婚，老奥巴马没有异议。此后，老奥巴马带着另一个美国女子去了肯尼亚老家工作。
>
> 看起来，安有很多理由对老奥巴马愤怒，她一边带儿子一边求学，生活非常拮据，而且自他们离婚后一直到1982年老奥巴马遭遇车祸去世，奥巴马只见过爸爸一次。此外，老奥巴马也没支付过赡养费，虽然安也没有提出要赡养费，但这个父亲毕竟没有尽过自己的责任。
>
> 然而，安没有表现过对老奥巴马的愤怒，也从来没有在儿子面前说过爸爸的坏话。实际上，每当和儿子谈起他的爸爸，安说的都是优点。

她对奥巴马说,他爸爸聪明,幽默,擅长乐器,有一副好嗓子……

安可能是天生豁达,所以只是给奥巴马陈述事实,也可能是希望儿子能因爸爸而自豪,所以谈的都是优点,但不管是什么原因,她的这种方式都收获了很好的结果——她说的老奥巴马的这些优点,奥巴马身上都有。

不仅如此,而且或许更重要的收获是,妈妈这样谈到爸爸,在极大程度上减轻了父母离婚给奥巴马带来的心理上的冲击。他的内心不仅不必分裂,还学到了豁达,并且也学会了如何在糟糕的情形下看到积极的一面。这可能是奥巴马现在展现出的乐观性格的重要缘由。

安不仅让儿子以有这样一个黑人父亲自豪,还让儿子学会了作为一个黑人的自豪。她经常带民权运动的书籍、美国著名女黑人福音歌手马哈利娅·杰克逊的录音以及马丁·路德·金的讲稿回家,要让奥巴马耳濡目染。这一切给奥巴马留下深刻印象,"她相信,人们虽然拥有不同肤色,但本质是一样的,人人生来平等"。

安原来的名字叫"斯坦利",这是男孩的名字,奥巴马的外祖父想要一个男孩,所以给她起了这个名字。于是,一直到改名前,她常常因名字而遭到一些同学的嘲笑,但安很坦然地对待这一点,并不会因此而自卑或神经质地反击。她也教会了奥巴马这种坦然,小时候当小伙伴们称呼他为"小黑孩"时,他也没有感到什么不妥。或许因为他已经从妈妈那里学会了接纳自己的肤色,所以对"小黑孩"这种称呼里的蔑视意味可以免疫了。

1971年,安把10岁的奥巴马送回了夏威夷。小女儿玛雅回忆,那是母亲一生中最困难的决定,因为她在印尼生活,这会带来很多困难,但这时她的乐观天性发挥了作用。对此,玛雅说,妈妈曾教育她说:"不要被恐惧或狭隘的定义所束缚,不要在自己周围筑起围墙,我们应当尽力在意想不到的地方找到亲情和美好的事物。"

显然,奥巴马也继承了母亲的这一天性。美国民主党内初选中,尽管一开始希拉里明显占据上风,并在后来也给他带来过严重挑战,而且他也遭遇过"牧师门"等事件,但奥巴马和他的竞选阵营从未乱过阵脚,每次都能化险为夷。

奥巴马说"我认为,她是我所知道的最仁慈、拥有最高尚灵魂的人，我身上最好的东西都要归功于她。"在我看来，这些最好的东西中的 No.1，或许就是安处理她、老奥巴马和儿子的三角关系的方式。

正是这个最仁慈、拥有最高尚灵魂的单亲妈妈，成就了奥巴马。最值得单亲父母学习的是，奥巴马的母亲安在孩子面前对老奥巴马的态度，她在孩子面前都是说父亲的优点，从没有说过孩子父亲的坏话，让父亲在孩子们心目中形象永远是美好的。这就是奥巴马母亲在孩子面前，对不负责任的父亲最理智的表现。她让孩子知道并学习父亲的优点，没有让孩子建立对父亲坏的印象，这对孩子的心理不会带来伤害。

单亲父母要明白，父母虽然离异，但是那种血浓于水的亲情却是永远也不割不断的。虽然孩子没有与另一方一起生活，但是孩子与另一方的父子或母子关系却永远存在，孩子有享受另一方关爱的权利，另一方仍然具有对孩子关爱、照护、教育的权利和责任。单亲父母应该做的，是尽可能减少父母离异给孩子带来的心理上自卑、失落等负面情绪，把父母离异给孩子成长带来的负面影响减少到最小。

单亲家庭的孩子比完整家庭孩子的问题更多，其根源并不主要在单亲本身，而在单亲父母对孩子的教养态度和方式比完整家庭父母出现的问题更多。只要单亲父母能走出单亲的阴影，放下人生的挫败感，克服对另一方的抱怨和对孩子的负疚感，以积极的人生态度去影响孩子成长，以阳光的心态去滋润孩子的心灵。单亲，就不会成为孩子教育"失败者"的代名词，单亲父母也会成为一个成功的父母。

激发孩子自我成长的内在力量

教育不是掌控而是教化。教育的机制不是孩子对父母被动的服从，而是让孩子有批判地选择汲取父母的人生经验。教育的方式既要施加外力，更要激发内力。

教育的目标应该通过激发孩子内在积极进取奋发向上的精神，转化成孩子成长的内在力量。当把对孩子施加的教育外力，变成孩子自我教育的内在动力，形成孩子的自觉行为的时候，教育才起到了真正的效果。

在父母与孩子的关系上，父母往往处于主动掌控地位，孩子则处于被动服从地位。父母可以控制孩子，强迫孩子服从自己的意志，但是，孩子的行为却要孩子自己来掌控。当孩子逆反对抗坚决不服从父母意志的时候，无论父母实施怎样强硬的办法，孩子也可能不吃父母那一套，父母的教育就陷入了尴尬和无能为力的困境。

所以，我一直提倡父母教育孩子应该"从心开始"，应该遵循孩子的心理特点进行教育，这也是常态家庭教育的一个核心教育思想。当教育深入到了孩子的内心，让孩子心悦诚服，内化为孩子的内在品格，让孩子能够进行自我教育、自我管理、自我约束、自我调控的时候，父母的教育就非常有成效了，父母也就省心了。

一个物理学家讲过一个故事。他上学的时候物理非常差，一次考试得了 8 分，第二次得了 28 分，老师很想鼓励他，就换了一个计分方法。老师说，同学们用这次的考试成绩减去上一次的，结果有没有达到 20 分的？这个孩子举起了手，老师顺势说："同学们，这次考试谁的进步最大？"孩子们异口同声地说出了那个孩子的名字。从此以后，这个孩子对物理产成了浓厚的兴趣，最终成为一名物理学家。

其实这个孩子原来不喜欢物理，是这位老师的鼓励让孩子有了自我价值感，被别人肯定的心理需求得到了满足，激发了他学习物理的浓厚兴趣，使他有了自信，这种自信和兴趣就是促动孩子认真对待物理学习的一种内在力量，这种内在力量成为了促使孩子学好物理的巨大动力，最终让他在物理学领域取得了巨大成就。

所以，父母千万不要吝啬自己对孩子的表扬和肯定，孩子积极的内在品质的形成，需要用父母不断地以肯定、表扬、鼓励、激励等方式作为动力养料去浇灌滋养。不少父母担心一表扬孩子，孩子就会骄傲自满尾巴翘上天，这是对孩子认识的一个误区。其实，无论小孩还是成人，自我价值被肯定是一种心理需要，每个人都希望得到别人的肯定和赞扬。年龄越小的孩子，越需要得到父母和老师的表扬和肯定。父母老师的表扬和肯定不仅不会让孩子骄傲，而且会让孩子产生巨大的积极进取、要做得更好的内在力量。这种力量如果得到长期的强化，就会成为孩子积极进取奋发努力的内在品质，变成孩子的无意识动机。这种无意识动机就会成为促进孩子不断进步、不断成长的内在动力。

袒护孩子不是爱而是害

不少父母爱孩子没有爱对地方，往往纵容和助长孩子的不良行为上，其中对孩子成长最坏的做法，就是袒护孩子的过错。

　　自家孩子与别家孩子闹矛盾或打架了，父母不在自家孩子身上找原因，而一味地责备别家的孩子怎么不对、怎么欺负了自家的孩子，还直接去警告和惩罚别家的孩子，或是找别家孩子父母的麻烦，不仅把事情越闹越大，而且让孩子认为有父母给自己撑腰以后更放肆更冲动地处理问题，不利于形成孩子正确处理人际关系的能力。

　　当孩子与别的孩子闹矛盾后，父母首先要让孩子冷静下来，平和地与孩子沟通，让孩子讲出事情发生的原委，然后引导孩子思考自己在其中有哪些做得不好或不妥的地方，让孩子反省，多做自我批评，这样不仅有利于孩子吃一堑长一智、吸取教训，而且也会让孩子在正确处理人际关系上更成熟。

　　孩子在学校受到老师的委屈，有父母不问青红皂白就去找老师兴师问罪。老师对孩子的教育方式可能是有问题，但是父母也要知道，发生老师委屈孩子的事情，起因一般都来自孩子，是孩子对老师的行为太过无理或太过倔强引起。不尊重老师，找老师兴师问罪的方式，不仅不利于解决孩子与老师的矛盾冲突，而且最有可能助长孩子的不良行为或恶习，让孩子对老师变得越来越肆无忌惮，越来越不服老师管教。

　　要孩子成为一个懂得尊敬师长，明白人情事理和正确处理人际关系受人欢迎的人，父母就应该是懂得尊重和明白事理会处理人际关系的人，在尊敬老师方面为孩子做出榜样。当孩子在老师那里受到了委屈，父母应该做的，以理解的态度对待老师，老师还在管教自己的孩子是对孩子负责的表现。父母应该做的，是采用恰当的方式安抚孩子，让孩子的情绪得到冷静，然后听孩子讲清楚事情发生的原委，再平静地找老师沟通。即使主要是老师的错误，父母也要以得饶人处且饶人的谅解和宽容态度，妥善地与老师沟通，让老师认识到确实是自己做错了。

　　让老师认识到自己对孩子的方式不妥而表示歉意，这对孩子今后更安定的在学校学习和生活更有好处。相反，如果父母得理不饶人，把老师弄得下不了台，无疑就是告诉老师，这个父母不好惹，以后就少管他的孩子吧。还会让其他老师也认为你的孩子最好少管或者不管，否则会惹火烧身，担心管教你的孩子弄出事端来，都对你的孩子避而远之、听之任之，你的孩子成长的损失就大了。如果是你的孩子在学校的表现确实顽劣蛮横，过分无视校纪和老师，让老师在难以控制的冲动情绪下对孩子做出的出格行为，你仍去对老师兴师问罪的话，助长孩子的不良行为，你的孩子离变成真正的坏孩子的时日就已经不远了。这无疑是父母在把孩子往歧路上引呀！

所以，父母对待和处理孩子在外发生的矛盾或委屈，必须冷静和理智，千万不要袒护孩子，对孩子不尊重老师和校纪校规的行为，一定采用恰当的方式坚决制止，严肃地教育引导，想法让其改正。

别家的孩子优秀，你家的孩子更优秀

不少父母有这样一种癖好，就是喜欢拿自己孩子与别家的孩子比，父母总是指着孩子说，你看某某同学怎样听话怎样懂事，某某同学学习是怎样认真怎样刻苦，学习成绩也优秀，你比别人差多了，云云。父母这种癖好对孩子的自尊心和自信心最具杀伤力。

一个孩子在 QQ 留言中写道："从小我就有个宿敌叫别人家孩子，（他）从来不聊 QQ，回回年级第一。我恨这个别人家孩子！"言语中饱含着孩子对父母总是赞美别家孩子的怨气。

好孩子，乖孩子，优秀孩子是一个相对的概念，是一个比较名词。好孩子、乖孩子主要看你从哪一方面去看，从哪方面去比较。如果从世俗的眼光去看，好孩子，乖孩子就是听话的孩子，认真学习且学习成绩好的孩子。

柯维·肖恩说："人比谁好或比谁差，人与人之间只有不同。你这样好，他们那样也不错。"

世界上每个人都是不同的个体，没有完全相同的两个人。即使是同卵双生子，样子不能让人区别出来，但是他们（她们）仍然是不同的两个人，其中也许一个要略胖些，另一个脸上可能会有一个痣，等等，如果留意观察不同之处还会不少。从每个人都不相同的角度来说，人与人之间是没有可比性的。这个孩子有这方面的优点，但是在另一方面却存在缺点；那个孩子有某种优势，但是也存在某种劣势。如果拿孩子的优点去与别家孩子的缺点比较，那么你的孩子怎么看都比别家孩子好。如果把你孩子的缺点去与别家孩子的优点比较，你家孩子无论怎样看都总是比别家的孩子差。

父母应该树立的正确观念是，别家的孩子好，自家的孩子更好。如果父母用肯定的眼光看孩子，孩子就会处处都是优点，如果父母用否定的眼光看孩子，孩子就一无是处。

我在《让孩子成为最好的自己——成功家庭教育的五大要素》一书中，提出

了"听话的孩子不一定是好孩子"这样一个命题，意思是说，如果听话的孩子只能人云亦云，因循守旧，总是看人的眼色行事，奴性十足，这样的孩子只能做一个好员工、好公民，决不能成为一个管理者，更不能成为一个创造者，是注定不能取得出色的成就的。江苏教育学院历史系教授何剑明说："在国外，听话的孩子是被当成有病的孩子，有问题的孩子看待的。而我们拿听话的孩子当好孩子看。结果是我们的孩子到了大学还脱不了跟着权威走的习惯，不敢大胆怀疑权威，否定权威，形成自己的独立思想、独立见解。"

不听话的孩子身上则具备不少于听话的孩子身上所不具备的、却与适应社会生存和生活密切相关的重要品质，例如独立自主性。这些重要品质却恰恰没有被父母发现和肯定。

要让孩子具有自信心和积极上进的不断进取的精神，父母就要改变看孩子的视角和评价孩子的标准，不要把自己的眼光总是停留在别家听话、学习成绩优秀的孩子身上，更不要拿别家孩子与自家的孩子相比较。而要用欣赏的眼光看孩子，多看孩子的长处，多肯定孩子的优点。别家的孩子好，我家的孩子更优秀，让孩子知道自己在父母心目中是最棒的，孩子就会有不断进取的动力来源，就会树立足够的自信，就会有更出色的表现。这样形成良性循环，父母对孩子的教养就会减少不少麻烦，会得到更多孩子健康成长的欣喜。

拿自己的劣势去比别人的优势，那只能应验一句俗语：人比人气死人。

孩子的成长重要的不是在竞争中取胜，而是在竞争中不断地磨砺自己的意志，不断地成长，不断地超越自己，让自己变得越来越强大。所以，要孩子不断地进步，不断地成长，不断走向成熟，父母重要的是不拿孩子与他人比，而是拿孩子与自己比。让孩子比是不是比原来更进步了，是不是比原来更懂事了、更成熟了，是不是比原来更健康、更阳光了，等等。如果孩子有如此表现，父母就要及时给予孩子肯定、表扬和鼓励。

如果硬要孩子与他家孩子比的话，那么就应该比人品、比志气、比态度、比文明、比素养、比进步、比成长、比健康、比善心、比能力、比责任心、比谁阳光开心，等等。

第四篇

抛弃功利，
回归孩子素质培养常态，
做远见父母

第九章　培养孩子良好的做人品格

童蒙养正，教育孩子从小学会做正人

古人教育孩子，是竭力推崇"童蒙养正"的。

"童蒙养正"中的"童蒙"，指的是孩童的启蒙教育，其中的"正"则含有正知、正见、正直、正统等意思。用现代观点来说，"童蒙养正"的"正"，则包含正统、正直、正义、正心、正途、正常、正人等意思。因此，"童蒙养正"，是指孩子的启蒙教育就是"养正"，让孩子做正直、正常的人。要让孩子树立正确的人生观和价值观，培养孩子的真善美，养成孩子做人的好品格。要教会孩子有正知正见，走正道，有正义感，做正直的人。一句话，父母从小教育孩子，就是让其成为走正道的正常人，做正人君子。

"教"就是以身作则。《说文解字》称"上所行，下所效"就是教，教就是上面给下面做一个表率。所以，要实施养正教育，父母自己首先要养正。父母教孩子首先要教自己，父母做好了，为孩子做出榜样，孩子才能够做好。这就叫有什么样的父母就有什么样的孩子。

> 辽宁文科状元黄晓庆说："我学习上有点失误，父母不大批评；若在做人方面不行，可就难过关了。"
>
> 北大高考状元刘浩的父母经常教育孩子："一个人有丰富的知识、很高的技能，然后是非常善良，对国家、对家人有责任心。这才是成功。做人和学业缺一不可。否则，一个人即使有再高的技能，不能为国家做贡献，那也算不上成功。只有做到对家人有利、对国家有益、对社会有用，才算得上真正的成功"。在父母的正确教育下，刘浩才得以德智体全面发展，并且是一个懂得父母艰辛、感恩父母的孩子。

北大高考状元张涵冰谈到父亲对她的教育时说："爸爸很少对我有学习上直接的辅导，但在为人处世、立德立身方面时时处处给我教育和启发。爸爸常说读书不能成书呆子，人总是要生活在社会中，需要有社会责任感才能成为一个完整意义上的人。"

台湾具有"中国式管理之父"之称的曾仕强教授说："父母心中优秀的孩子，不一定是成绩优异，运动技能卓越，却应该是规规矩矩做人、实实在在做事的人，有人的模样，也有人的内涵，是一个堂堂正正的人。"

养正的关键期在孩童时期，错过了这个时期要孩子再形成好的品格，就难上加难了。孩子的好习惯也要从小开始培养，如果孩子从小形成了坏习惯，长大后要想改过来就很难。

特里沙修女曾告诫年轻一代："孩子，你听我说，如果守规矩、讲良心、有道德会使你蒙受损失和遭受打击，那不是你错了，而一定是这个社会出了问题。但不管怎样，你还要守规矩、讲良心、有道德。如果你做善事，不一定就会有善报，或许还有人说你虚情假意，说你别有用心，但不管怎样，你还要做善事。如果你成功，身边不一定会簇拥着鲜花和掌声，或许还会招来假的朋友和伪装的敌人，但不管怎样，你还要追求成功。诚实和坦率会让你受到伤害、受到打击，但不管怎样，你要诚实和坦率。破坏比建设容易得多，也许你多年的努力建设不起你的大厦，一朝的破坏却让你声名远扬，但你仍要建设。只要你努力，犯错误是难免的，有些错误会令你刻骨铭心、伤痛难愈，但你仍要努力。将你最好的东西奉献，你有可能被踢掉牙齿，但你仍然要将你最好的东西奉献。我看着你幼小的身影跌跌撞撞地行走在人生路上，我看着你被人世人心的险恶暗礁绊得头破血流，我的心也会流血的。但我知道，幸福和心痛，都是母亲这个词汇中的应有词义。"

为此，她获得了诺贝尔和平奖。

培养孩子的内在生命力

前些天，国内一个著名教育培训机构的大区教育总监专程来学校拜访我。在我们很投机地聊了一个多小时后，他称赞我说："徐老师，看你那神采飞扬的样子，哪像已经快到六十岁的人呢？你言谈很有精神，眼睛炯炯发光，真让人感到充满生命的活力。"

我说："我几十年的生活经历告诉我，人活的就是一种精神。"

人活的就是一种精神，这种精神就是一种蕴藏在内心的内在力量，就是一种积极的、充满生命活力的人生状态，这是我对生命意义和价值的认识和解读。

积极的人生状态，要靠积极的人生追求和生命热情来催生、去滋养和维护。人的内在精神力量滋润和激发着人的生命热情。这种内在精神，就是对生命的热爱，对有价值人生的追求和向往，对成就美好人生的梦想，就是积极向上的人生态度，就是追求真、善、美的一种至高境界。

人们往往喜欢引用培根的"知识就是力量"这句名言来激励青少年认真读书。这句话不知道被多少代人误解，只重视知识的学习和积累而不重视人的道德和内心的修炼。其实，知识是中性的东西，知识只是一种工具，一种媒介。知识可以成为做好事的工具，也可以成为做坏事的工具。

其实，真正能给予人力量的，是存在于人内心、驱动人积极向上的人的信仰、信念、理想、追求真善美的良知和人生价值等内在品格。一个具有理想、信念和信仰的人是不可战胜的。

要想让孩子认真学习，并不是让他知道"知识就是力量"这样简单，而是怎样让孩子把学习当成一种内心需求——我需要读书、我喜欢读书。当孩子真不想读书的时候，再高明的人也不能让他改变，再强大的力量也不能逼迫他认真读书。当孩子对读书感兴趣、喜欢读书的时候，你想让他不读书都不行。对读书感兴趣、喜欢读书是一种促使孩子认真读书的内在力量，这时候读书对孩子来说就是非常自然的事情，就不会感到读书是一种负担。

教孩子从小形成崇尚真、善、美的道德观念，崇尚做有价值的人的人生目标，让孩子具备积极的人生态度，树立做一个有用的人的人生信念，就为孩子追求美好人生集聚了内在力量和动力，也是推动孩子认真学习、积累知识，为实现有价值人生打好基础的内在推动力。

我始终相信"会做人就会读书"这样一个不可辩驳的事实。只要人做好了，孩子自然知道读书的重要性，就自然会认真读书的。那些厌学懒学的孩子，主要是不知道怎样做人，不知道生命的真正意义所在，不知道读书积累知识对人生的重要，没有把人做好。没有学习的内在动力，所以才对学习没有兴趣。

父母要让孩子的教育变得轻松而省心，就必须重视激发和滋养孩子的内在生命力。现在有多少父母能认识到这一点呢？父母只知道从外向孩子施加压力，强制孩子按照父母的意愿行事，逼孩子学习。结果往往事与愿违，父母越强制孩子好好表现，孩子的表现就越糟糕，父母越逼孩子学习，孩子就越讨厌学习。

父母要知道，当孩子有了积极的人生追求，形成了积极进取的内在品质，具有生命的热情，知道通过自己的努力去追求美好人生的时候，自然就会重视学习、认真学习了，父母不仅对孩子的学习会非常省心，而且对孩子的做人也会很放心。

让孩子懂得权利和义务是对等的，不能只索取不付出

让孩子懂得权利和义务对等，索取和付出对等，人既要享受权利也要履行义务，既要得到也要付出的教育的缺失，是我国父母教育孩子普遍存在的一个问题。在"只有一个孩子，挣钱都是为了孩子，不要委屈了孩子"的观念支配下，多数父母对孩子都是溺爱有加，管教不足，百般满足孩子的物质需求，忽视孩子健康精神和心灵的滋养，导致孩子形成了以自我为中心，自私自利，只知道索取，不知道付出；只知道享受权利，不知道履行义务的不良品行，让孩子在做人和行为上出现了不少问题，到头来父母也要承担相应的后果

孩子只知道伸手向父母要这要那，而不知道动手为父母做点什么，只知道索取不知道付出，只知道享受权利不知道履行义务，这主要是父母对孩子溺爱迁就的错误教育方式造成。父母对孩子的要求都是有求必应，除了读书之外也没有要求孩子为父母为家庭做过什么，孩子不知道每个人既有得到的权利，也应该有付出的义务。在孩子的观念中，别人为自己付出是天经地义的，而不知道自己还应该为别人付出。表面上这是对孩子的爱，实际上是对孩子的害。父母没有让孩子树立独立承担人生义务和人生责任的观念，更没给过孩子付出人生义务和人生责任的机会，所以孩子便没有为他人付出的观念和为别人承担责任的能力。

所以，教育孩子懂得既要享受权利也要履行义务的道理，树立先人后己、付出比索取更可贵的人生理念，是父母教育孩子的一个非常重要的任务。父母在疼

爱孩子的同时，不要怕孩子委屈，要硬下心来让孩子做力所能及的事情。

一个乐于付出和奉献的人与一个只知道索取的人相比，他会把付出作为自己的一种人生责任，把为他人做好事当作一种人生价值、一种快乐，他会少了计较和抱怨，而多了满足和幸福感，他的生活就会是丰富和充实的。

培养孩子的诚实守信品格，学会为人处世

曾经有人在企业经理人中做过一个调查，调查问卷的题目有两个：一是"你最愿意结交什么样的人"；二是"你最不愿意结交什么样的人"。调查结果是：在"最愿意结交"的人中，"正直诚信的人"排在了第一位；在"最不愿结交"的人中，"不正直不守信的人"排在了第一位。这个结果提示我们：正直诚信是做人的立身之本，也是立足社会之本。

诚信是一个人的道德底线，是一个人立足社会的身份名片。事实上，在现实生活中，即使最不诚信的人也最不愿意面对那些不诚信的人，因为不诚信的人对自己不仅不会有好处，还会利用或损害自己的利益让其得利。每个人最憎恨的就是欺骗自己的人，最痛恨的就是让自己受骗上当的骗子。

当今社会从最下层的乞丐到最上层手中具有各种权力的官员，到处都存在不诚信现象。如政府官员的瞒上欺下；执法部门的知法犯法；企业为逃税而做假账；食品商为了低成本、提高利润不择手段地制造有害人体的食品，例如假奶粉、三聚氰胺奶粉、地沟油食品、地沟油药品；教授剽窃科研成果；学生考试作弊等等。

现在国人之间充满戒备心理，信任危机严重。导致这种现象的原因，是充斥社会各个角落各个阶层人群的不诚信环境。由于诚信的人吃亏，不诚信的人得利，人们的诚信意识就逐步被摧垮了，人与人之间的信任感在不断地被削弱，诚信教育面临着严峻的挑战。

可是，总体来说人性还是向善的，人们对那些不诚信行为表现出的还是深恶痛绝的态度，不诚信的人永远都会被人痛骂鄙视、被人不齿。奸诈的人终究会因自己不诚信的行为付出惨痛的代价。

在社会生活中，不诚信的人会被人们避而远之，难以在社会上立足。为了孩子的健康成长，为了培养孩子的善行品格，为了孩子一辈子生活的安定平稳幸福，父母一定要坚定不移地培养孩子诚信的品格。孩子成为诚实守信的人，一个值得人信赖的人，会让孩子很顺利地立足于社会人群之中，对孩子的事业发展和生活

幸福都有好处。

对于社会上的不诚信现象，父母要给予孩子正面引导：不诚信的人毕竟是少数，大多数人还是诚实守信值得信赖的。让孩子知道，诚实守信的人永远都不会吃亏，虽然那些不诚信的人会一时得利，但是他们终究不会有好结果，正义一定会让他们付出代价、加倍偿还的。

要让孩子成为诚实守信的人，父母首先就应是一个诚实守信的人。对待孩子，父母首先要信守承诺。父母对孩子不要轻易许诺，但是一旦做出承诺，无论有多大困难，都要想办法对孩子兑现。父母是言而有信的人，才能取信于孩子，在孩子心目中才有威信。

父母诚信，孩子才可能成为诚信的人。父母是孩子模仿的对象，如果父母不诚实守信，孩子学到也是父母的这种不良品行。不少父母经常以某种承诺为条件要孩子做出好的表现，但是只是随口说说，一说就忘，很少兑现承诺，常常让孩子失望，最后孩子再也不会相信父母了。例如，爸爸说你在家好好听妈妈的话，我回家后就带你外出游玩，孩子望眼欲穿地盼着这一天到来。可是爸爸回家后却忙于去走亲访友，把曾经对孩子的承诺早忘得一干二净，让孩子大失所望。

又如，父母用物质奖励的方式来刺激孩子好好学习，可是一旦孩子实现了奖励目标，父母又找各种理由来不兑现许诺，孩子会有被父母骗了的感觉。孩子的学习是以获得奖励为目的，父母不兑现承诺，孩子以后还会不会好好学习？

现实中经常都会听到孩子这样一些话语："我爸爸说，只要我考试得了100分，星期天就带我去公园玩。我真的考了100分，爸爸却说他没时间。""我妈妈说，写完作业就让我出去玩。我写完了，妈妈却不让我出去玩了，说再让我做10道练习题再出去玩。我就不想再做了。"

孩子会从这些家长言行中得到一些经验并形成定势：大人的话是不可信的，撒谎也是允许的，为了达到目的，用许诺来骗对方也无妨。如此，孩子在父母那里学到的不是诚信而是失信和欺骗。

若要孩子形成诚实守信的品格，父母在对人处事上也要为孩子做出榜样，承诺了别人的事情，一定要放在心上，并且要认真想办法去兑现承诺。如果因客观原因不能兑现对别人的承诺，也要给别人一个交代，并对别人表示歉意。孩子在观察父母的这些诚信处事的行为中，也会受到潜移默化的影响，成为一个诚实守信的人。

培养孩子的责任感品格，成为敢于担当的人

承担责任应该是做人的代名词。人活在世上就必须承担一定的责任，履行一定的义务。

承担责任指的是，做人有责任感，做事有责任心。责任是个人做事和为他人服务的一种内在品质，敢于承担责任是最根本、最核心的做人品格。如果一个人做事没有责任心，敷衍了事，那么他就做不好任何事情，他的人生道路将会非常悲哀；如果一个人做人没有责任感，他一定是个不受欢迎的人，会被社会人群所唾弃，没有谁愿意与他合作，只能孤立于社会人群之外。

对人、做事没有责任心的人是成就不了任何功业的。俄国伟大的思想家和文学家列夫·托尔斯泰说："有无责任心，将决定生活、家庭、工作、学习成功和失败。这在人与人的所有关系中也无所不及。"

林肯说："每一个人都应该有这样的信心：人所能负的责任，我必能负；人所不能负的责任，我亦能负。如此，你才能磨炼自己，求得更高的知识而进入更高的境界。"

儿童少年的最重要的责任就是培养做人的良好素质和成就学业，为后续学习和未来的工作打下坚实的基础。

父母除了有责任供养孩子长大以外，最重要的责任就是把孩子教养成一个具有良好做人品格、能自食其力的、合格的社会公民。

培养孩子的责任品格要从小开始，要从要求孩子认真负责地做好每一件事情入手，并长期坚持。例如，要求孩子扫地必须认真扫干净，包括房屋的每一个角落，如果扫不干净要坚决让孩子重来，直到扫干净为止；又如，要求孩子学习不能马虎，认真写好每一个字，做好每一道题，字没写工整，题没做正确，作业没认真完成就不能休息玩耍等等。要从做每一件事情上，让孩子知道敷衍了事是行不通的，长此以往，孩子的责任和认真做好每一件事的习惯就会形成。

要说明的是，要求孩子为人处事具有责任心，认真对待每一件事情，与要求孩子追求完美不是一回事。认真做好每一件事情是对孩子的必然要求，而让孩子追求完美就近乎苛刻，对孩子形成健康的人格是没有好处的。

当然，父母为孩子做出为人处事的榜样，对培养和形成孩子的责任心也是必不可少的。父母不要奢望自己都是一个没有责任心的人，孩子会具有责任心。

让孩子具有爱心和同情心，成为一个慈悲善良的人

台湾著名作家柏杨先生在他的名著《丑陋的中国人》中讲了他亲身经历的一件事情：

这次我在凤凰城一位美国朋友家里住了五六天，主人十六岁女儿Margret，到洪都拉斯去帮助当地人，使他们了解眼睛卫生的常识。洪都拉斯的卫生跟中国相比的话，要比我们还差，当地非常脏，以致这个女孩一觉醒来，竟然发现有一头猪跟她睡在一起。我们在那里的时候，她恰巧服务结束，回家向妈妈报告，眉飞色舞地说，明年她还要去，因为那个地方太贫穷落后了，需要去帮助他们，她妈妈立刻鼓励她再去。我们中国人也许会想，要是我的话，我才不去呢。可是那个美国妈妈却夸奖女儿，认为女儿有见解、有爱心，以她女儿能够为别人献身服务的表现，引以为骄傲。

柏杨先生讲的这个亲历事情，如果出在中国妈妈身上，会是怎样的情形呢？很少会有中国妈妈会让自己的女儿单独到那样穷苦落后的地方去的，更不会让女儿去那里服务，因为中国妈妈怕女儿去吃苦受累甚至还不安全。如果女儿真去了，中国妈妈在听说女儿居然同猪睡在一起时，一定会心疼得不得了，如果女儿再要求去那样艰苦贫穷的地方，最有可能会遭到拒绝。

中国父母过分心疼孩子，生怕孩子受苦、受累、受委屈，看到孩子受苦、受累更会心疼得不得了，在家里都怕孩子做事受累，怎会让孩子去那样艰苦的地方帮助他人呢。心疼孩子可以理解，但是过度保护孩子，不让孩子服务他人，对孩子爱心、慈悲心和同情心的培养是不利的。

美国妈妈却为孩子有爱心而感到自豪，并且表扬女儿的爱心之举，鼓励女儿再次去那样贫穷艰苦的地方做志愿者。在美国妈妈眼里，女儿所做的事情不仅应该，而且非常自然。这确实是值得中国父母学习的。

善良、慈悲、同情心是人类所特有的，是人性本质的体现。具有爱心、慈悲、同情心的人，才能感受到人世间的人情冷暖，才能真心地关心他人，并且把力所能及地帮助他人作为自己分内的事情。柏杨先生说："如果想叫人爱你，你第一个条件就是自己必须要可爱，如果自己都不可爱，怎么叫人爱你。如果自己要别

人尊重的话，必须自己首先有着被尊重的条件。"如果因父母溺爱和疼爱而养成了孩子一切只为自己着想、眼里没有别人的自私自利行为，孩子能够受到别人的喜爱和尊重吗？可是在现今社会中，这样的孩子却俯拾皆是，照此下去，社会人与人之间的关系会变得怎样的冷漠，简直不可想象。这都是父母缺乏培养孩子善良、慈悲和同情心的结果。

培养孩子的爱心和同情心，要从孩子开始懂事的时候就开始，要让孩子从每一件小事做起。例如，带孩子上街看到乞讨的流浪汉或残疾人，就叫孩子去给他们捐点钱，同时对孩子讲，这些人好可怜，没有能力养活自己，需要我们的帮助。可是，一些父母却相反，他们对孩子说，现在的骗子很多，当心上当受骗，说不定这个人就是一个骗钱的骗子呢，而不让孩子前去捐钱。

父母让孩子建立自我保护意识、识别好人坏人谨防受骗上当本来没错，可是在如此情形对孩子进行这样的教育，就让孩子失去了培养慈悲、同情、怜悯和奉献爱心最好的机会。其损失比让孩子警惕被骗还大。即使这个人真的是骗子，如果孩子不知道而把他当成一个需要帮助的可怜之人，这对孩子的爱心、慈悲和同情等高尚情感的培养具有多么大价值呀。

再如，现在学校不定时会组织对一些患了严重疾病或受了严重天灾人祸或贫穷山区的孩子捐款，这也是培养孩子善良怜悯之心的好机会，父母应积极地支持孩子捐款。而有的父母却对孩子说，捐什么款，我们都不富裕。这不仅是父母极端自私心的表现，而且还把这种自私心传递给了孩子，让孩子成为一个非常自私自利的人，这种做法确实很不应该。而且，班上同学都在捐款，你的孩子不捐款，也会让孩子非常难堪，会被同学看不起而被孤立起来。这种损失是让孩子捐款出去的几元乃至几十元都买不回来的。对此，股神巴菲特的儿子彼得说："有人觉得人性本恶——贪婪、好斗，溺于谎言和欺骗。坦白的讲，我很同情持有这种观点的人。他们无法维系友情，做生意时，无法摆脱算计和猜疑甚至无法去爱别人。他们吝于付出，生活注定是一种煎熬。人性本善的信念，是最核心的价值观之一，它可以使我们感受到人世间的温情。"

林语堂说："如果我们没有情，我们便没有什么东西可以做人生的出发点。情是人生的灵魂，星辰的光辉，音乐和诗歌中的韵律，花中的欢乐，禽鸟的羽毛，女人的美艳，学问的生命。谈到没有情的灵魂，正如谈到没有表情的音乐一样的不可能。这种东西给我们内心的温暖和丰富的活力，使我们能够快快乐乐地面对人生。"

有爱心、慈悲、怜悯和同情心的有情有义的人，内心世界是丰富而美好的。有情有义具有爱心和同情心的人是幸福的人。因为在他的世界里，没有邪恶，没有杀戮，内心一直宁静平和，生活安宁稳定。在他的世界中，生命是那么美好，活着是多么美好。他会带给别人爱和关怀，不仅有益于他人，也让自己感受到了存在的价值。

《爱的奉献》这样唱到："只要人人都献出一份爱，世界会变成美好的人间。"的确，一个充满爱心的家庭会让孩子感到温暖，一个具有爱心的群体是会让人留恋不舍，一个充满爱心的社会才是真正和谐美好的社会。爱心、慈悲、怜悯和同情心对人是一种大爱，其价值是无量的。父母一定要把成就孩子的这种大爱作为教育孩子的一个重要目标和任务。孩子成为了爱心、慈悲、怜悯和同情心的人，在做人上和学习上也不会让父母担心，也不会是一个不知道感恩父母、没有孝心的人。这对孩子和父母无疑都是福祉。

孩子爱心的培养，也不能忽视一个重要内容，那就是要对孩子进行爱情教育。

爱情是人的一种十分美好而重要的情感。让孩子知道爱情的含义，懂得怎样恋爱、怎样担当婚姻和家庭的责任，怎样维持婚姻和家庭的和谐与幸福，对占自己一生四分之三（以活 80 岁为例）甚至更大比例的婚姻生活和家庭具有十分重要的意义。

保护孩子的羞耻心，让孩子保持人格底线

羞耻心是让一个人不逾越道德底线的基本屏障，自尊心和羞耻心则是让一个人的人格尊严不受侵害的屏障。保护孩子的羞耻心，让自己的人格尊严不受侵害，是一个人起码的权利和应该维护的做人底线。如果一个人的羞耻心没有了，自尊心和人格尊严都丧失了，这个人就已经成为了一个最无耻的无赖或地痞流氓。自然教育法的创造者 M.S·斯特娜夫人说："自尊心是一个人品德的基础。若失去了自尊心，一个人的品德就会瓦解。人之所以变成醉汉、赌徒、乞丐和盗贼，都是由于失去了自尊心的结果。"

保持羞耻心，不丧失自尊心，是保护一个人不失人格尊严的最重要条件。在现代一切向钱看，一切以利益为重的社会里，从小教育孩子学会自爱和自尊，不失人格尊严，对孩子挺直腰板做人，让孩子坚持走正道、不误入歧途非常重要。

如果父母不保护孩子的羞耻心，忽视对孩子自尊自爱的教育，不能让孩子守

住不失人格尊严的做人底线，不仅会对孩子在做人方面带来不良后果，父母也要承担和承受孩子导致的不良后果。

现在不少女孩为了获取享乐刺激的生活，不顾脸面和尊严，放弃自重自爱，以自己的身体去换取金钱来满足自己的虚荣心，用失去人格尊严的方式来获取奢靡的生活，给自己的身心带来巨大损害，未来生活带来无穷后患，也会给父母带来无尽的烦恼。家庭出现了这样的孩子，无疑会让父母面临无尽的困扰，是父母教育孩子的失败。因此，让孩子形成自尊自爱的品格，保护孩子的羞耻心，也是父母教育孩子必须重视的一项重要内容。

要孩子学会自爱自尊，最重要的是要维护孩子的羞耻心。不要总是看到孩子的缺点，总是数落孩子这也不是那也不成，不要在背后说孩子的不是，更不要当着外人讽刺挖苦孩子，让孩子在人面前尽失脸面。

让孩子做到自尊自爱，保持羞耻心，维护人格尊严，父母应该做到以下几点：

要善于发现孩子的"闪光点"。每个孩子一定有长处和优点，也有他的短处和缺点。作为家长，在要注意观察、善于发现孩子的长处和优点并给予肯定，发现孩子的点滴进步，并及时给予表扬，这样对培养和强化孩子的自信、进取心和自尊心是很有好处。孩子最需要父母老师长辈肯定自己，希望自己在父母老师长辈眼中有价值。知道自己在大人眼中还不错，孩子就会有荣誉感，就会充满自信，也会喜欢自己，他就会让自己比以前做得更好。

不要看低孩子更不要贬损孩子。有些父母爱用大人或"好孩子"的标准去要求孩子，达不到要求就用"你没有出息""你是一个窝囊废"等恶语讽刺、挖苦、嘲笑孩子，数落孩子这也不是那也不成，孩子在父母的长期讽刺挖苦贬损的心理暗示下，会真的以为自己一无是处，甚至会讨厌自己，就会破罐破摔，连起码的自尊也丧失。自然教育法的创造者 M.S·斯特娜夫人说："父母常常絮叨孩子的过失，就有损于孩子的自尊心，这是不正确的。在他人面前揭露孩子短处的父母，不配做父母。"

揭短是最伤别人自尊的，小孩更是如此。父母总是在人前揭孩子的短，对孩子的自尊心伤害极大。

不说在世人面前，就是夫妻双方在家里互相揭短都是会严重伤害夫妻感情的。

满足和引导孩子的表现欲。自我表现欲是青少年时期最主要的心理需求之一。当孩子的自我表现欲受到压抑时，就会产生自卑感，失去自爱和自尊。不要单纯抽象地用貌美、聪明、学习成绩好等来展现孩子的自我表现欲，而要尽可能地让孩子在社会活动中发挥自己的长处和优势，在公众场合有出众的表现。父母、老师给孩子表现的机会，孩子就会很尽力地把事情做好，父母、老师又给予表扬，孩子就会越来越对自己有信心，越来越有自尊感了。

要孩子重视自己的成功经验。孩子成功的经验越多，孩子的自我肯定感就越强，孩子的自信心和自尊感就越强。平时要注意教导孩子，无论做什么事情都要量力而行，不可好高骛远，以免挫伤成功的积极性。

要让孩子看到自己的长处。孩子失去自尊自爱，就是因为孩子只看到自己的缺点和不足，没看到自己的长处和优势。孩子往往拿自己的短处与别人的长处比较，越比较就越对自己没有信心了。父母应该引导孩子看到自己比别人强的地方，知道自己的独特之处，并告诉孩子"你真棒"、"你真行"，孩子就会对自己有信心，自尊自爱品格自然就形成了。即使孩子与同龄孩子相比总体情况不如人，也要让孩子看到自己总有比别人强的地方。父母对孩子说，虽然你的学习没有其他孩子好，但是你比其他孩子爱劳动，比其他孩子动手能力强，比其他孩子懂礼貌，你的长处多着呢。让孩子看到自己的长处，就是对孩子羞耻心的最好保护，对孩子自信、自尊和自爱的最好强化。

> 北大高考状元曾琳珊的母亲说："父母应该注意发现孩子自身的优秀品质，保护它，发扬它，让它成为孩子的一种习惯。记得曾琳珊三岁时，一次我下班回家后就照常到厨房忙活起来，她看到后竟然端起桌上的半杯水向我走来，让我喝茶。其实那是早上我喝剩下的。但我还是喝了她端过来的茶，并对她说道：'谢谢你，小小年纪就会心疼妈妈，真是个懂事的孩子。'后来我又当着她的面，在她爸爸和朋友面前夸她。这让她很受鼓舞，也让她意识到这是对她的肯定，以后这种好品质就一直这样保持下来了。其实生活中有很多这样的细节来塑造孩子良好的个性，关键是我们做父母的要做个有心人，并善于发现它、利用它。"

好孩子是被夸出来的，孩子的自信是被表扬出来的，孩子的自尊自爱品格是父母塑造出来的，父母一定要记住这一点。

培养孩子自律自制品格，形成孩子的内在约束力

自律是指在没有人监督的情况下，通过有意识的自我约束，让自己的行为不与社会道德规范和国家法律法规以及单位社团的利益相悖的一种自我约束行为。社会或群团成员用自律行为可以创造一种井然的秩序，为我们的学习生活争取更大的自由。

自制则是节制自己的欲望，抵制外界诱惑不致使做出有悖人性伦理，是一种自我克制行为，是避免做出损害他人利益的错事的重要品质。

自律针对的是社群规范，自制则针对的是社群利益，自律和自制都是一种由内向外约束自己行为的良好品质。具有自律自制品格的人，遵守规则、约束自己的行为、不损害他人的利益已经成为了一种习惯，所以无须整天担心自己什么时候就违背了规则而要受到什么惩罚。所以说，越能自律自制，就越有自由。如果我们真正做到了自制自律，就会发现，原来自制自律并不是一种约束，而是更高层次的解放。那些缺乏自制自律的人，不少时候自恃聪明，为损害他人利益而沾沾自喜，但是他们在恣意妄为的同时，总会有违反规则会受到某种惩罚的担心，内心会严重处于失衡状态。

一个22岁的年轻人大学毕业，只身从西部来到北京闯荡，他自信是一个想做将军的士兵。他找到的第一份工作是在一个不知名的杂志做助理编辑，能力加上勤奋让他站稳了脚跟。他的同事C君则常对他说：凡事总有捷径，不懂得走捷径的人永远不会成功。C君很懂得走"捷径"，当年轻人每每还在为当月杂志的选题、策划、采访、组稿等等奔波忙碌的时候，C君的工作早已完成了。C君的方法很简单，他把稿子或者外包给别人做，或者直接从网络上搜索、复制、稍加整理即完成一篇，所以他做事永远最快最轻松。C君的工作方法是杂志社明令禁止的，也是每一个媒体从业者的大忌，年轻人劝说C君，C君不以为然。纸终究包不住火，C君的抄袭行为使得杂志社成为了被告，他的所作所为完全曝光，C君的下场可想而知，不仅赔钱而且失业了。如今，八年过去了，当年的年轻人已经是京城某大报受人尊敬的主任记者，而C君再也做不成记者了，没有人肯用他，一直碌碌无为。C君不明白，其实成功的路径很简单，就是做正确的事。

做人懂得自律自制遵守规则，是使自己少犯错误、少走弯路、少受挫折的重要保证。有些人觉得遵守规则是一件束缚自己的愚蠢事情，自作聪明告诉你，弄虚作假可以更快更容易地获得成功，他们认为这是成功的捷径。他们不屑于自我约束遵守规则，投机取巧肆意妄为，做得越多错得越多，离成功也会越来越远。

要自己正确的、成功的做事，首先要求要保持自律自制品格，学会自我约束、自我管理。自律自制是平安人生的第一课，我们就是从约束自己不去触碰危险的事物开始，慢慢学会自律自制的。自律自制有两个方面，一个就是像 Google 公司的著名信条 Don't be evil（不作恶）那样自我约束，战胜自己的欲望，不去做不对的事；另外一个就是更好地完成所做的事，能够自我监督、自我管理，管得住自己。

人们常说，人最大的敌人就是自己。人能够战胜外界各种困难和任何强大的敌人，可是往往却不能战胜自己，不能战胜自己的邪念和恶欲，以致自己输给了自己。然而，让自己具有自律和自制的品格，学会自尊、自省和自控，却是战胜自己的邪念和恶欲的法宝。

美国心理学家瓦特·米契尔曾经做过一个实验。他挑选了一些斯坦福大学幼儿园的孩子，在他们面前放一些糖果，告诉他们：如果立刻拿去吃，就只能吃一颗，如果等一段时间再吃，就可以吃两颗。有的孩子立刻拿了一颗吃，有的则想尽办法忍受着糖果的诱惑，尤其当看到同伴吃得很开心时，更是坐立不安。他们有的闭上眼睛不去看，有的把头埋进手臂中，自言自语、唱歌、玩弄自己的手脚，甚至努力让自己睡着，好让自己等到两颗糖。做完这个心理实验之后，瓦特·米契尔继续追踪调查反应不同的这两群孩子，发现在年幼时即能抵抗诱惑，耐心等候的人，长大后有较佳的社会适应能力，自信、人际关系较好，也能面对挫折，不会轻易放弃。反之，立刻拿了糖果吃的孩子，较缺乏上述的特质。他们顽固而优柔寡断，易灰心丧志，遭遇压力容易惊慌失措，容易怀疑别人，忌妒别人，易怒而常与人争斗。而这两组孩子日后的成绩与成就也有着天壤之别。学者下了一个结论说：这就是一种克制自己的欲望冲动，自我调节情绪，以求达成终极目标，获得成功的能力。

有效的教育应该是自律的而不是他律的。最有效的教育是由内至外的自我教育而不是单纯在外施加影响力的外在教育。现在的孩子为什么在生活上懒散、消费上无节制、课堂上缺乏纪律性、无知的挑战权威、对人表现出有恃无恐，甚至可以藐视法律。追究原因，就是因为这些孩子身上缺乏一种自律自制的品质，追溯到父母头上，就是父母从小对孩子缺乏自制和自律的教育培养。从小至大，父母不是放任孩子的行为，就是只靠强制、体罚等外界手段来约束孩子，以致没让遵守社群规则、遵守法纪、节制欲望内化为孩子的内在需求，没有成为孩子的内在品格，所以在行为上表现出随心所欲，没有克制。总是靠外力管理，当外力不能抵御孩子内心的杂念的时候，外力就发挥不了作用。孩子难管的一个重要原因就是孩子缺乏自律自制品格，不具有内在的自我约束能力。

培养孩子自律自制品格，要尽早从小开始。自律自制品格的培养内容，主要应该从以下几方面入手：

其一控制孩子的消费行为，节制孩子的物欲。要从拒绝孩子在商店或超市任意要求父母购物开始，让孩子懂得自己的欲望是需要节制的，不能想要什么就要什么、想要什么就能得到什么的。对于孩子的购物要求，父母一定要给予节制，确实需要买的才买，不需要买的，无论孩子怎样打闹，父母也要硬下心来坚决不买。

其二是在生活方式上要有节制，不要让孩子随心所欲。要孩子形成良好的生活习惯、讲文明、讲卫生、讲礼貌礼节、消费有度、玩耍有节、作息生活有规律等等，建立良好的生活方式是培养孩子自律自制的重要途径和内容。

其三是培养孩子的责任感，在做正事和娱乐玩耍之间做出很好的平衡。父母要养成孩子先做完功课等正事，才能娱乐和玩耍的习惯，这是培养孩子自律自制品格应该坚定实行的原则。

当然，要形成孩子自律自制品格，父母要在自律自制上为孩子做出榜样。

让孩子学会自我反省，认识自己，达至自我成长

自我反省是实现自律自制的前提条件，也是自我成长的必要条件。没有自我反省，不知道自己有哪些不足和缺陷需要克制和克服，自律自制就是一句空话，自我成长的实现也是一句空话。学会反省是不断完善自我，不断走向成熟的内在品格。

曾子曰："吾日三省吾身，为人谋而不忠乎？与朋友交而不信乎？传而不习乎？"意思是说，曾子说，我每天都要作多次自我反省：我为主人出谋献计做到

忠心不二了吗？我与朋友交往合作做到诚信了吗？老师所传授的东西经常温习了吗？这段话展示出了曾子十分重视个人道德修养，尤其是重视通过自我反省不断成长，以求塑造出自己成熟的理想人格。

让孩子养成自我反省的习惯。每天睡觉之前，想想自己在今天做事是否尽心尽力了；有没有对家人或别人撒谎；有没有做一件或一件以上的好事；有没做出违反道德规范的事情？今天上课是否认真了，学习任务是否完成了，自己定的目标是否实现了，如果没有完成是什么原因所致，要怎样努力来弥补等等。每天进行反省，找到自己的不足并予以弥补，就能让自己不断完善和成熟起来，逐步成为一个具有大智慧的人。

"认识你自己"，这是古希腊哲学家苏格拉底提出的一个著名命题。这句话后来被刻在古希腊阿波罗神殿的石柱上。认识自己的途径和方式就是自我反省。一个人要不断进步，就要不断进行自省，不断地问自己，我是谁，我是怎样的一个人？

自我反省，是一种自觉，是一种自我认识。只有认识自己、知道自己是一个怎样的人，才能知道自己的优势和劣势，进而自觉地发挥优势，弥补劣势，才可能不断成熟和成功。可是，现实生活中又有多少人能经常反省自己，认识自己，知道自己是谁呢？

梁漱溟说："中国最高学问与印度的最高学问，是让智慧回到自己生命，使生命成了智慧的生命。而普通人的智慧都向外用，生命仍是蠢生命。智慧回头用在了解自己，认识自己，自己有办法，此时生命不是蠢生命而是智慧的生命。"

不通过反省和自律激发的内在动机，不让孩子实行自我教育的教育，一定不是真正的教育，其教育效果也只能维持在当下或表面。现今教育存在的倾向性问题，就是父母老师等孩子成长的重要关系人，只重视他律教育约束孩子，而忽视孩子自我反思、自我反省、自制自律等内在品格的培养。不让孩子进行自我教育和自我约束，孩子的成长往往是被动的，不能是实现自我成长。孩子行为的随意性非常大，出问题的时候也就多。他律往往又是与孩子的内心需求相悖的，导致不少亲子冲突发生。他律往往陷入非常尴尬的局面，所以教育效果往往不好。

因此，教育孩子一定要从父母老师等来自外界的他律转变成孩子的自律，以实现有效教育的目标。

教会孩子知恩图报

湖北襄樊市总工会、市女企业家协会联合 19 位女企业家与 22 名贫困大学生结成帮扶对子，承诺 4 年内每人每年给予 1000 元至 3000 元不等的资助，市总工会同时表示，希望受助大学生抽空给资助者写信，汇报自己的学习、生活情况。

但一年多来，三分之二受助学生未给资助者写信，甚至连一个电话都没有。有一名男生给资助者写过一封短信，希望资助者再次慷慨解囊，但通篇连个"谢谢"都没说。部分女企业家表示，部分受资助者"冷漠而没有感恩的心"，不愿继续资助"无情贫困生"，因而停止了继续资助。据总工会负责人透漏，这样的助学活动已连续举办了 9 年，资助学生数百人，但给总工会写信表示感谢的也只有寥寥几人。一个被取消资助的学生说："与企业家联系少，并不是我不懂得感恩，而是不习惯这样的方式。在我看来，在学校好好学习，将来能回报社会才是最大的感恩"……

看到以上报道，也使我不禁想到了一个 79 岁的台湾老人殷昌杰资助大学生的悲凉故事。

为了拿出更多的钱去资助贫困学生，殷昌杰老人对自己的生活越来越"苛刻"。早餐只吃馒头蘸辣椒酱，平时老人洗漱用过的水，都用桶接起来冲厕所；用过的餐巾纸，都会折起来留着下次再用；就连一根小小的牙签，他都会掰成两截，分两次使用。一有时间老人便到校园、公寓楼一带捡垃圾，他说回收废品一来可以卖掉赚点钱，用来捐资助学，二来也能为集美大学的环保做点贡献。在六年时间他对几百名大学生资助了 70 多万元，受老人资助的大学生，在校期间从来没有人向他说一声谢谢，毕业时也没有人跟他道别。6 年的时间里，只有一名学生留下一张照片，另外一名学生寄了一张贺卡，但却没有留下名字。

受到别人的帮助不知道说声谢谢，受到别人的恩惠不知道回报，好像别人帮助自己是理所当然，在现实生活中这种现象是多么普遍呀！说明我们的感恩教育是多么缺失！

一个受了他人恩惠的人可能有三种心理状态，一是认为接受别人的恩惠是理所当然，不要白不要，得到恩惠后就把恩人忘记得一干二净；二是受恩于他人后产生巨大的心理压力，觉得自己那么卑微，产生自卑感；三是把别人的恩惠埋藏在心里，有能力和条件的时候加倍地给予回报，或者以同样的方式给别人帮助回馈。第一、二种情况现实中很普遍，而第三种人现实中却少之又少。

　　一个母亲对孩子说，容器要大，要能装得下别人的恩。这是面对当时从初中开始就接受亲友老师资助上学，欠了很多恩，母亲对儿子说的话。她希望儿子不要因此背上包袱，要记在心里，要容得下这些恩，多放几年，直到自己能报答为止，不要老记着欠了别人的恩，容不下，恨不得立马就还这恩。所谓大恩不言谢，所谓大器，就是要容得下别人对你的不好，也要容得下别人对你的恩。要让自己变得更伟大。只有让自己变得更伟大，才能报别人的大恩。这个孩子说，母亲让我心胸宽一些，使我心里平衡，做人要做得从容些。

在贫寒的困境中接受别人的恩惠，不少人在伴随感激之情的同时会产生歉疚感和自卑感，年少的孩子尤其如此。这位智慧的母亲深谙这一点，以智慧的话语让孩子知恩和容恩，牢记别人的恩惠，不要有歉疚和自卑感，争取让自己变得伟大，有条件更好地报恩他人。

知恩是一种知道别人对自己好的意识；容恩是一种乐意接受帮助的态度；谢恩是对帮助自己的人及时表达谢意的行为。不少人帮助别人，只要别人对他有感谢之意他就非常满足了；感恩是对别人帮助自己后内心的一种情怀；报恩则是感恩的行动体现。知恩、容恩、谢恩、感恩，只是一种内心状态。只有把感恩之心变成报恩的行动，才真正做到了知恩图报。

知恩图报是一种美德。这种美德让人与人之间的关系变得非常美好。所以，父母要重视培养孩子的这种美德。当然，要孩子成为知恩图报的人，父母为孩子做出知恩图报的榜样作用是至关重要的。

第十章　培养孩子的生存和发展素质

教育孩子成为有梦想的人，追求有价值的人生

人生是需要梦想的。梦想是人生成长的内在动力和助力器，推动人不断付出行动，不断提升和完善自己，朝着梦想所指向的目标前行。有梦想的人才会有所追求；有追求的人才可能有成就，有成就的人才会有更大的价值，其人生才能放出耀眼的光彩。

高尔基说："不知道明天该做什么事的人，是很不幸的。"

浑浑噩噩，天天混日，过一天是一天，没有梦想，没有追求，人生态度消极，不求上进，这是现在不少孩子的生命状态。产生这种现象的原因，是父母很少给其人生方面的教育引导，没有让孩子树立人生梦想。

人生梦想有"狭隘"、"远大"之分。狭隘的梦想总是指向自我的，就是怎样让自己升官发财过上等人的生活；远大的梦想是指向他人和社群利益的，就是怎样让自己为他人和社群多做奉献，怎样在为人类谋福利上做出自己应有的努力。不同的梦想也决定着不同的生活和生命状态。

有一位老人有两个孙子，一个生长在中国，而另一个则生活在美国。

在一个夏日的晚上他同时问他两个孙子：你们长大以后想干什么？

"我长大了想做老板，像爸爸一样赚很多钱"中国孙子说道；

"我长大了想成为美国总统，去帮助那些黑人们过上更好的生活"美国孙子说道；

"我长大了还想当明星，每天有人追在身后面要签名这多风光啊"中国孙子说道；

"我长大了以后想当一名动物学家，到原始森林里去与动物交朋友，这多有意思啊"美国孙子说；

"我长大了也很想当官，听我妈说，当官的权可大了，有权什么都好办"中国孙子说道；

"我长大了想当一名志愿者，去帮助那些需要帮助的人，这样上帝爷爷会很高兴的"美国孙子说道；

"我长大了还想当律师，听我爸说现在律师可吃香了"中国孙子说道；

"我长大了想成为一个大科学家，我一定会得到诺贝尔奖"美国孙子说道；

这是两种梦，两种做梦的方式；它非常典型地反映了在两个不同环境下成长起来的人对未来的期望和梦想。

中国孙子的梦，在宏观上显得渺小，在微观上显得自私和虚荣；

美国孙子的梦，目标远大没有边际，有更多人文关怀且不自私。

现在大多中国父母培养孩子的目标的功利性非常严重，就是让孩子升官发财过上等人的生活，也让父母脸上有光，从这点上理解为什么中国父母要千方百计逼孩子升入重点学校就不奇怪了。在此本人绝没有崇洋媚外的偏见，可是功利性渗透到了我国不同类别的教育的方方面面，这是不可否认的事实。在孩子的培养理念上我们大大不如美国父母先进，这也是不可否认的事实。

不少孩子追星，参加作秀，梦想成为明星；不少孩子羡慕富人，梦想成为大款；不少孩子羡慕知识渊博的科学家，梦想成为科学家。这些梦想都没有错，但是，孩子们成名成家的目的都是为了出人头地过上好生活，表现得很功利。孩子们也往往是思想的巨人，行动的矮子，奢想在一夜之间就成为明星、大款。孩子不知道，天下不会掉下馅饼。梦想的实现还得靠踏踏实实的行动，靠辛勤艰苦的付出。这些孩子只知道明星好荣耀、好风光挣钱好容易。却不知道他们在成为明星前吃尽了多少酸甜苦辣，付出了怎样艰辛的努力。

不少孩子羡慕明星到了如醉如痴的地步，乃至走火入魔，拿着父母的钱财去参加歌星演唱会，去找明星签名，甚至去参加什么"超男超女"、"快男快女"等选秀活动，却根本不想父母的钱挣得有多不容易，也不管这些选秀活动成名的机会是多么渺茫。

孩子的成长是需要梦想的。然而，孩子建立什么样的梦想却是需要父母给予正确引导，给予把握方向的。如果孩子的成长是一艘船，那么父母应该成为这艘船的舵手。

父母不仅要让孩子有梦想，更要让孩子为实现梦想而做出长期的艰苦努力。

就拿我自己来说，我从小也是充满梦想的。在母亲做人教育的熏陶下，我的梦想是直指为社会和人类做出贡献的。母亲经常告诫我们，做人要坐得端走得正，即使穷死，也不要做出偷鸡摸狗违背良心的事情。母亲从小就教育我们要做好人，做对社会有用的人，成为了激励我不断追求有价值的人生的无穷的内在力量。我就是在从小产生的梦想的促动之下，不断地付诸行动，不断地提升和完善自我，不仅从一个地地道道的农民的孩子，实现了我的作家梦，而且成为了家庭教育和心理咨询方面的专家，为不少孩子的成长做出了有益的事情，让不少父母走出了家庭教育的困境，体现出了自己的人生价值。

梦想的实现是与行动紧密联系在一起的，梦想如果不付诸行动就只能成为幻想，父母一定要让孩子明白这一点，并引领孩子为实现梦想做出不懈的努力。

我国父母的一个严重诟病，就是为孩子设计好从小到大走什么路，并且千方百计为让孩子完成自己设计的人生道路修桥铺路。让孩子没有自己的人生之梦，这不是对孩子的爱而是对孩子的害。父母对孩子成长的梦想，如果没有变成孩子自己的梦想，最有可能让孩子的成长走向悲剧性的终点。

培养孩子的勤奋吃苦品格，在奋斗中追求成功人生

我国著名数学家华罗庚说："聪明出于勤奋，天才在于积累。"

郭沫若说："形成天才的决定因素应该是勤奋。"

唐宋八大家之首的韩愈说"业精于勤而荒于嬉，行成于思而毁于随。"

意大利著名画家达·芬奇说："勤劳一日，可得一夜安眠；勤劳一生，可得幸福长眠。"

而伟大的马克思则说："在科学上没有平坦的大道，只有不畏劳苦，沿着陡峭山路攀登的人，才有希望达到光辉的顶点。"

一直以来，不知多少伟人在阐述人成才成功的条件时，都没有离开"勤奋"二字。天才出于实践，成功源于勤奋，这是不争的事实。

天赋人人皆有，勤奋各不相同。

大脑科学研究表明，人的天赋是存在差异的。人群的智力是呈正态分布的。天赋很高和智力低下的人是极少数，多数人的智力都处于常态范围。先天遗传素质只是为后天的成长和发展提供了潜在的可能性，缺少了后天的良好教育、培养训练和自身努力，再优越的天赋素质也不能发挥作用。即使是所谓的天才儿童，如果不付出长期不懈的努力，最终也会一事无成。"伤仲永"的故事，是对勤奋是获得成功必备条件的反面诠释。

好多学习成绩差的孩子其实头脑都非常聪明，如果与那些学习成绩好的孩子做智力比赛，学习成绩好的孩子不一定会赢。如果测智商，好多不学习的孩子的智商肯定会比那些学习成绩优秀的孩子还要高。即使不做智商测验，目前有一种活动的状态和绩效就可以证明，不少学习成绩差的孩子比那些学习成绩优秀的孩子更聪明。

绝大多数学习成绩优秀的学生，不是因为他们的天资有多出众，而是因为他们比一般同学在学习上更加努力、更加勤奋、更具有长期专注于学习的自我控制能力。那些学习成绩一般或差的孩子，欠缺的就是自我控制能力，不能把注意力控制在学习上，没有做到勤奋努力学习。

爱迪生说："天才就是 2% 的灵感，加上 98% 的汗水。世间没有一种具有真正价值的东西，可以不经过辛勤劳动而能够得到的。"勤奋是做人的本色。勤奋创造了世界。没有勤奋就没有人类的生存，更没有人类社会的不断进步。人类靠勤奋改造世界，创造美好生活。离开了勤奋，无论是物质财富还是精神财富都不可能创造出来，人类也不可能成为世界的主宰。

不少孩子从小娇生惯养，父母包办代替了孩子的一切事情，孩子是在父母的宠爱下长大的，不少孩子称得上"四体不勤五谷不分，肩不能挑手不能提，大事做不来，小事不愿做，好吃懒做的"。这样的孩子长大后一般会是一事无成的。

接受记者采访时，北京市特级教师钟绪兰说，据我调查，当前小学生 95% 以上的家长是不让孩子做家务活的。北京市教育科学研究所曾对 2300 名小学生进行过调查，发现每天平均劳动仅 10 分钟，而在韩国，每个小学生每天平均劳动时间为 42 分钟，美国是 80 分钟。

北京市一个小学三年级的小学生方辰辰在回答记者扫地扫不干净的话时说，我在家里没干过，我爸爸妈妈看到我扫地、拖地板、抹桌子就会说，别弄呀，那是阿姨（保姆）的事呀。开始我不明白为什么不让干这些，我觉得挺好玩的。可是我爸爸妈妈都说这是马阿姨干的。我说马阿姨干的为什么我就不能干？多好玩呀。可是爸妈就是不让我干，唉，害得我在学校里被同学笑。阿姨说你爸爸妈妈舍不得你干这些，可是宠你呀，怕我干不了，累坏了，又怕我耽误学习。其实呀，他们是看不起工人。爸妈都说，你生在这样一个环境，要好好读书，好好练琴，将来要成为一个有文化的人。如果你不好好学习，将来就会像马阿姨一样给人家做佣人。现在社会上做一个有文化的人是每个人都想的。可是为什么有文化的人就一定不会干家务，不热爱劳动呢？宗老师就说过干家务可以学到很多本领。我特别不喜欢爸爸妈妈看不起马阿姨。

　　幸好这个小孩还有自己的辨别能力，否则，她父母轻视劳动者的思想如果深入到她的心灵之中，对她的健康成长和未来生活会带来多少负面影响呀！非常悲哀的是，连小学三年级学生都知道做家务活并不卑贱，可以通过干家务学到很多本领，这些本领与提高人的生活品质很有好处，劳动本来是非常光荣的事情，可悲的是，父母们不仅意识不到这一点，还会向孩子灌输轻视劳动者的观念，让孩子瞧不起劳动者。

　　从父母怕孩子吃苦受累，联想到现在的中小学生普遍存在的厌学现象。厌学的一个重要原因，就是孩子缺乏吃苦精神，学习是一种艰苦的事情，孩子没有吃苦精神，学习上的苦自然也不能吃。认真学习不仅很辛苦，还要牺牲不少玩耍的时间，孩子就更不愿意。中小学生普遍学习成绩差的重要原因，就是不愿意面对和克服学习中的困难，不愿面对学习的辛苦，不愿意在学习上下功夫。现在的应试教育竞争那么激烈，要在应试教育中取胜，考上理想的大学，就非下非常大的苦功不可。这样非常艰苦、痛苦、残酷的升学竞争，是娇生惯养下成长的孩子所不能面对的，所以只有逃避，表现出厌学懒学和弃学。

　　因此，即使只是要有效地应对应试教育，父母都非要培养孩子的勤奋吃苦精神不可。更何况勤奋吃苦是人生走向成功的一个必备条件、必经之路呢。那些溺爱孩子，生怕孩子受苦受累受委屈的父母，让孩子无法面对残酷的社会竞争，最终让孩子无法适应社会，没有生存生活能力，实则是害了孩子。

培养孩子的自信自强品格，坚信自己是独一无二的

海伦·凯勒说："坚定的信心，能使平凡的人们，做出惊人的事业。对于凌驾命运之上的人来说，信心就是生命的主宰。"

自信是走向成功人生必备品格，有了自信就有了勇气，就有十分的信心做好任何事情。

自信来自底气足，底气足来自有实力感，实力感来自知己知彼中看到自己比别人强的优势。

每个人从形成生命的那一刻起，就是竞争的胜利者，他是与4亿多个精子竞争中唯一一个冲破千难万险后与卵细胞结合成受精卵，然后才被孕育成生命个体的胜利者。那么我们有何理由小看自己，我们有何理由仰视他人！

尺有所短，寸有所长，世界上没有完人，也没有一无是处的人。每个人都有自己的劣势，也有自己独特的优势，就看自己怎样与他人比较，怎样客观地看待自己。如果一个人总是拿自己的劣势与别人的优势比较，比过来比过去，自己总不如人，就会越来越认为自己是个毫无用处的人而丧失自信，自卑感便由此而生，从此不敢抬头挺胸做人。

自信来源于相信自己是世界上独一无二、与众不同的人这样一个坚定的信念。世界上没有样貌性格能力素质完全相同的两个人，无论我是美丽的还是丑陋的，聪明还是愚钝的，我都是世界上独一无二的我，没有一个人与我相同，我不是别的任何人，别的任何人也不是我。我就是我，这是谁也改变不了的事实。样貌的美丽还是丑陋，都是上天赐予我的礼物，没有任何人可以改变这个事实。

如果一个人善于发现自己的长处，并且用自己的长处与别人的短处相比较，看到自己还有比别人行的地方，那么他就会有一种满足感，就会有底气，就会有自信。一个没有鞋穿的人，看到一个没有脚的残疾人，自然会产生自己是多么幸运的感慨：我虽然没有鞋穿，但是我还有一双完整健全的脚，马上就会有一种满足和安慰感，而自信起来。

决定不同心理状态的，是看问题的角度。看问题的角度不同，结论也会不一样，心理状态自然不同。所以，当自己因自卑而烦恼时，改变一下看问题的角度，会让你进入"柳暗花明又一村"的境界。

所以，在孩子教育中，父母一定要让孩子相信自己是独一无二的，让孩子树

立"有志者，事竟成"的自信自强精神，以饱满的信心和热情、百折不挠的精神去创造自己美好的人生。

培养孩子健康的生活方式，维护孩子身心健康

关于什么是"生活方式"，我查了多种心理学书籍和健康保健书籍，都没有看到对生活方式的科学界定。百度词条把"生活方式"界定为：不同的个人、群体或全体社会成员在一定的社会条件制约和价值观念指导下，所形成的满足自身生活需要的全部活动形式与行为特征的体系。

本书试图给出生活方式一个比较通俗易懂的界定：生活方式是不同的个体或群体在工作、学习、消费、饮食、作息、休闲、娱乐等生活领域形成的习惯或行为模式的集合体。简单地说，生活方式就是个人和群体表现出的稳定的生活模式。

不同的个体和群体具有不同的生活方式。

每个人的生活方式都是在一定的环境影响和个人所持价值观的支配下形成。在一定的环境影响和价值观支配下，每个人选择和形成了其特有的生活方式。孩子形成什么样的生活方式，与家庭经济条件和父母的人生价值观、消费观以及消费方式的影响巨大。例如，经济条件好的家庭的孩子，受父母有关金钱观和消费观以及消费方式的影响，最有可能养成乱花钱、追求时尚生活方式的习惯。经济条件一般的家庭的孩子，受其家庭经济条件的制约，在父母勤劳节俭行为的影响下，最有可能形成勤俭节约、节俭消费的生活方式。

孩子形成什么样的生活方式，对孩子的成长和未来生活的影响极大。例如，有一个 17 岁高中生，由于受社会时尚生活方式的影响，在苹果 iPad 2 诞生后，在攀比心理和虚荣心的驱使下，仅为 2.2 万元就卖掉了一个肾，买了一部苹果手机和 iPad 2，致使术后他的身体状况越来越差，检查结果为肾功能不全，经鉴定，其伤情构成重伤、三级伤残。

孩子的生活方式如何，对孩子的学习和健康会带来直接的影响。一个追求时尚享乐生活方式的孩子，对学习就不可能感兴趣，在学业上就不可能有追求。一个特别重视自身成长和未来发展的孩子，其注意力就不会集中在追求享乐的生活方式上，而会专注于学习和学业成就上。

像肥胖、高血压、冠心病、脑中风等心脑血管疾病，糖尿病和部分恶性肿瘤等严重危害人的健康和生命的疾病，被称为"生活方式病"或"现代文明病"，是

物质文明进入一定阶段后，人们无节制享受物质生活方式对人们健康带来的恶果。这些现代文明病原来都是到中老年才患的病，但现在在儿童少年中发生也不是稀奇事了。现代文明病已经不择年龄段了，这也是现代无节制追求物质享受的生活方式导致的结果。只要你的物质消费方式没有节制，无论你是中年老年还是少年儿童，"现代文明病"都会"青睐"于你。

"生活方式病"对人们的健康和生命的危害极大，它已经融入了现代生活的方方面面。开私家车上下班、没日没夜地沉迷上网玩游戏、无节制地在高档酒店餐桌上推杯换盏、灯红酒绿的夜生活……这曾是许多人梦想追求的生活，现在已经成为了人们生活的常态，其带来的恶果是"现代文明病"缠身。在过去的一个世纪里，不良生活方式导致的慢性非传染性疾病取代了传染疾病，成为了"头号杀手"。现代人类所患疾病中有45%与生活方式有关，而死亡因素中有60%与生活方式有关。

因此，父母要想让孩子在做人、学业和身心等方面健康成长，就不能不重视孩子良好生活方式的培育和养成。

孩子健康的生活方式主要体现在：有节制的消费；良好的饮食习惯，均衡的营养；有规律的生活习惯；健康的休闲娱乐方式；有张有弛有节奏的学习、休息、娱乐生活；适度的学习负荷和压力等等。要特别强调的是，孩子的饮食习惯、消费方式、生活作息和保证充足的睡眠等生活方式，对正在发育阶段的孩子的身体和大脑的发育、身心健康和学业成就的影响都非常大。

健康的生活方式的形成，对孩子是利在当前，功在一生的事情。健康的生活方式，首先能保证身心健康，可以减少或避免患"现代文明病"的发生，既减少了孩子的痛苦，又减少了父母的精神和经济负担，还能让孩子积极进取、对学习和生活充满热情，利于孩子保持良好的生命状态，对学业成就的取得也会有促进作用。

因此，父母要从孩子的饮食起居等生活细节上着手，让孩子形成良好的生活习惯，这种习惯的培养越早越好。当然，父母自身用良好的生活方式去影响孩子，为孩子营造好的氛围也是非常重要的。

对孩子进行生命教育，培养孩子珍视生命品格，永葆生命热情

人生在世最重要的是活着，是生命的存在。只有人的生命存在，一切才有可能。生命不存在了，一切都成为了虚妄和空无。活着的生命最重要的是具有健康的身

心和安宁的生活。生命存在但是承载生命的躯体病了，生命也无从发出应有的光彩。生命存在但是心灵被扭曲了，活着也是一种痛苦。遗憾的是，物质文明越是进步，人们越重视利益格局而忽略健康和生命了。尤其是现代的青少年，视生命为儿戏的自伤、自残和自杀现象也越来越多。只要你稍微留意一下新闻，经常可以看到青少年因很小的事情就走极端自杀的报道。

案例一　2012年4月13日晚上7时30分左右，胜利油田第一中学13岁初三女生莹莹（化名）不想剪掉长发，又害怕第二天上学老师批评，就从家中五楼跳下，14日早上7时许抢救无效而永远离开了人间。

案例二　2001年7月6日长春一名16岁女中学生因中考成绩不理想，失望之余服毒身亡。

案例三　2001年9月17日到广州某大学报到才2天半的新生小黄于零时突然跳楼结束了自己的生命。他没有留下遗书和遗言，只在日记中写到"睡不着、头痛"，并曾打电话向家人诉苦。

案例四　2001年10月31日内蒙古呼和浩特市一名14岁的中学生因觉得自己难以承受来自老师的责怪，一念之间自缢身亡。他在遗书里说，要用死来向老师证明自己的清白，并讨回尊严。

案例五　一少年因追逐赵薇不成。在浙江温州车站服毒自杀。死后胸前藏着赵薇的剧照。

以上所举案例可以看出，不少青少年自杀的死因都非常简单。中国心理卫生协会的调查资料显示，自杀在中国已成为位列第五的死亡原因，仅次于心脑血管病、恶性肿瘤、呼吸系统疾病和意外死亡。而在15岁至34岁的人群中，自杀更是成为首位死因。在中国，每年约有25万人死于自杀，至少有100万人自杀未遂。中国自2000年以来，每年10万人中有22.2人自杀，每2分钟就有1人自杀、8人自杀未遂，自杀未遂者往往也造成不同程度的功能残疾。

自杀是中、青、少年人群死亡的主要死因。

现在的孩子究竟怎么啦，这么视生命为儿戏？

其实，即使是情境性的自杀，虽然发生于偶然，但是从深层心理分析，却也是一种必然。孩子们从小生活在父母的百般保护和娇宠中，没有经受磨难，不知道生命的宝贵，不懂得珍惜生命，耐受挫折的能力太差，心理太脆弱了，所以不能面对哪怕小小的一点挫折，一遇挫折就承受不了，就走极端。这是生命教育缺失的必然结果。

林语堂说："没有一个孩子天生就有真正的冷淡的心；当我们渐渐失掉那种少年之心时，我们才渐渐失掉了我们内在的热度。在我们成人生活的某一时期中，我们多情的天性是被一种不仁的环境所杀戮、抑制、挫折或剥削。最大的原因是由于我们不曾注意使这种天性继续生长下去，或由于我们不曾完全摆脱了这种环境。我们在获取'世界经验'的过程中，对于我们的天性曾实行了多次的摧残，我们学会硬起心肠来，学会做虚伪矫饰的行为，学会做残酷无情的人。"

林语堂先生在几十年前说的这段话，太符合现在的现实了！我们现在的年代与林语堂所在的年代有多么的相似，我们教育状况就这样历史的一直延续下来，就不可改变么？教育的状况不仅没有改变，而且变本加厉地在恶化。林语堂话中指出的人们内在的热度被冷淡，指的是成人世界，而这种热度被杀戮、抑制、挫折或剥削的元凶是不仁的环境。可是，现在的孩子从出生开始面临着的就是这样不仁的杀戮环境，而这种环境的制造者却恰恰就是父母！

我国的优秀传统文化的《孝经》开宗明义章说，孔子的弟子曾子问"什么是至德要道"的问题，孔子回答曾子"孝是道德之本，一切教化都是由孝产生出来。"后说："身体发肤，受之父母，不敢毁伤，孝之始也。立身行道，扬名于后世，以显父母，孝之终也。夫孝，始于事亲，忠于事君，终于立身。"意思说，人的身体四肢、毛发皮肤，都是父母赋予的，不敢予以损毁伤残，这是孝的开始。人在世上遵循仁义道德，有所建树，显扬名声于后世，从而使父母显赫荣耀，这是孝的终极目标。所谓孝，最初是从侍奉父母开始，然后效力于国君，最终建功立业，功成名就。身体发肤受之父母，不可随意毁损，孔子这里虽强调的是孝道，可是里面蕴含的珍惜生命的思想，是会永远惠存于世的。

生命教育的内容，应该包含"珍惜有形的生命"和"无形的生命"两个方面。有形的生命就是人的生理上的生命，无形的生命就是人的生命价值体现。人的有形的生命是无形生命的载体，无形的生命首先要用健康的有形生命来保障。人的生命的价值，主要体现在无形的生命中。

生命一旦结束，便一去不复返。珍惜有形的生命，就是要保护身体的安全、健康和完整，不让其患病和受到伤害，更不能视生命为儿戏，肆意践踏和危害自己和他人的生命。

珍惜生命价值，主要体现在珍惜无形的生命价值，就是珍惜活着的每一天，不让每一天在碌碌无为中虚度过去。生命过程就是由昨天、今天和明天三天构成，昨天一去不返，已成定局，谁也无法挽回；明天总是虚无，谁也伸手抓不住；最可靠的是今天。把握住了今天，就有了明天的希望。今天过得充实，就是明天才不后悔的保障。过好当下的每一天，整个生命历程就都有了意义。

父母对孩子的生命教育目的，是要让孩子知道，只要重视生命的过程，重视让生命过程有意义，实现无形生命的价值，让生命散发出耀眼的光芒，让生命没有遗憾，就不会后悔，就没有枉来世界一遭。

当然，要让孩子珍视生命，父母首先要为孩子营造宽松愉悦的生活和心理氛围，让孩子感受到活着的美好，从而让孩子热爱生命，并且在生命历程中尽量让生命发光放彩。不少孩子之所以走上自杀的道路，主要原因就是生活环境（主要是家庭环境）太恶劣，不堪承受生命的不能承受之重，面临的痛苦超过了孩子的承受极限，孩子无助地只能用死来逃避生的痛苦。

有人说，所有的自杀都是他杀。我觉得这句话说得在理。不少父母在无意之中把自己的孩子逼上了自杀的道路。父母对孩子的溺爱、娇惯、控制等偏执的爱，就是一把无形的不见血的软刀子，在慢慢地伤害着孩子，最终让孩子走上没有能力正常生存和生活的道路。

重视孩子独立自立能力的培养，锤炼孩子早飞的坚硬翅膀

台湾原成功大学校长吴京说："要让孩子学会自己走路，因为今天我们要走的路，未必是孩子明天要走的路。这是我给家长的忠告，亦是我在台湾做校长的经验。"

孩子成长的最重要、最根本的目标，就是成为适应社会、具有生存和生活能力，能自食其力、自己料理和照顾自己生活的人。所谓自食其力就是成人后能独立承担生存责任，养活自己，结婚后还要承担独立养家糊口和教养孩子的责任，不要在成人后还依赖父母，成为啃老族。

著名教育家马弘毅先生从小开始在培养女儿独立能力方面不同寻常的大胆做法，堪为父母学习的典范。

　　马弘毅先生的女儿马宇歌，5 岁应邀在北京电视台开始播放个人绘画；6 岁发表文字作品于报刊；8 岁以综合评比成绩第一，入选 CCTV"大风车"栏目首批考试录取的 30 人小记者团，成为中央电视台第一位首席小记者；10 岁利用每一个长假独闯天下，并给高校师生演讲；她只身登上过青藏高原、南海军舰……两只风行天下的小脚丫，至 13 岁时已经踏遍了中国大陆所有省（直辖市、自治区）共 31 个，至 200 多市、县、乡、村，总行程 30 多万公里，同时读完了 600 多种中英文各类课外书，结识社会各界朋友 1 万多名；她会说一口流利的英语，2003 年寒假步入欧洲进行访学。她的事迹还被选入了我国现行中小学的《思想品德》和《思想政治》等各地多种教科书；2005 年 6 月，通过参加中国全国统一高考，她以优异成绩考取了清华大学，成为该校建筑学院、该校法学院的一名攻读文、理科双学士学位的 2005 级本科生，兼马拉松运动健将、清华电视台女主持、记者及该台学生负责人。在互联网上，输入"马宇歌"这个名字，你会惊奇地看到海内外无数人在关注和讨论这个孩子的成长历程及其揭示的教育真谛。2011 年 9 月 5 日，23 岁的马宇歌一跃成为美国布鲁金斯学会 (Brookings Institution) 出资盛邀的客座研究员，该学会是最权威的美国《外交》杂志等多家机构评出的"全球第一智库"。

　　马宇歌在少年壮志闯天下的长期过程中，并非没有遇到过艰难险阻。但是她说："人只有经历的事情越多，遇到的风险越多，才会更安全。因为，只有经过社会锤炼以后，一个人独立处理险情、独立思考的能力才能提高。"

　　创造马宇歌成长神话的马弘毅先生接受记者采访时说："是鹰，总是要飞；孩子总要面对独立生活的一天。父母总不能陪孩子一辈子。总有一个第一次。教育孩子，基本以我为主。因为我受的教育和对教育方面研究的多一些，我爱人也受过高等教育，并且官职比我还高。但是她是一个听道理、随大流的人，比较重视现实，且生活中能干。因此在教育中，我抓虚的方面，是精神领域方面的。她抓实的，培养孩子实际生活能力、生活自理能力，做家务等我也教。独立行走的生命才是最有生命力的。让每个立志有为的孩子都本着学习、锻炼自己的目的，有准备地到大千社会中得到洗礼吧，越早越好，反正迟早总有要放单飞的一天的，太晚让她（他）飞也飞不起来。"

　　培养孩子的独立人格和自理能力应从孩子刚开始学习走路开始。如果父母始终不要孩子学习走路，不放手让孩子自己学会走路，那么孩子永远都不会独立行走。人生亦是如此。即使父母留给孩子丰富的财富，也要孩子自己去打理，当父母离开的时候，能够很放心地闭上眼睛把孩子留在人间吗？如果不能，你会担心什么呢？是担心孩子没有生活能力、日子艰难，还是担心孩子没有能力守住你留下的财富而死不瞑目。如果真的如此，那你又是否有回天之力留住你自己的生命，继续用你的羽翼护佑你的孩子？你又是否有回天之力在短期内把孩子的生存生活能力和管理财富的能力培养出来？相信你不能。正因为你不能，所以，尽早培养孩子的独立自主能力，让孩子尽早独立把握自己的人生道路、尽早具备独立生存的本领，就是你必须着手去做的一件最重要的事情。培养孩子独立自主能力这件事情，比你积聚财富更重要。

　　父母总归有一天要早于孩子离开这个世界，孩子总归有一天要独立的承担生存和生活责任，父母留给孩子最宝贵的财富不是万贯家产，而是能够创造财富的能力素质。

　　在 1979 年 5 月，撒切尔夫人作为英国女首相搬进举世瞩目的唐宁街10 号时说："我的一切成就都归功于我父亲罗伯茨先生对我的教育培养。"
　　罗伯茨是英国格兰文森小城的一家杂货店主。当撒切尔夫人才 5岁时，他就教导女儿：凡事要有自己的主见，用自己的大脑来判断事物的是非，千万不要人云亦云。在日常生活中，罗伯茨着重培养女儿"严谨、准确、注重细节，对正确与错误严格区分"的独立人格。
　　当撒切尔夫人 7 岁时，罗伯茨带女儿到图书馆去，只允许她看三类书：人物传记、历史和政治书籍。他有意引导女儿日后从事惊天动地的政治生涯。撒切尔夫人早年生活清淡艰苦，家里没有洗澡间、自来热水和室内厕所，她没有值钱的东西，难得看一次电影或戏剧。这并不是罗伯茨没有钱，而是他执意为女儿创造一种节俭朴素、拼搏向上、赤手空拳打天下的氛围。他每个星期天都带女儿到芳金大街的教堂去，让她听牧师的滔滔不绝的布道。在家里，罗伯茨有意与女儿就各种问题进行辩论，以造就她机智沉着、语言辉煌、充满感染力和穿透力的雄辩艺术。11 岁时，撒切尔夫人进入凯斯蒂女子学校。在凯斯蒂辩论俱乐部的辩论会上，她以思维敏捷、观点独到、讲话准确、气势磅礴而使同学们甘拜下风。

正是罗伯茨对女儿独立人格的培养，才使撒切尔夫人从一个普通的女孩，最终成为一位连任三届英国首相、执政十二年，在世界政治舞台上叱咤风云独霸一方的政治家与"撒切尔主义"的创始人。

凡是长大后取得了非凡成就的人，从小开始，父母都特别重视他们独立能力的培养的。在我的家庭教育思想的影响下，我的一个学生特别重视孩子独立能力的培养。她的女儿才五岁多，她就要求女儿从事扫地、为妈妈提拖鞋、倒开水、洗自己的内裤等活动。学生说："我不能太能干，如果我太能干了，以后女儿就不能干了。"学生的话非常具有教育孩子的哲理的。如果父母"太能干"，一直为孩子包办代替一切，孩子没有做事的成长机会，独立自立能力就不可能得到培养和形成，孩子永远也不会独立和自立。如果学生一直按这种方式培养女儿，相信她的女儿长大后一定是一个非常能干、独立自立能力非常强的人。

让情商成为孩子学业成就和事业成功的保障

情商也叫情感智力，亦称情绪智力。情商是由哈佛大学的彼得·萨洛瓦里和新罕布什尔大学的约翰·梅耶两位心理学家在 1990 年首次提出的。情商揭示的是与成功至关重要的个人感知调整情感、知觉调控情绪的心理特质。他们认为，高情商比高智商的人更容易获得成功。后来情商（EQ）概念被美国哈佛大学教授丹尼尔·戈尔曼的《情感智力》一书系统化，并发扬光大，一度震动美国的每个角落，成为评价人的情商标准，培养孩子的指南。丹尼尔戈尔曼的《情商：为什么情商比智商更重要》一书于 1997 年被引入中国大陆，就引发了全国大讨论，使"情商"成为了耳熟能详的一个名词。虽然现在"情商"一词已经成为了老少皆知的名词，但是真正知道其内涵的人并不多。

情商（EQ）是一种觉知自我情绪和管理自我情绪，感知他人情绪和协调他人情绪的一种心理能力。1995 年，美国心理学家格尔曼对情商包含的能力作了更明确的阐述，他认为情商包括五个方面的能力：

一是认识自身情绪。就是能够清楚地感知到自己的情绪状态，是好心情还是恶劣心情，知道自己喜欢什么厌恶什么，做适当选择，做自己生活的主宰。

二是妥善管理情绪的能力。按照我国中医理论，人人都有喜怒哀乐悲恐惊七情，我们时刻都生活在情绪的变化和波动之中，这是正常又合乎人性的。若情绪太极端化或长时间持续处于不良情绪之中又不能进行自我调节，就很容易被不良情绪困扰得寝食不安，影响到自己正常的学习工作和生活。所以一个人不但要能随时觉察自己的情绪，还要学会调控自己的情绪，使之维持在平衡状态，才能让自己内心平和，生活安宁。

三是自我激励的能力。人生不如意事十有八九，我们随时都有可能在学习工作生活中遇到挫折。人在不如意、面临挫折的时候，往往会陷入内心挣扎和情绪低落状态。此时，清醒地提醒自己，产生这些不如意和挫折是人生的必然，激励自己用坚韧去战胜挫折，克服不如意的困境显得尤为重要。

四是认识他人情绪的能力。人的大多数时间都生活在社会人群中。身处人群中就不能不受他人的喜怒哀乐情绪的影响。认识和感知他人的情绪，站在他人的立场考虑问题，有针对性地调整自己与他人相处的方式，才能和谐地与人相处，维持和谐的人际关系和自己内心的平衡。

五是人际关系的管理的能力。良好的人际关系是实现学习工作目标、维护心理健康和生活安定的有力保障。掌握管理和维持良好人际关系的艺术，是人必须具备的生存和生活能力之一。这种能力，可以从人缘、领导能力及人际和谐度显示出来。能与其他人和谐相处，通力合作，取用他人的资源，成就自然无可限量。

概括地说，情商就是对自我情绪的觉知和掌控，就是自我情绪的管理和自我激励，就是持之以恒的意志力和韧性，就是觉知他人情绪，管理人际关系，和谐人我关系，使自己保持良好的情绪和安宁的生命状态的综合能力。简言之，情商就是人除智力以外的所有非智力因素，这些非智力因素比智力因素更能决定一个人的生活是否顺畅，事业能否成功。

一个没有掌握多少科学文化知识的人可能情商比较高，反之，一个学历高的人可能情商很低。情商高的人，具有比较强的自我调控能力、社会适应能力、独立生存和生活的能力。但是一个智商高情商低，不能调节和管理自身情绪和掌控自己的人，是一定不能适应复杂的社会生活的，可能连生存都是问题。一个能很好地管理和调控自己情绪和行为的人，会让自己的生活更具目的性，更能把握自己，让生活朝积极向上的方向行进。因此，在家庭教育中，父母的视角要从重视智商（IQ）转到重视情商（EQ）上来，重视那些非智力因素对孩子健康成长的影响。

如果说智力因素为孩子的学习活动提供了基础条件，那么情商等非智力因素则为孩子取得优秀学习成绩提供了保障。学习成绩优秀与学习成绩差的孩子的最大区别，就是在情商等非智力因素上的差异。孩子学习成绩差不是差在智力因素上，而是差在情商等非智力因素上。

不少父母认为，自己的孩子不是学习的料，这不是因为孩子的智力不高，而是由于孩子的情商低，不能调控自己专注在学习上。学习成绩差的孩子的一个共同的突出特点，就是自我控制能力很差，行为的随意性大，追求轻松享乐玩耍的心理比对待学习的心理强烈得多，他们的心思和注意力没有在学习上，而是在玩耍和追求享乐的生活上，在该学习的时候都不能控制自己静下心来学习，根本不能做到认真学习，其学习成绩差就成为了必然。

学习成绩优秀的学生自我控制情绪和行为的能力强，他们能自觉克制自己的欲望，自觉在学习和玩耍之间做出理智的抉择，在该学习的时候就认真学习，先把学习任务完成后再去玩耍。

因此，要孩子静下心来学习，取得优秀学习成绩，父母非得重视孩子的情商培养不可。

其实，培养孩子的情商也并不那么难，只要培养孩子积极的人生态度，让孩子能够认识自己的优势和弱势，有意识地强化优势，弥补弱势；让孩子知道自己该做什么不该做什么，能知觉自己的喜怒哀乐等情绪，并能对自己的情绪进行自我调控，遇到困境能泰然面对，对人处事豁达大度、心胸宽阔，能替别人着想，理解和帮助别人，能够平和、和谐地与人相处即可。这些都是父母培养孩子情商的内容和目标。

让孩子多走出家门，了解社会、融入大自然

自然教育法的创造者 M.S·斯特娜夫人说："把他们（孩子）带到大自然中去，他们就无暇干坏事了，而且接触大自然能使孩子心地善良。自古以来和大自然感情融洽的人都是心地善良的人。"也许还没有多少人相信，与大自然感情融洽会与善良的品格联系在一起吧。

圣·奥古斯丁说："世界就像一本书，那些足不出户的人只能读到第一页。"

大自然有一种无形的教化力量，融入大自然，会使人产生心旷神怡的感觉，也会使人产生对大自然神奇的敬畏之感。融入大自然，会使性情得到陶冶，心灵得到净化，自然会激发人产生善行的冲动。不少喜欢旅游的人，是没有时间去想、更没有时间去做不好的事情了。

现在的孩子一个最大缺陷，就是待在室内的时间太多了，在阳光底下活动的时间太少，接触大自然的机会更少。热爱自然、融入自然的人都是心地善良的人，难怪现在的问题孩子有那么多，因为现在远离大自然的孩子太多了。

其实，书本知识与社会和大自然所蕴含的知识比较起来，只不过是沧海一粟。社会和大自然的知识对人才是最用的。

人的能力从哪里来，是从实践中培养而来。生存能力哪里来，从接触社会、投入社会实践中来。

> 新东方创始人俞敏洪说："有一次我带着全家到海边度假，刚好是十五，看着海边的月亮一点点升起，月光一泻千里。我们坐了一小时，我说有点凉了，我们回宾馆吧，结果女儿说爸爸我不走，我要看到月亮升到那个地方再走，一坐坐了三个小时。你能说孩子内心没有美感吗？没有诗意吗？如果我们不带孩子去看这些东西，她就是没有。孩子看到的都是高楼大厦，老师的压迫，孩子心理是不会健康的。去农家乐吃饭，有没有带着孩子多花两个小时把各种菜和生长周期讲一讲。有一次我带女儿到农村去，一个一个告诉她。这样使她对我们吃的生物、植物产生了亲切感。我带着儿子露营，搭着帐篷睡了一夜，结果到家里他就不睡床了，现在也睡在帐篷了。"

如果你是一个有心人，当你每到一处旅游地，你会发现最开心的就要数孩子了。且不说大自然能带来充足的氧气滋养孩子的生命，就是大自然对孩子心灵的陶冶的价值，也是用多少金钱都买不到的。所以，父母一定要多让孩子外出接触大自然，接触更多的人和事情，拓宽孩子的视野，加深孩子的阅历，其价值对孩子人生的影响是无可估量的。

日本对未来一代的做法，对你一定会有所启发的：

日本的教育界认为：日本虽然实现了"富裕社会的梦想"，但社会节奏加快和升学竞争的压力，使孩子们与大自然的接触少了。同时，日趋富裕的物质生活条件也削弱了孩子们应具备的人生耐力、心理承受力和克服困难以及坚韧不拔的意志力。为此，日本神奈川县的有识之士提出了"展开和促进与人接触、感受自然的运动，恢复和充实孩子们的感性体验"的建议，并于1984年就开始了让学生和社区开展广泛的"感触性"教育运动。

之后，他们建立起了一些教育基地，名谓：交流村。学校和社区定期组织孩子们到交流村去劳动、锻炼和生活。同时组织孩子们到敬老院去与老人们交流沟通，并让这些老人们向孩子们讲述过去的生活以及教这些孩子们如何编草鞋，等等。通过这些"感触性"教育和实践，孩子们加深了与社会的接触，对大自然、社会环境以及周围生活有了切身的体会。并且通过社会性活动，逐步培养起让孩子们学会了如何关心他人、共同生存的优良品德。除此之外，日本人还经常让孩子们吃"忆苦饭"，据说，有一次一所学校让孩子们吃的忆苦饭是非常难以下咽的糠菜，结果学生们面对糠菜竟号啕大哭并集体绝食。然而学校毫不心软，在双方对峙了三天之后，饥肠辘辘的孩子们终于顶不住了，吃下了这顿难以下咽的忆苦饭。

古人提倡读万卷书，行万里路，就是指要让读书融入自然和社会结合起来，通过接触自然、了解社会、参加社会实践、把书本知识与社会实践相结合，把读书与融入自然、接受大自然的熏陶、磨炼自己意志品格结合起来，最终把知识变成创造物质和精神财富的原料和工具，让书本知识变成真正有用的、有价值的知识。

意志力比才能更重要，让失败成为孩子成功的阶梯

爱迪生说："伟大人物的最明显标志，就是他坚强的意志，不管环境变换到何种地步，他的初衷与希望仍不会有丝毫的改变，而终于克服障碍，以达到期望的目的。"正是由于爱迪生明白坚强的意志、不怕失败的品质与取得成功关系密切，所以在先后试验了七千六百多种材料，失败了八千多次的挫折面前，不灰心、不气馁，持续试验，最终才收获到了发明电灯的成功果实。试想，如果没有爱迪生

坚忍不拔的意志，能经受住数千次失败的痛苦煎熬，哪会有白炽灯的诞生，哪会有光明在黑夜中照亮整个世界呢？爱迪生发明电灯的经历给我们的重要启示是：搞科学研究要有不怕失败的顽强精神和百折不回的毅力，人生取得任何成功，又何尝不是如此呢？

失败和成功是一对连体婴儿，没有失败就不会有成功。就人生来说，失败的教训比成功的经验更重要。成功可能发生于偶然，失败却是人生的必然。

成功的经验一般是不能复制的，但是失败的教训却可以让每一个人汲取。成功并不一定能让人成长，却有可能让人满足现状、裹足不前。失败的教训却可以让人记忆犹新，警醒人不重蹈覆辙，让人不断完善自我，不断成长，不断走向成熟、走向成功。正如马克思所说，在科学上没有平坦的大道，只有不畏艰险、沿着陡峭山路攀登的人，才有希望达到光辉的顶点。

在麦当劳的总部里，有一个非常精致的镜框。镜框里镶嵌几句话，这几句话，正是麦当劳人尊崇的座右铭。上面写道："在世界上，意志力是无法代替的。天赋无法代替它，有天赋却失败的人比比皆是；教育无法代替它，受教育却失败的人到处都有；才能无法代替它，有才能却失败的人随处可见；只有意志力是无所不能，所向披靡的。"

高尔基说，书籍是人类进步的阶梯。而我要说，失败是人生成功的阶梯。成功的人生就是在千百次跌倒的失败中再爬起来，继续往前走的坚忍中成就出来的。只有能在不断的失败中不断站起来继续前行的人，才是最强大的人，才有可能达到成功的彼岸。

失败是成功之母，这是一个老少皆知、家喻户晓的正确命题。可是真正能以坚忍不拔的意志面对困难和失败的人却很少。这也许就是为何成功的人只是人群中的少数的一个重要原因吧。谁具有百折不挠坚忍的意志，谁不怕失败，谁能在不断跌倒后爬起来继续前行，谁就一定能成为成功者。

就父母十分关心的孩子的学习来说，孩子的学习成绩也会有所起伏，有考得好的时候，也会有考得不好的时候，甚至会有考砸的时候。当孩子考砸的时候，父母持什么样的心态对待，才更有利于孩子的学习进步呢？是用一个成功者的心态还是失败者的心态去面对孩子考试的失败，对孩子自信心的影响极大。如果父母承认孩子考试上的失败是正常现象，以平和的心态去面对孩子考试的失败，对孩子因失败导致的沮丧心理给予心理支持和安抚，鼓励孩子不怕失败，并与孩子一起寻找出导致考试失败的原因并汲取教训，让孩子振奋精神、保持高昂的斗志投入以后的学习，孩子就一定会在下一次考试中取得优异成绩。孩子能经受住一次考试失败的考验，就是孩子人生的一次成长，坏事就变成了好事。

　　孩子成长的方方面面都要面对失败，这是不可否认的事实。如果父母能够培养孩子以乐观的态度面对失败，以坚忍的意志应对失败，让孩子成为一个具有不达目的不罢休的意志坚忍顽强的人，孩子就获得了一个成功的护身符。

培养最好的孩子 常态下

第五篇

矫正偏态，
回归孩子自然学习常态，
做导师父母

第十一章　怎样理性对待孩子学习

关于怎样为孩子选择学校门类或学校层次，我在前面已有专门篇目的分析阐述，本篇就父母怎样科学管理和指导孩子的学习提出分析和建议。

父母不可不知的"第十名"现象

1989 年，杭州市天长小学老师周武受邀参加一次毕业学生的聚会。当时他暗自吃惊：那些已经担任副教授、经理的学生，在学校时的成绩并不十分出色。相反，当年那些成绩突出的好学生，成就却平平。

这个现象引发周武的好奇，他开始追踪毕业班学生，经过十年，针对 151 位学生的追踪调查，周武发现，学生的成长是一个动态变化过程。在这种动态变化中，小学的好学生随着年级升高，出现成绩名次后移的现象：小学时主科成绩在班级前五名，进入中学后名次后移的，占43％；相反地，小学时排在七到十五名的学生，在进入初中、高中后，名次往前移的比例竟占了 81.2％。

周武老师跟踪调查的结果表明，在如今已上大学或工作的学生中间，存在一个耐人寻味的"第十名现象"，即在学校排名第十名直至 20 名的学生，在后来的学习和工作中出乎意料地表现出色，成长为"栋梁型"人才。相反，一些当年备受老师宠爱、成绩数一数二的优秀学生，长大后却"淡"出优秀行列，甚至在其后的升学和就业等方面屡屡受挫，周老师称其为"第十名"现象。周武没有想到，对从 87 届到 97 届的 700 多名天长小学毕业生的跟踪调查，这一现象竟谜一样地贯穿始终。为什么会出现这种现象？

周武在充分跟踪调查的基础上发现：在过去，学校的老师和家长往往很单纯地用语文、数学成绩给孩子们拉榜排名，以便知道每一个学生在班里所占的名次。家长们则督促、强迫孩子挤进"前三名"或"前五名"，总以为只有这样将来孩子才能考上大学，才能有出息。搞得孩子压力很大使孩子在培养兴趣爱好、拓宽知识面、发展个性等方面受到了很大的约制，反而束缚了他们智力的发展。又因为他们都是听话的"好孩子"，一些好的个性也会被束缚。另外，老师们"抓两头，带中间"的教学方法，使这些尖子生在学习上很容易得到老师的"关照"，从而削弱了他们在学习上的独立性。以致就不适应中学相对较为"松散"的教学方法。这是他们当中的一些人"淡出"优秀行列的主要原因。

与此相反的是，第十名左右的学生虽然成绩不是优秀的，但是他们大都比较活泼，灵活性强，学得较为轻松，兴趣广泛，老师不大注意这些学生，因此其学习的独立能力较强，有很大的潜力。另外，这些学生没有保住"前三名"的心理压力，使他们在健康的心态中学习。这是他们有"后劲"，进步和成才概率较高的主要原因。

周武说："这种尖子生与'第十名'的差别，实际上就是用 10 分力气得了 9 分收获与用 5 分力气得了 8 分收获的差别。相比之下，后者分数低，但论潜力和能力，自然要胜过前者……"

以上周老师分析的第十名现象产生的原因是有道理的，产生第十名现象的原因，主要与学习的状态是否轻松愉快、是否留有潜力、成长是否全面、是否具有可持续发展关系密切。

第一、二、三名等前几名的学生，一般都是只知道用更多的时间来刻苦用功读书取得好成绩的孩子。这些孩子的成长只是围绕"学习"二字转，大多除了学习没有其他兴趣爱好；父母对他们的期望都很高，所以这些孩子在学习上的压力也非常大，身心也非常疲惫，学习方法也主要是靠死记硬背或按照老师的要求机械地进行，学习上使出了浑身解数，将精力和潜力基本耗尽，导致了后续学习和成长的"后劲"不足，越到后来自主性灵活性强的学习就越不适应，所以学习成绩就会越来越差，名次越来越往后移。由于前几名的学生只知道学习，除了学习之外的兴趣爱好、人际交往、组织管理、动手和创造等决定取得事业成就的非智力能力素质没有得到训练培养，所以他们在成人后取得事业成就的可能性就很小。

第十名左右的学生的最大特点是，学习成绩与前几名相差不大，但是他们在学习的自主性、灵活性上却比前几名强得多，在学习上学得轻松自如、游刃有余，他们学是学玩是玩，学得很轻松，精力没有用够，潜力没有用完，学习方法也很得法，学习的后劲很足，越到后来的学习就越显现优势，名次就不断往前移。第十名左右的孩子，兴趣爱好也很广泛，课余生活也很丰富，参与社会活动的机会多，人际交往和动手创造能力也强、身心健康、人格健全，所有这些非智力能力素质都是成人后取得事业成就的决定因素，所以更具有取得成功的条件保证。

就我的观察，不只是第十名左右的学生以后取得成就比前几名大，在现实生活中人们也不难发现另外一个也耐人寻味的现象，就是"差生当老板，优秀学生为差生打工"的现象。即在进入社会后，那些在学校学习成绩一般甚至学习差的学生，自己创业成功当老板的还比较多，而那些大学生毕业后创业成功当老板的却比较少。高学历人才反而为低学历老板打工的现象比较普遍。究其原因，人际交往、动手动脑、组织协调、敢作敢为、敢拼敢闯、不怕失败、赚钱的意识等素质能力，恰好才是成功老板必须具备的条件，这些素质能力却是那些高学历人才所欠缺的。而且，学习成绩差的孩子，由于学历层次低，进入社会工作和创业的时间也比较早，所以，当那些学习成绩好的学生完成学业之时，这些学习成绩差的学生在某个领域已经创业成功，成为了老板或业主。

著名新东方创始人俞敏洪说："我用了三年的时间考上了北大，北大给了我这样一个平台，否则我做新东方也不会这么自信。但孩子的身心健康更加重要，从成绩本身来说其实无关紧要。因为成绩总在班级第一名，上了清华、北大也不一定有出息。孩子的成长是一辈子的，让他一辈子保持积极性，对所有东西的求知欲和好奇心以及上进心，永远比让孩子得班里的第一名更加好。从小到大我的成绩从来没有超过前25名，所以我高考要考三年，到北大我整整努力五年，努力到如此地步，以至于得了肺结核。我到大学毕业的时候还是全班倒数第五，后来我统计一下，全班的前五名都在为最后的五名打工。这就证明了成绩是不那么重要的。"

要加以说明的是，我讲以上案例和观点的目的，并不是说学习成绩不重要，而是要告诫父母，不要把孩子的学习成绩看得太重甚至是唯一的东西，要把孩子的学习成绩放在恰当的位置上。父母要明白,成就孩子人生最重要的不是学习成绩,更不是孩子在学习期间学习成绩能保持在前几名,"情商"才是孩子成人后事业发展和取得成就的决定因素。父母一定要走出过分看重孩子考试分数和排名的误区,不仅要重视孩子的学习成绩,更要重视身心健康、道德品行和生存生活技能等决定孩子的生存、生活和事业成就的品格的培养和训练。

相信自己是考一百分的人比考一百分更重要

赏识教育的倡导者、著名家庭教育专家周弘说,"我们培养人才的目标不该是考一百分,而是始终相信自己是考一百的人。小学考不了一百分,有中学;中学考不了一百分,有大学;大学考不了一百分,还有社会。这一行考不了一百分,还有其他。关键是你是否相信自己是考一百分的料。"

周弘对待女儿分数的态度值得每个家长深思:

周弘说,当年我教女儿时,无论女儿考多少分,我都始终让她找到考一百分的感觉。

分析孩子的试卷,出错不外乎三种原因:一种是会做但因为粗心没得分;一种是来不及做的;一种是本身就不会做。

属于第一种的,我对女儿说,太好了,这是潜能分,只要改正了粗心,就行了。

属于第二种的,我对女儿说,太好了,这是效率分,动作加快了,分数就上去了。

属于第三种的,我对女儿说,太好了,这是目标分,找到了不会的题目就好比找到隐藏起来的敌人,找到了敌人,胜利还远吗?

每一次总能让女儿心情激奋,坚信自己是考一百分的人。坚信自己是干大事的人。若干年后,女儿说:"当年爸爸对我的这种教育,小的时候好像没有什么感觉,等我16岁上了大学,离开家,自己面对一些挫折的时候,爸爸常说的那句'你是干大事的人'的话就会在我心里响起,马上就有一种力量升起来,我是干大事的人,还有什么困难不能克服呢?"

　　周弘在何种情况下都对孩子说"太好了"的刻意方式，父母没有必要机械地仿效。因为如果孩子做得一般也赏识孩子，这种泛滥的赏识可能是从另一个角度对孩子的贬低，让孩子觉得自己好无能。但是，值得父母汲取的是，周弘不仅重视引导孩子认识到没有考好的原因，而且更重视了让孩子从导致考试失败的原因中看到"太好了"，看到其潜在的正面效应。这种对孩子的积极鼓励和激励，随时为孩子输入正能量的做法，对培养凡事往正面看以及树立孩子的自信心是大有好处的，体现出了积极心理学的思想。

　　"如果天下的孩子，都相信自己是考一百分的人，那教育就真的到位了。"孩子相信自己是考一百分的人，就会满怀信心地投入学习之中，就能够在遇到学习困难的时候知难而进，战胜困难去夺取胜利。

　　俞敏洪说："孩子上中学成绩决定了能不能上好大学，但好大学不能决定一辈子。阿里巴巴的马云是杭州师范学院毕业的，大家知道杭州师范学院是因为有马云，那是一极普通的师范学院。他跟我一样，我们俩互相鼓励很长时间，他考了三次，我也考了三次，他学了英语，我也学了英语，但认为赶不上我了，但大家看看，马云的财富是我的10倍，支付宝也马上要上市了。"

　　马云是阿里巴巴集团主要创始人之一，现任阿里巴巴集团的主席和首席执行官，他是《福布斯》杂志创办50多年来成为封面人物的首位大陆企业家，曾获选为未来全球领袖。除此之外，马云还担任中国雅虎董事局主席、杭州师范大学阿里巴巴商学院院长、华谊兄弟传媒集团董事等职务。可是从小到大，马云不仅没有上过一流的大学，而且连小学、中学都是三四流的。中考考了两次。数学31分。高考数学21分。高考失败，弱小的马云做起踩三轮车的工作。直到有一天在金华火车站捡到一本书，路遥的《人生》，这本书改变了这个傻孩子："我要上大学"。1984年马云几番辛苦考入杭州师范大学外语系——是专科分数，离本科差5分，但本科没招满人，马云幸运地上了本科。马云不仅一直学习成绩不好，中小学和大学就读的都是三四流低层次的学校，而且大家都知道，作为男人，他的身高较矮，样貌也长得不帅，只能归为丑男行列，就有人当着马云的面说他像魔戒里的小巫师，可是马云的自信和取得的成就却是那些被女人们羡慕的所谓的"白富帅"远远不及的。"人的长相、学历完全不构成他的障碍，马云一直认为他是天底下长得最好看的人，我问马云的爱人你认为马云好看吗？她说不难看，比你好看多了"，俞敏洪说。

自信是人的内心积聚的一种巨大的内在力量，只有充满自信的人才能在学习和工作中取得好的成绩，在人生取得成功。男人女人都以自己外表的帅气和漂亮自傲，其实男人和女人的美是由内而外投射出的一种人格魅力：男人的帅体现在他的自信、气度和能力，女人的美体现在她的气质、气场和妩媚。因为马云具有非凡的自信和才能，所以他自信自己是天底下长得最好看的男人。

孩子的美主要体现在自信和气质上面，而孩子的自信主要体现在他自己认为我能行上，孩子的我能行主要体现在自信满满的学习过程之中，而不是考一百分的学习成绩上。孩子在学习上自信，体现在对学习充满热情，对战胜学习困难的信心和对取得优秀学习成绩充满期待和必胜的信念。缺乏自信心的孩子的学习成绩一定不会好。父母不管孩子是否多努力，成绩进步有多大，总是埋怨孩子没有考到令自己满意的成绩，只能让孩子越来越失自信，失去对学习的兴趣，而产生厌学情绪。

因此，孩子学习成绩不理想，父母首先应该找自己的原因，是不是自己经常对孩子的学习抱怨、贬损、否定、讽刺、挖苦太多，对孩子输入的负能量过多，以致打击和削弱了孩子在学习上的自信。要孩子取得好的学习成绩，父母就要信任孩子，相信孩子有考一百分的能力，并通过表扬、激励等方式对孩子输入正能量。培养孩子对学习的自信，是保持孩子良好的学习状态，取得优秀学习成绩的保障。

北京市 2002 年高考状元史小楠说"我对自己特别有信心；我觉得自信心是非常重要的，尤其是在高考那几天，我也有些紧张，但这种紧张应该有度，适度的紧张有利于自己保持激情应试的状态；如果太松懈，一点不紧张也不好，那样也不利于水平的正常发挥。我自始至终都保持一种适度的紧张，在心态上尽量保持平稳，把高考就看作一次正常的考试认认真真地答题。不要孤注一掷似的对待高考，那样只能凭空给自己增添很多压力，水平也就得不到正常发挥。像我身边有些同学平时成绩非常好，有的甚至经常拿第一，但是因为自己对自己的期望值太高，结果高考时压力太大，水平没能得到正常发挥，没考上理想的大学。"

宁可逼孩子做事都不要逼孩子学习

在《让孩子成为最好的自己——成功家庭教育的五大要素》一书中，我以"厌学不是孩子的错"为标题的篇目中，分析揭示了孩子厌学的重要原因，就是学校、家庭和社会过分看重分数和名次的偏态应试教育。这种偏态的应试教育，导致不少孩子或因不堪学业的重负，或因永远也达不到老师和父母的期望，或因先天智力问题适应不了应试教育而厌学。其中父母对孩子学习成绩和升学上的过高期望，逼迫孩子学习要达到什么程度，获得什么名次的做法，是导致孩子厌学的非常重要的原因。

好成绩不是逼出来的，好成绩是逼不出来的。好成绩是在具备从事学习的智力条件下，自觉主动认真的学习，并在长期坚持下取得的。

中国科学院心理研究所研究员著名心理学专家王极盛连续十年对全国400多位省级高考状元进行面对面、一对一访谈，总结出的高考状元家庭教育的成功经验中有一条非常重要的经验，就是高考状元无一例外，学习都是自觉学的，不是家长硬逼的。家长从小就注意培养孩子的学习兴趣，从不像有些父母非让孩子画画、弹琴等，按照家长的意愿去学，而是让孩子自己选择感兴趣的学，对学习始终保持一种热爱心理，同时注意发现孩子的兴趣所在，有意引导孩子进行相关学习，可以说是百分之九十九的高考状元父母所采用的都是这种教育方式。

在对一个已经休学在家一年的女孩小梦心理辅导中，女孩说了一句让咨询师永远也不能轻松的话："我使劲地想了，要说优点一点也没有，但我的缺点三天三夜都说不完。"这个女孩表现出的是自卑和追求完美的症结。小梦父母对女儿的教育是一种典型的苛求型的教养方式，对女儿的要求过高。小梦的父母对孩子从小要求严格甚至严厉。父母对孩子盲目地进行教育，给孩子"加餐"，把孩子每天的时间安排得满满的，使他们没有一点娱乐、休息和体育活动的时间。由"加餐"而承担的任务是孩子力所不及的，小梦对学习越来越抵触，最终对学习产生了厌恶和恐惧心理。

新的学期如期到校，但很短的时间后，小梦就不再愿意去学校，不仅如此，还不愿出门、害怕见人，母亲必须在家陪着她。此时陪她的母亲成为了女儿发泄的对象。其母说到此处哽咽不能语。

本案例中的小梦，对父母在学习上的过大期望和要求带来的痛苦，已经到了不堪忍受的地步，出于自我保护而不再愿意去学校面对学习的折磨，其症状疑似已经患上了抑郁症，如果父母不改变对小梦在学习上的过高期望和折磨性的要求，小梦一定会发展为重度抑郁症。大中小学生为逃避学习重负而自杀导致家庭悲剧的案例，已经是屡见不鲜了。

我观察研究的结果表明，现在中小学生普遍存在的厌学现象的始作俑者，并不是这些学生本人，而是唯分数和升学的偏态的应试教育及其学生的重要关系人——老师和父母。不少学生不仅厌学，而且在过重的学业负担和过大的学习压力下产生了悲观厌世心理，患上了心理疾病，致使一些学生因不能承受学习的负重而走上了自杀的道路，其"操刀手"就是当今的学校、老师和父母！

人生在世，再也没有比生命、健康和平安更重要的东西了。如果生命和健康都没有了，再优秀的学习成绩、再高的学历又有什么意义呢？

昨天我就刚好对一个初三女孩进行了一次成功的心理辅导。这个学生原来处于年级一千学生的第二十名左右，在第一学月考试中名次下降到了七十多名，其母亲特别在意女儿的名次，对女儿说如果半期考试考不到二十名以内会对她怎么样怎么样，导致这个女孩整天就在考试名次上纠结焦虑，学习也静不下心来，考试中看到难题就非常紧张，大脑一片空白，所以在刚结束的半期考试后，认为自己考糟糕了而非常焦虑，我发现她情绪异常后及时对她进行了心理疏导，消除了她担心不能面对母亲的心结。在辅导中，当我说到我最担心你会因此而放弃学习的话时，她说，就是，我已经想到过要放弃学习了。

不少一直学习成绩优秀的学生产生厌学，主要来自在学习上的过大压力感，而这种过大压力感往往都是老师和父母人为造成的。永远都达不到父母的要求，孩子就会出于自我保护而放弃学习。老师和父母都应该知道，孩子在学习上没有压力不行，但是过大的压力更不行。学习上没有压力，至多学习成绩差点而已，而学习压力过大，孩子不仅学习成绩不会好，还会导致厌学乃至心理问题的发生。

别把孩子学习的"牛绳"牵得太紧

一个作者以"母亲的三句话"为题写了一篇文章,其中母亲的一句话就是"别把绳子牵得太紧",作者写道:

> 黄昏时我把牛从五里外的邻村牵回家。那时候我还没学会骑在牛背上赶牛,只会在前面远远地拉着牛绳走。然而这牛却跟我作对:我牵得紧,牛却偏要走得慢。我用力拉,它就使上性子不肯迈步。这牛脾气!
>
> 眼看着天色越来越黑,沿路的村庄里昏暗的灯一盏盏都亮了起来。我心一急,就从路旁折了一根薪条,绕到牛屁股后面狠狠地抽了它一下。这下可好,牛一惊,挣脱了牵在我手中的缰绳就向前狂奔起来。
>
> 当我没命地跑了半个多小时终于赶上牛的时候,牛正悠闲地停在村口的路边吃草,母亲也站在那里等我。我把牵牛的事一说,母亲反倒开始笑我了,母亲说:"你把绳子牵得太紧,牛鼻子就疼,牛鼻子疼了,它当然不会跟你走了!"
>
> 我恍然大悟。
>
> 18岁那年的高考,由于我思想压力太重,平时成绩一直名列前茅的我竟失利了。后来母亲跟我说:"别把考大学看得跟命一样重!想起你小时候牵牛的事么?绳子牵得太紧,牛反倒不跟你走了!"
>
> 第二年夏天,我终于以优异的成绩被江南一所著名大学的中文系录取。离家上学那天,母亲送我到村口,眼睛红红地对我说:你现在长大了,我不能把你永远拴在身边⋯⋯

相信父母读完以上文章后,一定会对文中母亲的开明和智慧产生由衷的敬佩。现实中像这样开明智慧的父母确实太少了。

要牛跟着你走,你就别把牛绳牵得太紧,太紧了会把牛鼻子勒痛,牛反倒会把头往后拉与你对抗,这就是人们所说的"牛脾气"吧。小时候我在草坝上捡牛粪,经常目睹放牛娃牵牛时的这个场景。父母对待孩子的学习也与牵牛一样,你把孩子的学习盯得过紧,给孩子的学习负担过重、压力过大,让孩子无法承受,严重威胁到孩子的身心健康的时候,就会激发孩子的自我保护意识,自动对学习活动做出调节,避免让自己因过度学习而伤害自己,对学习产生保护性的抵触情绪,就以厌学懒学的形式表现出来。当孩子厌学的意识战胜了认真学习的意识时，孩子就会放弃学习了。这也是孩子对父母在学习上的过度关注和要求的无声对抗。

上文作者的母亲用绳被牵得太紧会导致牛与人的对抗的道理，来说明父母把孩子的学习盯得太紧会导致孩子在学习上的无声对抗的道理，父母是应该明白的。文中母亲对待孩子学习的智慧，是值得父母们汲取的。对待孩子的学习，父母不妨开明点，别把孩子学习成绩和升学看的比孩子的健康和命还重要。为孩子创造轻松愉快的学习氛围，让孩子从容自如地学习，孩子反倒会有比较高的学习兴致和效率，更能取得好的学习成绩来回报父母。

让孩子不要只为考试成绩而读书

现在只为升学应试的功利性教育，不仅把学校、老师和父母引向了只为考试成绩而教育管理孩子的歧途，也把孩子引导到了只为考试成绩而学习的歧途。只为考试成绩而学习的态度，学习只能浮于表面，只知道死记硬背，可能考试成绩还过得去，可是由于没有领会和掌握知识，对知识一知半解，知其然而不会知其所以然，结果就会一考就忘，头脑就马上空空。这是完全背离了为掌握知识而学习的这个学习目的本质的。

孩子正确的学习目的，应是为了以后独立工作奠定知识和技能的基础的。父母要让孩子明白，为了将来更好的生存和生活，就必须把书读好；为了提高中华民族的整体素质，每个人都必须把书读好。读书是个人成长的必须，喜不喜欢都要把书读好。

所谓把书读好，就是为掌握知识和技能而读书，为提高自己的综合素质和生存能力而读书，而不是为了应付考试而读书。

北大高考状元慈颜谊认为，教育是育人的过程，而不是制造"考试机器"的过程。教育应该是"有情"的教育，而不是"无情"的分数考试制度。教育应该是一片小草丰饶、树木繁茂可以容纳各种鸟儿的森林，而不是小小的，企图把所有的小鸟都变成一模一样的笼鸟。我们也许算得上牺牲品了，但是我们不应该让后来者继续在笼子里傻待着，孩子们受的教育应该是丰富多彩的，他们应该被告知，学习不是为了考试，他们应该在一个健全的环境下被教育，而不是在如今被扭曲的教育下盲目的成长。像老爸评价我的一样："你啊！可能除了读书什么也不会！"

我觉得自己不应该作为一个成功者去传授经验，我真的什么都不会——包括真正意义上的"读书"。

这个学习成绩非常优秀的北大高考状元对自己学习历程的反思得出的结论，居然是"我真的什么都不会——包括真正意义上的'读书'"，不能不说是对目前只为考试成绩而读书的状况的莫大的抨击。一个北大高考状元，感到自己算得上是目前只为学习成绩而读书的制度的牺牲品，言语之中折射出一种悲凉。

除了读书什么也不会，这也是对目前我国应试教育培养出来的人的状况的形象写照。其实，应试教育模式教育出来的人，是连会读书也算不上的。会读书的人是能把书的内容融入自己的知识体系中的人，而不是单纯的死读书只会死记硬背、只会考试的人。只为考试成绩和升入好学校应付考试而不为掌握知识的读书，连真正意义上的读书都不是。这种读书只能称为"学习和考试的机器"！成为"学习和考试的机器"的孩子，将来是无法面对复杂的社会生活，甚至连生存都是问题的。父母必须树立让孩子为掌握知识而学习的观念，以平和的心态对待孩子的考试成绩，教育孩子树立不为考试成绩而为掌握知识而学习的意识，努力把所学习的各科知识理解和掌握好。

父母还要让孩子知道，只为考试而死记硬背学习的孩子，不一定能考出好成绩，而真正理解和掌握了所学知识，做到了举一反三、融会贯通的孩子，就一定会考出好成绩的。

父母对孩子的学习焦躁比孩子的学习问题更可怕

由于把学习看得太重，父母往往沉浸在担忧孩子学习不认真，考试成绩不好的焦躁情绪之中。尤其在升学考试前，看到孩子对考试好像没那么回事的样子，父母就会有一股无名之火在胸中窝着，却又不敢发作，担心发作出来让孩子厌烦，导致孩子的逆反，让孩子更不认真对待考试，所以，父母只好把这焦躁和怒气压抑在心里。父母不知道，情绪是具有传染性的。尽管父母没有发泄出来，孩子却会明显感觉到父母的焦躁情绪。"出门看天色，进门看脸色"，说的就是情绪的传染作用。每个人都有这样的经验，如果你进门见到家人是喜笑颜开的，你就会感到心情舒畅。如果进门见到家人脸露难色，就会感到家里笼罩着沉闷气氛，会让你产生一种巨大的压抑和郁闷感。

在孩子的学习问题上，可以说很少有父母不会焦躁的。父母经常陷入孩子学习状态不好，考试成绩不理想的巨大焦虑之中。只要看到孩子拿着书本，父母就感到踏实，尽管孩子是在应付父母装模作样的学习；只要看到孩子没有拿着书，父母就会内心不安，就会唠叨训斥孩子：你这种状态怎么考得上好大学呀。

孩子的学习状态和考试成绩成为了父母心情的晴雨表。

父母对孩子学习的焦虑和浮躁心理，对孩子情绪影响很大，让孩子在父母面前没有安全感，每天放学后孩子一到家就会感到内心不安，就要面对父母对学习的唠叨或责骂。前面提到过的那位退役回家后唠叨女儿学习的父亲，其实是非常溺爱女儿的，对老师提到的女儿身上的好多行为问题和性格缺陷，他都要为女儿辩解，但是说到女儿的学习，他就有一种焦虑。以致这个孩子考试前就要生病，患了恐考症，通过我的心理辅导才得以消除。

现在的父母在对孩子的教养上普遍表现出两个极大的反差，在孩子生活上无微不至的照护迁就和学习上的苛严，这也让孩子进入了两个反差极大的状态：一方面，父母的溺爱让孩子娇气任性，性格脆弱；另一方面，父母在学习上的苛严又让孩子压抑逆反，产生了人格缺陷。父母这两个反差极大的教养方式很难在孩子身上统一起来，让孩子的成长也处于扭曲状态。

父母把让孩子过舒适的生活和取得优秀学习成绩都看得非常重。溺爱让孩子脆弱经受不起挫折，学习上的苛严却让孩子倍感压抑，就与父母直接或无声对抗。父母知道孩子心里很脆弱，看到孩子学习状态不好又不敢任意发作，一团无名之火压抑在心头不发泄出来，致使孩子被笼罩在父母心理阴霾的沉郁之中，让孩子压抑得喘不过气来，孩子哪里还能静得下心来学习呢。这也是不少孩子放学后不愿意回家而去网吧沉迷上网的重要原因。

父母对孩子学习上的焦虑情绪，对孩子维持良好学习状态和学习效果是有百害而无一利的。

孩子的学习出问题并不可怕，可怕的是来自父母内心不安背后的这些干扰源。孩子心理层面的支撑乱了，更可怕。家长要如何做到调控自己的情绪？首先，孩子出现一个问题时，你先不急、不躁，你要平静下来，把自己的情绪先调整好，然后再面对问题。只有平静的内心，才有可能沉淀和吸收教育的理性思考。只有父母内心平静下来，对孩子的教育点才会变得清晰，才能把父母对教育的理性思考沉淀到内心里面，沉淀为自己的一种状态。孩子的教育效果在哪里，在于父母能否做到对教育思考的沉淀，沉淀到你的内心，以冷静平和的心态对待孩子的学习和成长。

以平和的心态对待孩子的学习，以科学的方式管理孩子的学习过程，以顺其自然的心态对待孩子的学习结果，才能让孩子心态平和愉悦的学习，孩子的学习状态反而会更好，也会收到意想不到的学习效果。

第十二章　怎样科学管理孩子的学习

激发孩子内在学习动力，形成孩子自觉主动学习的习惯

　　教育部基础教育司副司长朱慕菊女士在新东方第二届家庭教育高峰论坛的演讲中说："90年代中期教育部为联合国儿童基金会做的一个研究项目，是幼儿园到小学衔接的研究。从幼儿园的小朋友怎么样适应小学的生活，我们曾经做过五年的研究。这个研究揭示了一个非常重要的事实，什么样的孩子到小学以后非常适应生活，而且成绩一直非常好，各方面的发展都很好呢？就是具有积极性的学生。对所有的事情都抱着积极态度的学生，成功的概率非常大。另一个研究是丹麦理工学院接受欧盟的委托，对三大国际评价项目的数据进行了综合的研究，提交了一个报告。报告里面揭示了一些规律性的问题。学生成绩和什么有关系？学业成绩和学生的动机有关系。一个学生他的动力系统非常好，有兴趣、有热情，就是刚才我说的很积极的态度，这样的学生从数据的结果看成绩是好的。

　　做什么事情，有做事的主动性、有把事情做好的自觉意识，即内在动力，才会专注所做的事情，才会有做事的效率，最终取得好的做事效果。对需要高度自觉和付出艰苦的智力活动的学习来说，更需要内在动力，单靠老师和父母的督促和逼迫等外界条件，孩子对待学习是被动的，注意力就会不集中，就不能专注于学习，是难以取得学习效果的。现在不少孩子学习缺乏自觉性和主动性，在父母和老师逼迫之下学习，为了避免老师的惩罚和父母的责骂才学习。这种不是发自孩子内心想学习而缺乏内在动机的很被动的学习，学习效果自然不会好。学习成绩好的孩子在学习上有自觉性和主动性，根本不需老师父母等外界的督促，其学

习过程自然很认真很专注，学习效率高，学习效果自然就好。

要孩子自觉主动地学习，首先是要孩子树立明确的学习目的，让孩子知道为什么要学习。有明确学习目的的孩子，不管是为了人类做更大的贡献等远大崇高目的，还是为了一心要考上好学校好大学带功利性的目的，只要孩子知道学习对自己重要，有明确的学习目标，孩子就会有学习的动力，就会自觉主动地学习，就会专注于学习过程，并且能克服和战胜学习困难，自然会有好的学习效果。

学习成为了孩子自身的需要，孩子在学习上就有了内在动机作为学习的推动器，再苦再累都心甘情愿，就会专注于学习过程，再大的困难也会努力去克服，学习过程就不会感觉那么苦了。

在学习上好的状态是孩子喜欢学习。喜欢学习是孩子重视学习、认真学习的最大的内在动力。因为喜欢学习，孩子对学习就会充满热情，对取得好成绩就会充满渴望。

让孩子喜欢学习的着眼点，是要让孩子感觉学习有意思、有乐趣、有学习的成就感，至少让孩子感到学习不是一件痛苦的事情，在学习上没有挫败感。

孩子学习的挫败感往往不是因为孩子学习困难而致，而是由于总是受到老师和父母的不良评价所致。

著名家庭教育专家皇甫军伟说："当一个人对学习失去热情之后，再好的智商也谈不上很好的发挥。"

一个升入清华大学的孩子的妈妈就激发孩子的内在学习热情时给父母提出的建议，值得父母借鉴：你把儿子抱在怀里（让他感觉到话题有分量），语重心长地给他讲现实社会的大环境，就业形势严峻，工作爸爸妈咪也没能力给你找，以后找工作全靠你自己。工作有很多种，工作的环境差异也很大，如……（你给他举例），将来你要想有好的工作、生活，完全取决于你现在中学阶段认真努力的程度，在你这一生中，要想长大过你理想的生活，宝贝就要珍惜你现在短短的三年初中。初一，你刚熟悉，转眼你就初二了，等你认真学点知识时，一晃就是初三了，时间过去再也不会回来，只能成追忆了。

我在学校对学生进行学习心理辅导谈到学习的重要性时，都要把学习放在孩子整个一生的成长发展和生活中去考量，让学生明白，现在短期学习上的辛苦，可以换来以后人生好的发展和高品质的生活；现在短期的贪图轻松潇洒享乐的生活，却会让自己成人后的生活陷入长期的艰难之中。从而让学生懂得，学习是关系到自己一生的发展和生活幸福的重大问题。我还要从知识对提升一个人的精神文化素养和价值层次方面，让学生懂得学习的重要，激发学生建立学习是自己的事情的观念，让学生建立重视学习、自觉主动认真对待学习过程的意识，以此形成学生自觉学习的内在动力。学生会感觉我讲得入情入理，我讲的道理深入到了学生的心灵，从而激发起学生要求自己好好学习的热望。学生真的就在以后的学习中，做到了尽量克制自己的玩性，逐步表现出了对学习的热情。

学习进入的最好状态，就是孩子乐于学习。孩子是乐于学习的，就自然具备了自觉主动学习的动力。针对中小学生学习负担越来越重，压力越来越大的现状，近些年来一些教育专家提出了"快乐学习"口号，这对于引导老师和家长让孩子克服对学习的畏惧情绪，减轻学生由过重的学业负担带来的过重心理负担无疑是有益的。

对于什么是快乐学习，通常的理解是让学生在轻松愉悦的氛围中学习，教育者要做到的是寓教于乐，让教学过程变得轻松愉快，这无疑是正确的教学思想。

然而，对于没有学习兴趣，不喜欢学习的孩子来说，老师无论营造怎样轻松愉快的教学过程，也不能让孩子感到学习的快乐。对于那些视学习为畏途、厌学的孩子来说，无论怎样的愉快的学习氛围对他都不会有吸引力。

人们往往把快乐学习理解为要让学习过程是快快乐乐的。其实这是一种误解。学习是复杂的思维活动，是一个克服学习困难获取知识的过程，要通过努力才能掌握到所学的知识，不少时候要通过冥思苦想才能找到一道题的解题思路，这种学习过程大多是并不快乐的。能把学习当作快乐事情的人并不多。

我理解的快乐学习就是乐于学习。学习过程本身大体上是不快乐的，即使对那些乐于学习的孩子，其学习过程也不一定就是快乐的。多数学习成绩好的孩子，对学习并不一定感兴趣，而是迫于某种责任而读书，所以即使能形成学习上的自觉，他们的内心也不是乐于学习的。只要不是乐于学习，学习就不会是快乐的。在学习上下功夫才能取得好成绩的，下功夫就不是快乐的。

按照人们对快乐学习就是快快乐乐的学习的理解，就可能导致这样一种错误倾向，学习必须是快乐的，不快乐就不要学习了。

乐于学习是一种良好的学习心理品质。当孩子乐于学习，把学习变成了一种内在需要的时候，孩子对待学习就会进入自觉主动的状态，优秀学习成绩的取得就有了可靠的保证。

能够感受到学习的乐趣，把学习过程当成一种享受是学习的最高境界。然而进入这种境界却不是轻而易举的事情。只有那些长期坚持让乐于学习成为了一种习惯的人，才能进入这种境界。当孩子让乐于学习成为了一种习惯的时候，要他不学习都不可能。

要让乐于学习成为孩子的一种习惯，一种生活方式和生活常态，关键是要让孩子在轻松愉快的氛围中学习，不要给孩子的学习有过高的期望和过大的压力。父母既要关注孩子的学习成绩，更要关注孩子的学习状态和学习过程，关注孩子是充满兴趣和热情、自觉主动的学习，还是消极被动被父母逼着才学习。

孩子对学习充满兴趣和热情，父母就要给予肯定和激励，及时表扬孩子在学习上的点滴进步，激发孩子对学习的自信。如果孩子是消极被动的学习，父母千万不要以埋怨训斥甚至责骂体罚方式去逼迫孩子学习，好的方式是降低对孩子学习上的要求，让孩子通过努力能学到什么程度就什么程度，以平和的心态对待孩子的学习成绩。如果孩子能够感受到父母的通情达理、父母对自己的体谅，感到不认真学习确实对不起父母，那么孩子自然就会认真学习了。

> 北大高考状元张亚勤父亲说："亚勤很小的时候，也就是刚上学时，我们对他的学习管得还是比较严的，就是一定要按时完成作业，做作业时要专心。她小的时候很乖，每天都很自觉的学习。她上中学后，这个学习习惯就成自然了，学习成为了她习惯性的活动。这时我们就偏重于'宽'，平时不在乎她考上什么好学校，只要把学习看成是她生活中不可分割的一部分，就算达到我们的目的了。"

父母试想，如果乐于学习已经成为了孩子的一种习惯，成为了孩子生活不可分割的一部分，你还需要劳神费力地管孩子的学习、还需要担心孩子的学习成绩吗？孩子形成了乐于学习的习惯，父母可就轻松了。我的孩子的成长就是处于这种状态。知道我的人都很羡慕地说，你的孩子学习那么自觉，又那么优秀，从没让你们操心，好羡慕你们呀！可是，他们却不知道，这是我们从小重视培养孩子乐于学习的品质和形成了孩子良好的学习习惯的结果。

为孩子创造良好的学习环境

孩子是否热爱学习，是否能建立和保持对学习的热情，与孩子是否具有良好的学习氛围和安静舒适的学习环境有很大关系。

浓厚的家庭读书氛围

孩子学习状态，可以作为衡量家庭学习氛围、父母是否重视孩子学习的一个重要指标。当然，不是家庭学习氛围浓郁、父母重视孩子的学习，孩子的学习就会优秀，但是，如果家庭没有学习的氛围，父母不重视孩子的学习，孩子的学习就一定不会优秀。虽然，很大一部分高考状元的父母，没有太多的文化，但是他们对待孩子学习的态度不仅理性，能让从孩子内心建立对读书的热爱，而且不少高考状元的父母，就是热爱学习的，在学习上为孩子做出了表率。

父母喜欢读书对孩子喜欢读书、形成读书习惯起到的是潜移默化、润物无声的榜样作用。

天津文科状元刘小溪就认为，她的一切都应归功于"睿智的父亲，亲切的母亲"。在她的印象中，父亲每个星期天都会准时守候在电视机前，认真地跟着教学节目"你好，日本"学习日语。几十年过去了，父亲学习日语的劲头没有丝毫懈怠。而母亲在学校读书时一直保持班级前三名，工作后仍然坚持电大学习，刘小溪经常偎依在母亲身边，出神地看着专心学习的母亲。父母努力认真的学习态度，形成一个以学习为根本的家庭环境，给刘小溪以后的勤奋学习埋下了种子。

北大状元曹志玲就是在父母热爱学习的氛围影响下乐于学习的。曹志玲的母亲是高中语文教师，父亲是记者，母亲的爱好就是读书。谈到父母读书对女儿学习兴趣的影响时，志玲的母亲说："我们是一个幸福、民主的家庭，我家的学习氛围很轻松、愉快。直到现在，我和她爸爸仍然保持着每天学习的习惯，经常学习外语、电脑等知识，这种家庭氛围也培养了志玲的学习兴趣。"

在我国古代，一直把那种一代又一代的读书之家称为"书香门第"，这些家庭也是令世人称道和羡慕的。这些家庭为什么能成为书香门第，就是因为读书已经成为了这些家族世代相传的家风。在一代又一代父母喜欢读书的品格熏陶下，孩子自然也喜欢读书了。一代一代喜欢读书的孩子成为父母后，又都保持着喜欢读书的习惯对孩子施加影响。"书香门第"的家风自然成为传家之宝。

如果能让读书成为家庭的文化氛围，成为家风，何愁孩子不认真读书呢！

清静的家庭学习环境

孩子每天的学习时段由两段组成，一段是白天在学校的学习，一段是放学回家后在家的学习。白天在学校的学习主要是在老师的教授下学习新课，放学回家后主要是复习功课、做作业巩固当天学校学习的知识内容。白天在学校有老师组织和控制学习过程，而放学回家后则要孩子自主的学习。孩子的自主学习需要一个安静的环境。如果孩子在家学习的时候，父母找人在家里打麻将，或者让朋友在家聚会，搓麻将的噪音和聚会的嘈杂声肯定会影响到孩子的学习的。所以，家里有读书的孩子，父母最好不要叫人在家里打麻将和组织家庭聚会，就是父母看电视也要把音量开得小一点，避免对孩子的学习造成干扰。

我的爱人喜欢打牌，当我们的孩子开始进入小学时，我就给爱人打招呼，你出去打牌我不反对，但是我不容许任何人到我家里来打牌，包括兄弟姐妹亲戚朋友都不行。所以，孩子从小学到高中毕业我家里都没有人来打牌。这个习惯在孩子考上大学后也一直保留了下来。因为我也喜欢读书写作，家里需要安静的环境。

和谐的家庭心理环境

和谐的家庭心理环境对维护孩子的心理健康，保障孩子安心学习非常重要。如果父母关系不好，经常吵闹打架，会让孩子经常处于紧张惊恐烦恼之中，孩子的心理会受到很大伤害，让孩子在家缺乏安全感，还可能导致相应的心理障碍，自然静不下心来学习。父母对孩子教育方式错误，导致孩子与父母的亲子冲突严重，对父母产生了讨厌、怨恨心理，孩子就更没有心思学习了。因此，为孩子营造一个和谐的家庭心理氛围，不仅对孩子安心学习有利，而且对维护孩子的心理健康有利。

夫妻之间免不了磕磕碰碰，但是要吵最好等孩子不在家时吵，孩子在家，最好各自忍让一下，更不要当着孩子的面大打出手，那样会把孩子吓坏的。当然，最有利于孩子身心健康和学习的，还是父母相亲相爱、关系和谐。

重庆2007年高考文科状元黄文帝的父母都是农民，孩子读高中的时候在巴南区一家私营小服装厂打工，父亲黄仁全是个裁剪师傅，母亲严光荣则做了多年的车工，一家三口租住在工厂旁边一个单间小屋。

"我和他父亲文化都不高，对娃儿的学习也帮不上忙，只能是在生活上支持，家庭和睦算是对他最好的关心吧"，母亲严光荣说，在孩子面前，夫妻俩表现永远都是最恩爱的，哪怕有时也会发生一些争执，但从来都没让黄文帝看见过。

严光荣说，感到最幸福的时候不是知道儿子告诉她高考考了多少分，而是每个周末黄文帝回家的时候，因为儿子总是拉着她的手，跟她讲学校里发生的种种新鲜事。她对记者说："儿子考上大学要出远门了，心里还真舍不得。"

黄文帝能成为高考状元，与父母为他营造的父母恩爱，亲子和谐的氛围，不能说没有很大关系。

宽松的学习心理氛围

孩子在家的学习更需要的是宽松的学习心理氛围，然而不少父母却总是有意无意在家里造成孩子的不愉快心理。

不少父母对孩子的学习期望太高，管得太紧，反而不利于孩子轻松自如的学习。还有的父母陪在孩子身边学习，给孩子以父母不信任自己、监督自己学习的感觉，孩子不仅不能心情舒畅的学习，还会产生压力感和对父母的厌恶感，因而不能专注于学习和作业，影响学习效率。

几乎所有高考状元的父母，对待孩子的学习都是开明的，给孩子学习和成长宽松、自由的空间，在孩子的学习成绩和名次上也没有过高的期望和要求，反而起到了"无心插柳柳成荫"的效果。相反，不少父母对孩子学习分数的关注过多，升学期望太高，致使孩子的学习心理压力过大，学习状态反而不好，学习成绩总是不理想，起到的是"有心栽花花不开"的效果。

黑龙江2007年高考理科状元马超在学习上一直保持着良好的心态。父母也愿意让她自立，什么事情都让她自己拿主意，在学习方面也没有过多强调一定要考到前几名。由于家人没有给她施加压力，她参加高考前都是按部就班，保持一颗平常心。考试那几天也没有太紧张。

重庆 2007 高考理科状元陈竞高考考了 700 分，陈竞的妈妈表示并不太意外，因为"她的习惯很好"。当了 20 多年老师的陈妈妈告诉记者，他们从小就注意培养陈竞良好的生活和学习习惯，比较注重娃娃的自由发展，"从来没有想过她一定要考状元。""我们从来不以分数评论孩子。"陈妈妈很信任自己的女儿，"我们从来没有因为一次考差了就埋怨她，而是让她好好分析原因，以后就改正。"

还有一点要对父母特别强调，就是孩子读书、写作业的时候父母在旁边守着，或者孩子在学习的时候，父母一会儿给孩子端牛奶，一会儿为孩子送水果，都会干扰孩子，让孩子不能静下心来学习。孩子读书、写作业时父母坐在旁边守着，还会让孩子有被父母监视的感觉，让孩子产生厌烦心理，不仅对孩子专心读书、写作业是一种干扰，而且会导致孩子与父母情感的疏远，是一种愚蠢的做法。

培养孩子哪些良好的学习习惯

人的生命状态是受习惯的制约的，学业成就莫不是如此。著名心理学家王极盛先生访谈过 200 名高考状元，他认为这些状元们都有良好的学习习惯。在他总结高考状元的父母培养孩子的六个秘诀中，重要的一条就是培养孩子良好的学习习惯。

担任中学教师几十年，我在工作中对学生的观察也发现，孩子的成绩与他们的学习习惯是成正比的。学习成绩好的孩子学习习惯都很好。诸如，自觉主动学习的习惯，认真听课的习惯，善于思考问题的习惯，不怕学习困难的习惯，及时复习和课前预习的习惯，先弄懂题意、分析思考再做题的习惯，认真细心的习惯，书写工整的习惯，善于动脑的习惯和良好的考试心理等等，都或多或少在学习成绩好的学生身上体现出来。

北大高考状元龚欣的父亲说："学习习惯的培养比学习成绩更重要。没有好的学习习惯，学习成绩是不稳定，也是不能持久的。龚欣的学习秘诀主要有三条：一是上课认真听讲；二是学习过程做适当的休息；三是不断寻找适合自己的学习方法。"

多年在中学从事教学的观察研究中，我归纳出了优秀学生的良好学习习惯主要有以下一些品质：

乐于学习，自觉主动的学习态度

态度决定状态，状态决定成败，这是做好任何事情必须遵循的法则。然而，态度却有积极与消极之分。人生态度的积极与消极决定着人生状态的好坏。积极的人生态度表现出充满热情和活力的精神状态和积极的人生追求；消极的人生状态的人则表现出死气沉沉、萎靡不振的精神状态，缺乏人生追求。人生状态的好坏，决定着人生的成败与生命价值。

学习态度决定了学习的状态，学习的状态决定着学习的效果。良好的学习状态表现为持久的自觉、主动、认真的学习态度。

一个升入清华大学的高考状元，其母亲说道：你现在要语气温柔给儿子讲，课本里的知识，所有的同学都在学，大家知道的相差不多，如果自己所知道的知识比别的同学多，你内心会特别自豪，不但爸爸妈妈开心，老师也高兴，同时，你班上的同学也会很羡慕你，那时同学才来追赶你，就追不上了，你比别的同学知道的知识多，你学习起来就很轻松，你说妈妈说得对不对？在这点上你要想办法激起他的自大心和自信心。你要注意，只能这样绕着讲，不能直接喊他看书学习。

关于听写：关于听写，都知道川普不标准，我解决的方式是请他用默写的方式来完成。他不解，睁着大眼睛盯着我，我说没人给你念，你能想到你所学的所有生字而能默写出，那不是证明你很棒。他老老实实回他书房去，老老实实把他的语文拿来放在我面前，我看这一举动，我说过来把你的书拿走，妈妈相信你不会看，他又老老实实把书拿走。

孩子自觉主动的学习习惯，还应表现在校外的学习上，不在父母督促或监视下能自觉主动地学习，完成家庭作业。父母要与孩子一起商量，把孩子每天放学回家后的学习、娱乐和睡觉等时间科学安排好，让孩子养成有规律的学习、娱乐和睡眠的习惯。要求孩子应把握的原则，一是先学习作业，再娱乐和睡眠；二是必须保证睡眠时间，规定孩子在晚上什么时间前必须上床睡觉。小学生和中学生每天分别应保证至少九小时和八小时的睡眠时间。

从小我对孩子学习上就很重视孩子学习的自觉性和主动性培养。小学的时候，孩子叫我为他听写，我问他自己能不能背着写，他说能，我就说，那你自己写吧。从小学到高中，孩子的学习成绩都很优秀，但是我基本没有专门为他辅导过，我是数学本科毕业的，就是在数学上我也基本没有对他专门辅导过。孩子养成了自觉主动学习的习惯，让我们基本没在孩子的学习上烦恼过，很轻松。

脚踏实地，认真仔细的习惯

踏实、认真、仔细是保证学习质量的良好品质。不少孩子平时学习状态还可以，学习也学懂了，知识也理解掌握了，可是考试就是考不出真实水平，一个重要原因就是平时没有养成认真仔细的习惯，作业马虎，致使考试时过失性失分太多。

培养孩子认真仔细的习惯，以下这位妈妈的做法很值得父母借鉴：

老师布置家庭作业要家长检查签字：我采取的方式是，请小孩自己检查，检查好拿来我签个字就行。在签字时询问：你检查后都没有错了吧，他确定说没有错，家长就签字。但是，在他检查时也有没有检查出来的时候，你明看到有做错的题，你不要给他指出来，让他明天的作业本有一个红叉，面对这一情况，你只要说一声昨天为什么没有检查出来即可，家长不要太严厉，不要让小孩有担心你打他的时候，一切以讲理为主。这样他下次检查就会认真很多。让他明白学习是他自己的责任和任务，不是为家长学的，和家长没有关系，家长有家长的责任；让小孩自己检查，学习上的事尽量让小孩自己管理。就避免了家长担责任：如家长检查签字后第二天小孩回家对你说，看嘛，你有一道题错了都没检查出来，那时家长就只有无言以对。

云南理科高考状元张维的父亲张培柱培养孩子认真仔细学习严谨的做法，也值得父母们汲取。他说，很多小孩都有马虎、不认真的习惯。记得儿子在小学3年级的时候，下午放学时我去接他，问他书收好了没有？他说收好了。回到家一会儿，他跑来对我说：数学课本收漏了，我要求他自己返回学校去拿。晚上针对这件事情对孩子进行了教育，平时学校老师都要求家长检查孩子的作业，但我只是签个名，作业要求孩子自己检查，检查不认真到学校就会受到老师的批评，经过几次批评，孩子马虎、不认真的习惯有了很大的改进。

学生来向我咨询怎样才在考试中发挥好的问题时，我都要向学生说明，通常考不出真实水平的一个重要原因，就是过失性失分比较多。导致过失性失分的原因，就是平时没养成认真仔细的习惯，例如，平时计算题没有认真仔细地做正确，做题中没认真仔细读题、没有领会题的意思就做题，还有书写不工整等等不良学习习惯，都可能在考试中导致过失性失分。每当我谈到过失性失分的问题时，学生都会说，我就有这个毛病，做题马虎，所以会做的题却没有做正确，把分数失去了。我还会对学生分析说，如果你一科至少减少两分过失性失分，八个考试学科就有可能提高近二十分的总分，这是在平时要付出多大努力才能提高的分数呢。所以，要提高自己考试总分的一个有效方法，就是尽量减少过失性失分。平时养成认真、仔细的习惯多么重要。

父母不妨照我分析的方式让孩子认识认真仔细的习惯对于学习的重要性。这种习惯一旦养成，也会潜移到孩子以后做任何事情当中，是会让孩子终身受益的。

培养孩子认真仔细的习惯要在孩子较小年龄开始，从把字写端正，词写正确，解题过程完整规范开始。而且一定要严格要求，字没写工整、题没做正确一定要孩子重来，直到符合要求为止。长期坚持，孩子认真仔细的习惯就一定能形成。

把握正常学习时间，重在课堂的习惯

孩子的学习是否优秀不能单看孩子的考试成绩是否优秀，而要看在什么学习状态下取得的学习成绩。孩子在正常的学习时间内、在比较轻松的状态下学习取得的优秀成绩，才是真正的优秀。如果是通过加班加点、熬夜或补课、在非常苦、非常累的学习状态下取得的优秀成绩，就不是真正的优秀。

孩子的正常学习时间在哪里，不是在校外而是在学校，是在学校的课堂内。父母要让孩子学得既轻松又有好的学习效果，就一定要让孩子形成重视在学校课堂学习的习惯。孩子在课堂上认真听课，积极思考，力求在课堂上掌握所学内容，保证在学校的正常教学时间内完成学习任务，才能让孩子回家后有比较充裕的时间复习消化做作业，不在校外还去额外补课，避免把校外变成第二课堂，可以避免孩子处于疲于奔命的学习状态，既影响孩子的身心健康，也不利于提高孩子的学习效率。

我的孩子就从来没有加班加点的学习过，也没有补过一节课。即使在高三最后一学期面临高考，孩子基本上每天晚上都是在11点前睡觉。就是因为他在学校的学习非常主动认真，非常重视课堂学习，所以他的学习效率非常高。在读初中的时候我曾经问过儿子：怎么没有看到过你回家背英语单词呢？儿子回答说，我在课堂上就背。儿子学习的自觉性和主动性主要表现在学校学习上，所以他不仅一直保持了优秀学习成绩，而且学得很轻松。

北大状元龚欣的父亲认为："学习重在课堂，课堂45分钟所达到的效果是家教、培训班等不能比拟的。"在谈到关于女儿的课堂学习状况时，龚父说："龚欣有一个很好的习惯，就是上课听讲时，她会全神贯注，眼睛和手跟着老师的讲课同时进行，可以说是全身心地投入到里面去。这时不管外面噪音有多大，都与她无关。她眼睛里只有老师，耳朵里只有老师讲课的声音。"

上课全神贯注，注意力高度集中在课堂老师的讲课上，思维紧跟老师的课程进度运转，可以说是学习成绩优秀的孩子都具备的品质。

北京理科高考状元胡梦萦谈到学习方法时说，至于学习方法的话，我觉得最重要的一点就是要相信老师，跟着老师走，然后提高效率，而不是去花时间，尤其是在上课的时候，效率是非常重要的，像老师布置的作业，不光是只是把它完成了，而是要用心完成。像还有比较重要的一些，就是自己做知识的总结，一个是知识的总结，还有就是错题的总结，像我们老师从高三就推荐我们自己做整理错题本，就是非常有用，非常好的。

要保证孩子具有比较充足的玩耍和休息睡眠时间，就要让孩子形成在规定时间内完成学习任务的习惯。

有一个升入清华大学高考状元的母亲对待孩子放学后做作业的做法是：规定一定作业时间，到时间就不准他做了。他说家庭作业不做完，明天会被老师罚的，但我告诉他，什么时间做什么事，不能挪用。第二天他一大早就起来做，我同样不准，他是哭着上的学。这以后，他是先做完作业才吃晚饭，一直到高中毕业，都是以先完成作业为首任。从初中到高中，所有作业都是在学校就完成。当时我是不准我儿子占用他玩和看课外书的时间用来做作业的。（好玩吧）

正视学习困难，不怕吃苦的习惯

古人说，书山有路勤为径，学海无涯苦作舟。古人是深谙读书的辛苦的。由于认真的读书是要眼耳手脑等五官并用，要理解知识和解决问题，不少时候还要通过冥思苦想才能完成。所以，读书学习没有吃苦精神是根本不行的。

不少父母只知道要求孩子在学习上要达到什么程度，却不知道孩子学习负担有多重，不了解孩子读书有多苦，升学竞争压力有多大，这是导致父母与孩子亲子隔膜的一个重要原因。如果孩子知道父母理解自己学习的辛苦和压力，并被父母鼓励不怕学习困难，让孩子感受到心理上的支持和抚慰，孩子就会受到很大的激励，从而建立和保持对学习的信心和良好状态，并努力克服学习困难，那么孩子取得好的学习成绩就不会有大问题了。

> 重庆高考理科状元陈昕昕父母撰文说，陈昕昕在家中的写字台前贴了两张纸条，一张写的是：吃得苦中苦，方为人上人。另一张写着：书山有路勤为径，学海无涯苦作舟。她经常叨念的一句话是：天才是苦才，只有付出的努力比别人多且善于苦中作乐的人才能成为天才。我俩听到她能说出这样的话，心里感到既踏实又欣慰。随着知识的增加，阅读能力的提高，她开始利用寒暑假自学下期的内容和数学奥赛教材，渐渐养成了超前学习的习惯。

追求人生成功之路，需要有永不言败的心态，在学业上也不例外。所谓永不言败不是永远不败，而是不怕失败、能正视失败和具有百折不挠的、战胜失败的勇气的良好心理状态。永不言败是事败心不败。事实上，人生路上随处可见的是失败，胜败乃兵家常事，永远都不会有常胜将军，可是却有内心保持强大的将军。

现在不少孩子厌学懒学的一个重要原因，就是没有吃苦精神，怕承受学习的困难和压力。如果父母能够让孩子克服掉这个弱点，让孩子养成克服学习困难的坚强毅力，那么学习困难对孩子就不成问题了。

北大高考状元刘鹏程应届毕业参加高考以 8 分之差与北大失之交臂，在第二年复读后考上北大。刘鹏程开始复读的几个月心情非常压抑，面对来自各方面的压力，他背负着沉重的使命。前几个月的生活处于平静的郁闷中，重复着相同的事情，机械、麻木，效果不好，因为没有太多的激情与活力。为了改变这种生活，他选择坚持在课外活动时间到操场跑步，每次 2400 米，无论刮风下雨下雪，天天如此。连高考期间也没停过。他对父母说："我听一些复读的人说过，复读是一件很恐惧的事情，因为高四生的压力很大，对我来说，感觉就是那么回事。只要搞明白是在继续朝梦想前进，那么所做的一切就顺理成章了。"

在复读期间，他也遇到过大大小小的挫折，父亲发觉后鼓励他说："一定要坚持自己的梦想，只要拥有梦想，你就永远不会放弃。"鹏程终于战胜了第一年高考失败带来的心理阴影，于第二年高考考上了梦寐以求的北京大学。高考后鹏程对父亲说："爸，这次复读的经历，让我学到了不少人生经验，人总是要经历过许多事情，只有这样，才能渐渐明白人生的意义。我不敢说自己已经参透人生的真谛，但至少懂得——没有苦，便没有甜。回忆往昔岁月，感谢生活的苦难给了我坚强的翅膀和一颗不屈于命运的心！……"

孩子在人生道路上遇到挫折的时候，在学习上遭遇失败的时候，最需要的不是来自父母的责骂训斥等打击，而是来自父母的理解、鼓励和支持。父母应该成为孩子成长路上的强大的心理正能量的来源，支撑孩子迈过人生的坎坎坷坷。

勤于思考，知难而进，善于反思的习惯

孩子养成了勤于思考、知难而进、不断反思自己的学习状态是否良好、学习方法是否得法、学习有哪些得失的习惯，就有了促进学习不断进步的保证性条件。

高考状元陈维的父亲张培柱善于引导孩子对学习进行反思，分析成败得失的原因，他说："每一次考试后，常常听到家长问孩子：'你考试得多少分，90 分，很好；70 分，你怎么这样笨。'而我们每次听到分数后不是责问孩子的分数，而是帮助孩子分析失分的原因：是粗心大意做错了？还是根本就不会做？如果孩子是因为粗心大意而失分，我们就要教育他改掉这一坏习惯。如果是不会做，那就是知识点还没有掌握，就要对孩子的学习进行查缺补漏，这样孩子的考试成绩才能有所提高。我们的孩子在读高二时，有一次考试，解析几何才考了 90 多分，处于班上倒数的水平，当我们看了他自己的试卷后，才发现他有很多概念没有理解，很多公式应用错误，结合这次考试的情况，我们及时对他进行教育，要求他重新认真学习这一块内容。由于我们教育处理得当，他在高考中数学考出了 148 分的高分。"

多年与学生打交道中我了解到，现在不少学生学习成绩不好，就是缺乏勤奋和知难而进的精神，尤其是懒于动脑，不愿意在学习上多动脑筋。见到稍微难的题目就放弃，对那些文字稍微长一点的作业和考试题，不少学生连题都懒得读一下就不做，其实好多文字阅读题目，只要孩子认真读了题就能做，但是不少孩子就是懒得去读，懒得动脑。这是影响不少孩子学习进步的相同的不好习惯，父母要留意你的孩子有没有这种坏习惯。

对于孩子对学习的懒惰的毛病，父母可以采用恰当的方式提出要求，同时给予更多的肯定、鼓励、表扬、激励等方式让孩子逐步克服。孩子在学习上有了小小进步就应该肯定和表扬，对孩子树立对学习的信心和热爱是有利的。

张弛适度，讲求学习效率的习惯

无论是学校教育还是家庭教育在对孩子取得优秀学习成绩的导向上，都进入了一个极端的误区，就是没有效率观念。所以，老师和父母总用无限延长学习时间和加大作业量来实现孩子的优秀学习成绩。我在二十多年的中学任教中，还很少发现有教学效率观和学生的学习效率观的校长和老师。

大多中小学校校长和老师基本没有"效率"这两个字的概念，一直以来都是靠使"蛮力"来提高教学成绩和升学率。这样不仅让学生学得累，老师也教得累。学校教育既如此，家庭教育就更是不得而知了。

无论是初中还是高中学校，在正常工作时间内安排延迟课，高中周六上课已经成为了常态，暑假寒假学校变相安排初三学生集中补课成为了常态，春节寒假补课成为了高三教学的常态等等。在四川省有部分地区被称为高考大户的高中学校，就是靠延长学习时间和高密度的考试的"魔鬼式"的教学方式来实现高升学率的。这种学校虽然高考升学率确实高，但是，这种高升学率是以损害学生的身心健康来获得的，相信这些学生在以后的学习中会普遍后劲不足，进入大学后马上放松下来的也不会少，而且心理疾病发生率也会非常高。

在周末和节假日，孩子们除了要完成各科老师布置的大量作业外，还要完成多学科补习老师布置的作业，有的家长还要为孩子另外布置作业。真是"触目惊心"！孩子们的负担有多重，身心有多苦，是校长、老师和父母们没有想过、没有体会过、更不会理解的！

这都是应试教育惹的祸！都是教师和父母们的狠心和愚昧惹的祸！

老师和父母不知道，玩耍是人的天性。玩耍是调整身心、保持人的精力和愉悦的基本需要。不仅儿童少年喜欢玩耍，成人也喜欢玩耍，各个年龄段的人都喜欢玩耍。

父母通常会进入这样一个误区，认为孩子玩耍就一定会影响学习成绩，只要看到孩子玩耍就心焦火冒的。从而剥夺了孩子玩耍的权利，把孩子变成了学习的机器。

但是让父母不能理解的是，孩子已经费那么大的劲学习了，可是为什么学习成绩仍不理想？父母没有想过，得法的学习事半功倍，只靠时间和题海的愚蠢方式事倍功半。孩子在疲于奔命、疲惫不堪的应付状态下的学习，不仅不会有高效的学习效果，而且会让思维变得越来越迟钝。

无论是小孩还是成人，都需要以玩耍、娱乐的方式调整学习或工作疲惫了的身心。就像弹簧一样，如果总是处于紧绷状态，那么弹簧不是会变形失去弹性，就会在某一时刻被拉断，变成一个废弹簧。人的生命活力也是一样。如果长期处于疲惫不堪的状态，身心就会垮掉。玩耍可以让大脑得到调整，让学习具有更高的效率。

玩耍也是小孩的一种学习方式呢。

张弛有度，会学习也会休息，会做作业也会玩耍，这是那些保持学习优秀成绩和持续、旺盛的学习状态的孩子共同的特质。那些靠耗费大量时间和精力苦读书的孩子，其学习成绩也一般都不会进入优秀的行列，而且还感到学习很吃力，表现出后劲不足，学习成绩逐步下降，名次越来越后移。

"好好学习，好好玩"，这是我在二十多年前就总结提出的取得优秀学习成绩的法宝。所谓磨刀不误砍柴工，做任何事情要有效率和成效，都必须遵循张弛有度的原则。学习、工作与娱乐、休息、玩耍都要兼顾协调，才能保持旺盛的精力和生命活力。

就孩子来说，玩得好是为了学得更好，那些为了学习少有玩耍乃至缺乏玩耍的孩子，其学习效率一定不高，学习成绩也一定不理想。学习成绩优秀的孩子一般都是学是学玩是玩，学得好也玩得好，做到了"小考小耍，大考大耍"的孩子。

唐山市的文科状元周天一有着不太过问孩子学习的开明的父母。

周天一家具有良好的生活环境，但是记者惊奇地发现，她的房间里竟然没有一张做作业用的书桌。

母亲姚俊玲说，是天一自己不让买书桌的。她的作业都在学校里完成了，平常不在家里做题。她回家后常常是捧着书，听着音乐，一边绕着床走，一边看书。

"原来我们有过担心，但是她的学习成绩并没有受到影响，我们也就放心了。"姚俊玲说。

在家里，父母和天一谈论最少的就是学习。不干涉、注重引导是他们对女儿的教育原则。天一上小学时，父母让她该玩就玩。他们认为"上小学的孩子，有一个快乐的童年比成绩更重要"。

众多高考状元在谈到学习方法的时候，都会强调不搞题海战术、不开夜车的忠告。

高考状元宋筱嵌的父母说："我们对她（女儿）的教育原则是：只要学习上没什么问题，剩下的时间就由她自己支配。在这种前提下，她为了争取能有更多的'自由支配'的时间，会想方设法在保证学习质量的前提下不断提高学习效率，即不时地总结经验、改进方法。所以，她在学习上一直都非常轻松。"

能够考上北大，学习还非常轻松，这是不少父母不可想象的，也是不少学生望尘莫及的。筱嵌靠的是什么。绝不是不限制的延长学习时间，而是学习的效率。

有不少学生对湖南高考状元刘奕君不开夜车的学习方法表示惊叹。刘奕君说，她和全省理科第三名同班，而且同宿舍，她俩学习都很有规律，都不开夜车。"我属于白天兴奋型的，白天抓紧所有的时间去学习，甚至把课间休息时间都利用起来了，如果不感到累，就不停地学习。晚上一熄灯我就睡觉，宿舍有人喜欢开夜车，我戴眼罩，以免受影响。有时看到别人晚上学习，自己也心痒痒，担心自己不开夜车会吃亏，但试了几次感到不行，开夜车影响白天的学习效率。"

国人一直崇尚着古人"头悬梁，锥刺股"的刻苦学习的精神，老师和父母都以古人的这种学习精神来教育孩子认真学习，可是早在二十多年前在一所职高当班主任时，我就对学生说："古人崇尚的'头悬梁，锥刺股'的学习方式，我要给在后面加上两句'精神可嘉，方法愚蠢。'当一个人连眼睛都睁不开、大脑已经处于高度抑制状态，头脑都开不动了的时候，哪里还学习得进去呢？还不如放下书本，放松放松，消除疲劳、恢复大脑兴奋后再学习。"以后我对每一届学生都要讲述这个道理，告诫学生要重视学习效率，并在教学中践行我的教学理念，尽可能提高课堂教学效率，让学生在课堂上就理解和掌握所学知识。我也告诫学生在学校正常的学习时间内取得的优秀学习成绩才是真正的优秀。无论我教数学还是生物，我都特别重视课堂教学效率，也经常告诫学生要重视学习效率，我的教学是连拖堂都不会的，更不会留学生补课，学生在外补课的也很少，但是不仅每个班级的整体学习成绩一直都不错，整体考试成绩处于同学校同年级的前列，而且学生都感觉学得比较轻松，没有过大的压力感，所以学生都喜欢上我的课，也都很喜欢和亲近我。

事实证明，提高学习效率才是为孩子减负的关键之道。

不懂就问，善于请教的习惯

不懂就问，虚心请教，刨根问底，不搞懂问题不罢休，这种对学习的踏实态度，为取得好的学习效果提供了保障。我几十年教师职业了解到的情况，学习上有问题能主动问老师的学生真是太少了。孩子有问题大都不愿意问老师的主要原因，一是懒于问问题，二是怕老师认为题目那么简单都不会做，说自己笨。两种原因都比较普遍。懒于问问题是一种习惯，而怕问老师问题是一种心理上的问题。

　　读书不求甚解，学习停留于一知半解，有问题不通过请教把它搞懂，这种学习态度是不可能取得好的学习效果的。

　　然而，怕老师否定自己就不问老师，这不仅是不自信的表现，而且是对老师的误解。不可否认，个别老师对待学生问问题的态度和方式不妥的，老师对来问问题的学生不耐烦或否定的言辞，会给学生心理上带来畏惧感和导致学生的自卑。但是事实上这种老师少之又少，大多数老师都很希望学生有问题就问，都是喜欢勤学好问的学生的。毫无保留地把自己的知识传授给学生，这就是老师精神的可贵之处。

　　如果不懂又不问，问题越积越多，当问题成堆后，想学习都会跟不上了。所以，父母一定要让孩子养成不懂就问、虚心请教的习惯，让孩子的学习步步为营、踏踏实实往前走。孩子在学习上请教，包括请教同学和请教老师。请教同学就能解决的问题，最好请教同学。因为请教同学既方便又避免了害怕面对老师这个问题。对于同学也不能解决的问题，自然就只能问老师了。对于那些对待学生提问的态度和方式不妥的老师，父母也要告诉孩子，问老师问题并没有错，被老师说也没有什么，只要你对老师表示出谦恭，让老师觉得这个学生很尊重他，老师就会改变态度的。

　　一个考上清华大学的学生的妈妈讲到"不懂就问"的问题时说："上初中高中后这句话真的很重要，不能堆积问题。你把儿子抱在怀里，给他讲，当天学的知识要搞懂，这样你学起来就没有负担，如果有不懂的而你又不及时处理，堆多了，就会花掉你更多的时间，而且还人累心累，你说妈咪说得对不对？你和同学所学的是一样的，以后大家拉开成绩差距的，其中就看哪个能做到有不懂的就及时问老师。老师最喜欢学生有上课没听懂下课后去问老师或同学的，爸爸、妈咪、老师盼望的是你能掌握所学的知识，丰富你的学识。我儿子班上一个同学，就做到问同学，常常有不懂的就打电话来问我儿子，有时时间可以长达2个小时，那个同学最后上的是北大。"

全面重视，主副不偏的习惯

　　不少孩子的总体学习成绩不好，主要是由于偏科的毛病所致。有偏科习惯的孩子，主要表现为凭兴趣读书。凭兴趣读书又有两种表现，一种是想学的时候才学，不想学习的时候就不学。另一种表现是喜欢的学科才学，不喜欢的学科就不学。

有的孩子表现为对文科感兴趣就只重视文科学习，对理科学习感兴趣就只重视理科学习。这些都是不好的学习习惯，需要父母加以引导予以改正。

父母要让孩子知道，现在我国的升学制度是以所有学科的考试的总成绩为录取标准的，只重视某些学科，这些被重视的学科成绩就是都得满分，你考试的总成绩也不会高，最终也考入不了好学校。

父母让孩子建立对学习这件事情的兴趣，而不只是对某些单个学科的兴趣非常重要。孩子有所有学科都应该学好的观念，就不会偏科的。

学习是人的成长必须经历的过程，而且是终身的任务。如果只凭兴趣而读书，有兴趣的时候就学习一下，没有兴趣的时候就不学，自然与好成绩无缘的。

父母还要孩子明白，国家颁布的中小学课程计划，是根据中小学生的认知水平、身心发展需要和培养全面发展的人为原则制定的。学校的每一门课程，无论是文化课、艺术体育课、综合实践课还是劳动课，都具有培养学生某方面素质的独特作用，是学生全面素质培养不可缺少的。现在中小学校为了提高语数外等升学考试学科质量而缩减或砍掉图音体、综合实践和劳动等课程的错误做法，对学生的全面素质的培养无疑是一种灾害，让学生没有生存素质，身心健康受损。

如果在此种情况下，孩子还只重视考试学科，而轻视其他仅有的特殊素质教育课程，那么孩子的成长就会更加畸形。只要父母给予孩子这样入情入理的引导，相信孩子是会重视学校全部课程的学习的，最终不仅考试成绩优秀，而且能得到全面发展，对孩子的升学和以后的生存生活都有好处，会终生受用。

勤奋不懈，持之以恒的习惯

学习是一个长期而艰苦的过程，广博的知识储备和深厚的文化底蕴是长期不懈学习和实践积累的结果。学生优秀学习成绩的取得也是长期坚持用功的结果。学习成绩优秀的孩子，没有一个不是长期坚持用功的。

原来学生咨询我怎样才能取得好的学习成绩时，我都要给学生讲不少科学的学习方法。最近一些年来，我观察到，那些学习成绩优秀的学生与成绩一般的学生比较，他们取得优秀学习成绩并不是在学习方法上多优于其他同学，而是在对待学习的认真态度和长期坚持上优于其他同学。所以，现在学生咨询有什么好的学习方法时，我都会对他们说，要说取得优秀学习成绩有什么秘诀的话，那我只给你说两个词，就是"勤奋"和"坚持"。在学习上只要做到了勤奋和坚持，即使学习成绩不会优秀，也差不到哪里去。勤奋和坚持再加上好的学习方法，取得优秀学习成绩就成为了必然。

当谈及学习的经验和窍门时，甘肃省文科高考状元阚梅不假思索地告诉记者："其实学习没有什么窍门，做到坚持和勤奋这两点就足够了。"阚梅最崇拜也最害怕的人是李金宝，他是阚梅高中三年的班主任。李老师说，阚梅能够有今天的成绩，和她坚持不懈的努力是分不开的。阚梅考进嘉峪关一中高中时的成绩只是排在全年级100名以后，但是她最大的优点就是用功。正是阚梅这种勇克难关、坚持不懈的精神感动了李老师。也成了李老师用心栽培的学生，她的成绩从高二开始一点一点提升，直到高三成为年级的尖子学生。

2011年江苏高考理科状元吴敌说："我一直想找到不累的学习方法。但是到高三，我渐渐打消了这种念头，因为我发现，这种东西本来就不存在。学习本身就是非常艰苦的，现在我想去问任何一位经历过高三，认真学习的高三的学生或是他的家长，高三累不累？没有回答不的，找遍全天下的学生，这么多年来有没有人站起来说我的方法好，大家都跟我学，几个月可以掌握高三全部知识。没有吧？其实根本没有秘诀。如果一定要有的话，只有两条：第一条就是坚持到底、永不放弃；第二条就是如果你想放弃的话，直接按照第一条去做。因此我在这里首先想说明一点，是学习，而且是永不言弃的精神和坚持不懈的拼搏。"

当然，强调勤奋和坚持并不是否认学习还要重视方法和技巧。但是具有勤奋和坚持的状态，又有良好的学习方法和技巧，两者都具备的话，保持优秀学习成绩就不在话下了。

解题完整，书写规范工整的习惯

解题是否按老师教给的解题要求，让书写工整规范、解题过程完整，逻辑思路清晰，让人一目了然，不仅表现出孩子在作业上的良好习惯，而且会让老师在评卷时有一种赏心悦目的感觉，对孩子产生好感，想扣分都不忍心扣分，这样可以提高孩子试卷的得分机会。在作文和解答题上尤其如此。让孩子养成解题过程完整，书写规范工整，更重要的对孩子形成做事踏实认真、一丝不苟的习惯很有好处。

郭沫若关于"培养中小学生写好字"的题词写道："培养中小学生写好字，不一定要人人都成书家，总要把字写得合乎规格，比较端正、干净，容易认。这样养成习惯有好处，能够使人细心，容易集中意志，善于体贴人。草草了事、粗枝大叶、独行专断，是容易误事的。练习写字可以逐渐免除这些毛病。但要成为书家，那是另有一套专门的练习步骤的，不必作为对于中小学生的普遍要求"。郭老的题词共五句，132 字，包含了三层意思：一是要求将培养中小学生写好字和培养书法家区别开来，二是要求中小学生把字写规范，三是写好字有很多好处，可以让学生形成细心、集中意志和体贴人等好品质。字里行间包含着通过学书法、学会做人的深刻道理，这是一般人所不会有的洞见。

孩子形成了在解题过程和书写上的良好习惯，就形成了做人做事一丝不苟、认真负责的好品质，这对孩子一生为人处世和对待工作都将会是受用无穷的。

不要扼杀孩子学习以外的兴趣爱好

对高考状元们的成长状态的研究结果表明：高考状元大多是兴趣广泛、喜欢运动的。如喜欢羽毛球、游泳、乒乓球、篮球等，也有不少喜欢音乐、阅读等。他们不一定样样拿手，但至少在一两项上很擅长。比如有好几个状元钢琴技能达到了十级。

兴趣爱好与学习并不冲突，兴趣爱好对调整大脑的运行机制、提高学习效率还会有促进作用。从浅层次来说，学习之余打打球、听听音乐可以缓解疲劳和压力，使大脑得到充分休息。从深层次来说，有些项目本身就具有益智作用，像围棋、弹钢琴等可以开发智力。做自己感兴趣、擅长的事情本身可以增强自信心，使人心态良好，还可以锻炼思维的敏捷力、想象力和创新能力等。有些项目涉及的知识面很广，又有一定的难度，但是由于是孩子自己喜欢的东西，遇到问题时就会想方设法来解决。这样还会促使孩子读书、查找资料、思考，进而在这一项上做到很好。从最初的一无所知，到后来经过自己的努力逐步做到很好，这种成功体验，不管是对各门课程的学习上还是今后的人生历程中，都是帮助他获得成功的助推器。

高考状元们并不是人们想象的都是只知道读书、只会读书的孩子，而大都具有学习以外广泛的兴趣爱好，现罗列几个于下：

※ 梁思齐，北京市理科状元，高考 697 分，他小学时钢琴已达 9 级，

进入中学也一直对音乐兴趣浓厚，业余时间常进行音乐创作、编曲。身为学校足球社社长，梁思齐还是个狂热的体育迷，爱看各种比赛，常和队友们练球到天黑。梁思齐参加学校德语选修课后，对语言产生兴趣，利用课余时间阅读各种语言书籍，初步掌握的外语已有十余种。他还常常担任班会主持人，良好的口才和幽默的谈吐深得学生们的拥戴。

※李小龙，宁夏高考理科状元，高考682分，爱玩网络游戏，而且玩的是"魔兽世界"。（通常玩魔兽世界的孩子都会沉迷其中产生网瘾。——作者注。）父母对他玩游戏也从不干涉，"父母觉得我不要玩得太过分就行"，李小龙说。李小龙的学习方法很简单：该学习的时候认真学习，该玩的时候就痛快地玩。就是在高三复习最紧张的时候，李小龙每天都要看一个小时的电视。上了高三后，每周星期六还要上课，李小龙就从星期日挤出半天时间玩，他喜欢和同学打羽毛球、篮球。

※柴云子，湖南省高考理科状元，高考682分，最爱的体育运动是乒乓球，对音乐也情有独钟，古筝演奏水平在中国音乐学院考级委员会组织的校外音乐水平考级中评定为八级。金庸的武侠小说、英国的《福尔摩斯探案集》、日本的动漫图书，都是她课外书桌上的"美餐"，她喜欢主动学习、快乐学习，玩的时候忘乎所以，但在学习的时候会全身心地投入进去，非常清醒，而且很务实，不懂的问题绝不拖到第二天。

※谢若嫣，福建高考理科状元，高考分721分。6岁就开始学书法、国画，小学五年级时开始练古琴，除了棋外，可谓样样精通。书法，中国美院9级；国画，中国美院9级，而9级是业余选手的最高级别。她的字画，曾多次获国家级大奖。"学书法国画，让我比较静得下心来读书。"谢若嫣最大的喜好，是画山水画，尤其喜画很清秀、很幽静的山水画，一见画，就让人"很想去住那个地方"。

※黄嫣，广西文科状元，高考成绩629分。课余爱玩电脑游戏、看电影，每个周末都会花一两个小时上网玩游戏。从5岁开始到少年宫学习舞蹈，高中时经常参加学校演出，民族舞、现代舞、街舞都会跳。

杨瀚森与浙江省安吉县理科状元汪成伟是同学，高考的成绩也挺不错，687分（理科）的成绩和另外一位校友兼队友并列安吉县第二，在全省排在第318位，他说自己志愿填的是上海交通大学，到时候可以经常找汪成伟一起去踢球了。他接受记者采访时说的话，很好地诠释了多种兴趣爱好对促进学习成绩的关系：

> "我是踢着踢着成绩变好了，以前年级考试一般我很少能进前十，这次考了个第二。"杨瀚森笑着说，踢球打下身体底子，冲刺能力就是强。和汪成伟不一样，他是很小的时候就开始踢球了，他们安高校队，不少同学都是被他"拉下水"的。

> "我觉得吧，做什么事情都要劳逸结合，每天学习、踢球和游戏时间我控制得很好，我爸妈也不太管我的，等到要家长来管了，那基本上也就没有什么用了，你说是不是？"也许是在球队担任队长的时间长了，杨瀚森言谈之间给人的感觉要比同龄人成熟得多。

> 至于家里有没有反对他花这么多时间在足球上，他告诉记者，妈妈不懂足球但是不反对他踢，爸爸则是个不折不扣的超级球迷，"去年世界杯的时候，很多比赛都是凌晨开始，有时候两点多我都已经睡着了，我爸大呼小叫地把我拉起来看比赛。你说我爸支不支持我？"

这个父亲多开明，居然凌晨两点叫孩子起来看足球比赛，有多少父母能如此做！父母都会想，那样不仅会影响孩子的睡眠，更重要的是要影响孩子的学习呀，可是杨瀚森的父亲确实这么做了，真了不起！

从以上众多高考状元的案例说明，只要孩子能正确处理和把握好兴趣爱好和学习之间的关系，兴趣爱好不仅不会影响孩子的学习，而且对开发孩子的智力，活跃孩子的思维，调节和放松孩子的身心，促进孩子的学习效率都大有裨益。父母对孩子参加兴趣活动会影响学习的担忧是不必要的。相反，那些过分看重孩子的学习而限制孩子的兴趣爱好的父母，不仅导致了孩子对父母的逆反对立情绪，伤害了孩子的学习动力，而且，限制孩子的读书以外的兴趣，就是限制了孩子大脑多种区域接受刺激得到发展，对大脑整体功能的提高也是阻碍，必然会反过来导致学习区域功能的提高受到阻碍。这是很不明智的。

限制了孩子的兴趣爱好，也就扼杀了孩子的生活情趣，也限制了孩子的上进心，孩子的生活还有何意义？

其实，如果父母不是太在意孩子的学习，而是支持和鼓励孩子的正当兴趣爱好，孩子反而会因感激父母而在学习上不让父母操心。父母尊重和支持孩子的兴趣爱好，孩子就没有理由不好好学习了。孩子也会在学习上加倍用功，让父母放心。

陪读、陪考对孩子的学习和成长都是一种灾害

在说到父母不要为孩子增加过大学习心理压力的时候，有一件事情我是不得不说的。这件事情就是父母陪读和陪考。

> 一个北京孩子写的文章说，为了脱离妈妈的怀抱，选择大学的时候他自己做主全部报考了上海的大学，北京的大学一所都没报，最终被上海复旦大学录取，这样一来他就可以摆脱妈妈的怀抱了，至今为止他最兴奋的就是收到复旦大学录取通知书的那一刻。可是当他妈妈知道这一消息的时候，竟然立刻在复旦大学旁买了一套房子，并决定把北京的房子卖了去陪读。俞敏洪说，父母陪读的做法已经给孩子带来了极大的心理压力和精神伤害，长此下去，对双方的感情都是严重的伤害。

父母陪读有三种情况，一是父母晚上守着孩子做作业到深夜；二是有条件（甚至没有条件）的家庭，留母亲在家专门照看孩子的学习和生活；三是孩子在外地就读，父母随同孩子在就学地租房专门照看孩子的学习生活。

陪读让父母的生活和孩子的学习都进入了非正常状态。父母陪读，不仅让父母自己失去了正常的生活，而且会给孩子造成巨大心理压力感。当孩子学习状况不如父母所期望的目标的时候，孩子就会产生对不起父母的歉疚感和负罪感，成为孩子的不能承受之重，沉浸在对父母的歉疚之中而不能专注于学习，导致学习成绩的下降。

陪读还可能让孩子产生父母对自己的不信任和被监督的感觉，甚至让孩子对父母产生厌恶感。孩子在不被信任、被监督和厌恶父母的负性心理状态下，哪还能静心学习呢。

陪读的一个最坏的方式就是陪考。陪考不仅给孩子一种不必要的负重，还会让孩子在考场上分心。孩子在考场上想到父母在考场外期待的眼睛，就会有一种莫名的紧张感，担心考砸了对不起父母，反而影响孩子的正常发挥。

俞敏洪说，不管是对孩子真的不放心，还是为自己的自私找借口，陪读都是有百害而无一利的。

北大高考状元张亚勤的母亲谈到女儿的学习时说："我从来没有在晚上陪读过，我觉得那样会让孩子在心里产生反感，又会影响到她的学习效率。但是我常叮嘱她早点休息，因为高三阶段重点是复习，在这个阶段，休息时间也是很重要的。"

虽然我坚信孩子的成长是需要父母一直陪伴的，但是我讲的陪伴绝对没有包含陪读和陪考。从小学到高中，我是一直陪伴孩子长大的，但是我从来都没有陪读更没有陪考过。因为我深知陪读和陪考对孩子轻松自如的学习和考试都是有害无益的。陪伴是孩子对父母的一种心理需求，有助于孩子感到安全和父母的温暖。而陪读陪考则是对孩子的一种不信任和负性心理负担，对孩子的成长和学习都是一种不必要的负重。

孩子该不该补课?

有位女士向我咨询，说她孩子的语文成绩一般只得 80 多分，下学期孩子就要进入六年级了，她认为，六年级过后就要读初中，到时候课程要增加许多，怕孩子不能适应，就想为孩子请家教，但自己又拿不准，该不该让孩子补课。

对多数孩子来说，补课不但不是好事，而且是坏事。调查的结果来看，补课的学生多数学习成绩都没有长进，越补越差的反而不少。其主要原因是，孩子补课，会产生一种依赖思想，孩子会想，反正回家还有老师补课，在课堂上打打混也没什么，所以会在学校不认真听课。当孩子去补课时，又会认为现在是该休息玩耍的时间，而我还在学习，会有一种委屈感，而对补课产生抵触情绪，不认真对待补课。而且，课外老师给学生补课，并不像在学校课堂上一样把新知识重新讲过，而是在课堂知识基础上进行加深讲解和拓展训练。内行的老师在补课中会重点抓住对学生已经学习过的知识的应用，注意培养学生的分析问题和解决问题的能力。对于上课没有认真听讲的孩子来说，这种补课只能像坐乘飞机一样给人以腾云驾雾之感，不知老师所云，是达不到补课提高考试成绩目的的。

就我掌握的情况看，补课对提高学习成绩并不可靠，多数孩子除了花了父母一大笔补课费、白费了孩子不少时间以外，补课都没有实际效果。还不如让孩子用补课的时间去做点有益的事情，哪怕是去郊游和找同学玩耍，都会对孩子的身心健康有利。

那么，什么样的孩子可以补课呢？

有两种情况的孩子可以补课：一种是在学校的学习很努力，但是头脑不是很灵活，不怎么跟得上教学进度，知识的掌握上还有欠缺，自己又愿意补课的孩子。这种孩子补课叫勤能补拙。另一种情况，就是头脑特别聪明，学得很轻松，成绩也很好，在学校的学习吃不饱的孩子。对这类孩子，如果孩子乐意，可以让孩子进奥赛等学科拓展训练班，而不应参加学校考试科目补课班。因为奥赛等训练班主要是训练孩子的思维和解决问题的能力，既可以拓宽孩子的视野和知识面，又可以强壮孩子的大脑，促进孩子的智力发展。

要特别强调的是，无论是什么情况的补课，都要以孩子自己愿意补课为前提。如果不是孩子自己愿意补课，甚至是在父母逼迫下补课，不仅不会达到补课的目的，反而会导致孩子厌学的发生。当然，父母要警惕的是，有的孩子自己要求补课，可能是"挂羊头卖狗肉"，孩子以补课为借口，逃离家庭，避开父母的管教，外出去找同学玩或从事上网等娱乐活动。对于这种情况的孩子，最好不要让他去补课。

对此，我还要为父母提出一点建议：对待学习的问题，家长也要与孩子进行民主、平等的沟通，对孩子提出切实能达到的学习目标，让孩子努力去完成。父母可以提出两种方案供孩子选择。一种是通过在学校认真的学习就达到比较好的学习目标，该玩的时候就容许你玩；另一种是，你在学校学习没认真，那么就要用该玩的时间去补课，通过补课去实现学习目标。父母还可以告诉孩子，如果你上学不认真，我就有权利不让你去补课，周末时间就要听从我们的安排，去做力所能及的事情，反正不能让你随意安排。父母与孩子讲明道理，让孩子做出权衡和选择。在父母有礼有节的教育引导下，孩子就有可能选择在学校认真学习。

现在有的老师（尤其是大家公认的所谓的名师）给学生补课，是只接收学习成绩优秀的学生而不接收差生补课的。父母不知道，这些优秀学生不补课其成绩也会保持优秀的，这样的老师可谓是名利双收。我市一个名校的一个英语老师补课，一个考试成绩通常都在120几分的学生她都不吸收，如果这样的老师真的有水平，怎么连这样成绩的学生都不愿意吸收呢？还有在本市任教的一个数学名师，他收补课学生的条件是要在小学参加过奥数班的或曾经在城区小学名校读书的学生，还特别限定哪些小学毕业的学生他不接收。因为这个老师明白，没学过奥数或一般小学毕业的学生不仅学习基础差，而且思维能力也差，不容易补上去，是既费力又不能见到效果的，还可能坏自己的名声。而符合他条件的学生不补习，都能保证取得优秀的学习成绩。他吸收这些学生补习，学生的考试效果自然会好，所以口碑也好，是名利双收的事情，是良性循环，何乐而不为呢。接收差生补课，会非常费劲，而且看不到效果，吃力不讨好，恶性循环，何苦呢？

其实，能接收差生补课，并且能把差生补上去的老师才是真正优秀的好老师，可是这样的老师又有多少？

我是一个初中数学老师，我担任数学教学都会对学生说，如果你的数学成绩基本能够稳定在135分（试卷总分150分）左右，你就完全可以不补课，我还强调，如果父母要强迫你补课，就告诉我，我可以说服你父母不让你去补课。所以，我所教的班级的数学成绩好的学生，基本没有补课的，这些学生的考试成绩仍然优秀。我所教的班级的总体成绩在同类班级中也是居上的。

用补课来取得优秀学习成绩是最不可靠的。最可靠的是孩子自觉、主动、认真的学习，主要抓住在校的学习时间。在校学习又以课堂为主。在课堂上认真听老师讲课，力求在课堂上把所学知识理解和掌握好，认真完成老师布置的作业，学习效率高，长期保持好的学习状态，就一定会取得优秀的学习成绩。

不少高考状元谈到自己的学习、高考状元的父母谈及孩子的学习过程时，都会讲从来没有请过家庭教师，进过补习班的也很少。

> 湖北省文科状元赵君秋，高考总分是647分，数学考了145分，但是家教对他们一家人来说，是个极其陌生的词汇。尽管赵国胜在宜昌市外国语学校工作，学校有多名外籍教师，但女儿从没有得到过半点"好处"。赵君秋说，用平和的心态对待学习，力求各科均衡地发展。学习上要坚持。坚持就是毅力，任何事，努力了不一定成功，但不努力肯定无法成功，许多时候，累的时候想放弃，也想发牢骚，转念一想，心中就很坦然。

孩子考试制胜的法宝：平常心态，沉着仔细

如果说知识的掌握程度是决定考试成败的物质条件的话，那么考试的心理素质就是保证考试成功的精神保障。考试能不能发挥出正常的水平，能不能让知识呈现出来并加以运用，考试心理素质是决定因素。虽然，平时知识掌握情况与考

试成绩有比较大的关系，平时没有学习好，肯定不能考出好成绩。但是，并不是平时学得好就一定能考得好。如果面对考试过度紧张乃至患了考试焦虑症或考试恐惧症，平时学得再好也会功亏一篑。

考试焦虑主要表现在选拔性考试之中。选拔性考试不仅考知识的掌握情况，更是对应试者心理素质的考验。

克服考试紧张焦虑的比较好的办法，是让孩子明白，只要有实力，就不怕考试。考试不只是知识的较量，更是心理素质的较量。考试实际上是自己与自己比，比自己是否能比以前的考试发挥得更好。只要把平时的水平正常发挥出来，就是考试的成功。

如果因紧张焦虑心理影响了考试的正常发挥导致考砸，平时学得再好也是枉然。在升学考试中考砸尤其不值。

担心考不好，最有可能就是真考不好，这是一种负性心理暗示效应。担心考不好，注意力集中在担心考不好的焦虑之中，集中在担心考试失败上，所以就不能专注于考试做题，影响了正常发挥，考试的失误就会多，考试失败就成为了必然。

人的成长和做事都遵循自我实现的预言的心理暗示规律。往往担心什么事情会发生，这种事情就真的会发生。孩子担心考不好的心理，就是考试失败的一种预言。这种预言成为了大脑的优势中心，考砸就成为必然，不考砸反而还不正常。当孩子明白了这个道理，有意识的减少对考试结果的过分关注，以一种平和淡然的心态对待考试，把注意力放在重视考试的过程上，让自己正常发挥出平时的水平，孩子反而可能会超常地发挥，考出最好的水平来。

北大高考状元刘小溪高考制胜的法宝就是"心态平和"。

她说："拿状元的原因？相信我不说大家也能猜得到。最最重要的，就是心态平和。

高考考的不是一名学生某个时点的状态，而是他长期以来的积累，是"十二年寒窗"而形成的能力，甚至是他面对人生的态度，兴许还是他做人的心得。高考的成功需要知识、信念、能力、身体、心境等多方面因素的共同作用。这样看来，又有谁能用一句话说清成功的奥秘呢？

然而，当我们把目光集中到高考进行的两天中，甚至包括高考前的两个月中，那我就不能不说，心态平和是成功的关键。因为当你具备了其他一切条件，心态便成了最后一道闸门，开启它，顺利奔流入海；没有宽广的心胸，也就将永远见不到那份豁然开朗，那份广博，那种自然畅快的全新的世界。"

不计较考得好考不好，心态平和地面对考试的结果，以平和的心态和认真的态度投入学习和应试的过程，相信有好的过程就有好的结果，那么，再难的考试都不会让自己惊慌失措。这不仅是刘小溪高考制胜的法宝，而且是所有的高考学子都应具备的考试心理素质。那些平时学习优秀，考试却总是考砸的孩子，就是失败在考试心态上。因紧张焦虑而导致升学考试失败，输在了通向升学成功的最后一道"闸门"，这是非常令人痛心的事情。

我在对学生的中考应试辅导中，把取得考试成功的法宝用了两个词来概括，这就是：沉着、仔细。沉着指的就是考试时的心态，仔细则是认真对待考试的态度，是避免因疏忽、轻视和粗心而导致过失性失分，保证答题正确、提高得分率的良好品质。

沉着、仔细四个字，可以说是应对一切竞技活动的制胜法宝。父母只要让孩子记住了这两个词，并运用在考试中，孩子就一定会保证考试发挥出正常水平，甚至可能让孩子在考试中超常发挥。

中国人民大学附中副校长沈献章接受记者关于高考制胜的法宝的采访时说，我觉得在高考前夕，第一要素是考场之前的心态，第二要素是考试时的心态，第三要素才是知识水平发挥。因此高考它事实上是一个知识的积累和表达，心态的调整，意志的顽强，毅力的坚定，是一个多方面的综合素质的集中。

后　记

本书提出的"在常态下培养最好的孩子"的思想，是一种全新的先进家庭教育思想。

"常态下培养最好的孩子"，既是本书的书名，也是贯穿本书始终的一种家庭教育的思想。这种家庭教育思想揭示出这样一种家庭教育法则，只要遵循孩子成长的自然法则，平和地对待孩子的成长，对孩子实施理性科学的教育，孩子就能健康成长，成为最好的自己。"常态下培养最好的孩子"，这是我 20 多年来对儿子的家庭教育实践和几十年的家庭教育研究得出的一种科学家庭教育思想。这种家庭教育思想，在我前两本家庭教育著作——《让孩子成为最好的自己——成功家庭教育的五大要素》（2007 年，海天出版社）和《家有小网迷，父母怎么办？——孩子网瘾的预防和戒除（父母必备全书）》（2011 年，经济管理出版社）中已经有了比较好的体现，本书是对前两本书进行的更系统完整的提炼、拓展和加深。

本书对父母教育子女在教育观念、孩子的培养目标、成长环境、教育方式方法和对待孩子学习的理性态度和科学管理方法等方面进行系统的阐述，提出了具体的做法和建议，对父母理性、科学、智慧的教养孩子可以提供有效的启发和帮助。

本书从选题到完成书稿花了两年多的时间，2012 年被批准立项为乐山市哲学社会资助科普项目，是上级社科部门对我的充分信任，也对我高质量和加快进度完成本书是很大的鞭策，在此对乐山市社科联领导表示衷心的感谢。

鉴于本书是我原创的第三本家庭教育著作，它是在我前两本家庭教育著作基础上的最新家庭教育研究成果，是我的一本更加成熟的家庭教育新作，所以我决定邀请在心理学领域和家庭教育领域的知名专家教授为本书作序。非常感谢四川心理学会理事长、知名心理学学者李小融教授非常畅快地为本书题词——我当天通过发短信请求李小融教授为我的书题词，李小融教授当天就把题词发给了我，并且在我的请求下还把他的亲笔签名影像件于第二天就给我发过来了。李小融教授对我这个处于教育最基层的中学老师的厚爱，令我非常感动，也深表谢意！

与我在家庭教育方面有共同理想、共同理念和共同追求的原乐山师范学院副教授、现任琼海学院教授的曹惠容博士后，我们已经深交多年。当我请求她为该书作序时，她也非常乐意地答应了。在 2014 年春节前她回乐山后我们见了一面，进行了简短的作序事项的交流，曹博士当时就对我表示，春节后回三亚后就为我的书稿作序。春节后，曹博士回到三亚就发短信告诉我，已经在开始研读我的书稿，几天过后又发短信告诉我，已经开始为我的书稿写序，过后又几次发短信告诉我她撰写本书序言的进度。曹博士把为我的书写序当作了春节过后的最重要的事情来做，在不到一个月的时间内，就把一篇令我非常满意的序言给我发过来了，让我非常感动。当我读完曹博士为本书写的具有真情实感和精到评述的序言时，我感到我认识曹博士这样既有学识、内涵，又可亲可敬的朋友，是多么幸运！

无独有偶，出版本书的出版社是浙江大学出版社，而为本书作序的曹惠容博士，也是在浙江大学毕业的教育学博士！为此我感到我与浙江大学也是多么有缘！

令我很感动的是，在我邀请中国著名教育家赵家骥教授为本书题词时，赵教授也欣然答应。而且照赵教授自己的说法，只是为我写几句话，可是赵教授一写就是将一篇精到地概括出本书主题的很有分量的文字展现在我面前，让我不能不以序言的方式将赵教授的文字呈现给读者。

1980 年我中师毕业，被分配在一个基层教育办公室从事教师培训和教研工作时，赵家骥教授时任乐山市教育局局长，以后继续担任乐山市教委主任。由于工作的关系我在参加各种教育会议时聆听过赵教授的报告。我记得很清楚，当时赵教授的教育思想就在全国有了很大的影响，当时国内教育理论界有南派和北派之说，而赵家骥教授则是南派的代表。后来我在一个职业高中担任学校管理职务时，还参与承担了赵教授农村教育改革创立的"宽、实、活"职业教育模式的实践研究，"宽、实、活"职业教育模式在当时得到了国内广泛的认同。所以当时我就对赵教授充满了着崇敬。最近赵教授还邀请我加入了他发起成立的乐山家校联盟，希望我能为推动乐山的家校结合，为中小学生的健康成长营造更好的家庭和社会环境。当我决定找名人为我这本书题字时，自然想到了赵教授。令我很意外的是，赵教授不仅很乐意为我的书题词，他反复强调只写几句话，可是结果却达到了如此千字篇幅的很厚重的分量！

　　中国著名老中医专家，成都中医药大学中医师承博士生导师、二级教授汤一新先生从一个著名医学家和一个成功家长的角度，欣然为本书书写了两幅题词：以"天道至简，大师精诚"给予本书以高度评价，称本书是"智慧和实践经验"的产物，并称赞本书是"将心灵医学与教育学成功融于一体的功德之作"，并欣贺本书"轻松造就孩子的成功，成就众多父母一生的成功"。汤一新先生的题词给予了我莫大的鼓舞，他真挚、认真对待给我题词的态度，也让我非常感动。

　　几位不同领域的知名学者、教授对本书的厚爱和高度评价，无疑对作者是一个莫大的鼓励和鞭策，他们激励我在以后的人生中，把更多更有价值的作品呈现给社会，对更多人的健康成长和构建高品质的人生和生活奉献力量。

　　本书的顺利出版，得到了不少人的支持、鼓励和帮助，包括那些我辅导咨询帮助过的学生、父母们，都在我的家庭教育思想不断深化和完善过程中给了我很大的启迪，在此也对他们表示真挚的谢意！

参考文献

1. 徐亚灵.让孩子成为最好的自己——成功家庭教育的五大要素.深圳：海天出版社，2007.

2. 徐亚灵.家有小网迷，父母怎么办——孩子网瘾的预防和戒除（父母必备全书）.北京：经济管理出版社，2011.

3. 尹建莉.好妈妈胜过好老师.北京：作家出版社，2009.

4. 肖恩·柯维.青少年最重要的六个决定.王军，王亦兵，王建华，译.北京：中国青年出版社，2006.

5. 本杰明·斯波克.斯波克育儿经（全新第八版）.哈澍，武晶平，译.海口：南海出版公司，2007.

6. 凤雏.每个父母都是教育家——6种著名教育法与天才培养.北京：海潮出版社，2001.

7. 智博嘉华公司.状元制造法则.武汉：武汉大学出版社，2007.

8. 章夫，薄薇.谁来为教育买单.北京：台海出版社，2010.

10. 柏杨.丑陋的中国人.北京：人民文学出版社，2008.

11. 彼得·巴菲特.股神巴菲特送给儿子的人生礼物——做你自己.赵亚男译.北京：新世界出版社，2011.

12. 曾仕强.美满的亲子关系.北京：北京联合出版公司，2011.

13. 曾仕强.中国人为什么爱生气——管理情绪，改变命运.广州：广东经济出版社，2010.

14. 卢勤.把孩子培养成财富.桂林：漓江出版社，2010.

15. 冯林，陈舰平.中国家长批判.北京：中国商业出版社，2001.

16. 赵建伟.教育病.北京：中国社会出版社，2003.

17. 周作人，林语堂等 . 非常道 非常儒 . 北京：团结出版社，2007.

18. 徐梓 . 家训——父祖的叮咛 . 北京：中央民族大学出版社，1996.

19. 皇甫军伟 . 家庭教育真正缺失在哪里 . 临淄教育信息网 .

20. 中国心理卫生协会 · 中国自杀比例分析数据 · 华声在线网 .2012.

21. 朱自清 . 父母的责任 . 新浪读书频道 .

22. 武志红 . 奥巴马母亲的育儿经 . 华人应用心理网 .

图书在版编目（CIP）数据

常态下培养最好的孩子 / 徐亚灵著 . —杭州：浙
江大学出版社，2015.3
ISBN 978-7-308-14356-1

Ⅰ . ① 常 … Ⅱ . ① 徐 … Ⅲ . ① 家庭教育
Ⅳ . ① G78

中国版本图书馆 CIP 数据核字 (2015) 第 009381 号

常态下培养最好的孩子

徐亚灵　著

责任编辑	吴昌雷	
封面设计	杭州林智广告有限公司	
出版发行	浙江大学出版社	
	（杭州市天目山路 148 号　邮政编码 310007）	
	（网址：http://www.zjupress.com）	
排　　版	杭州立飞图文制作有限公司	
印　　刷	杭州余杭人民印刷有限公司	
开　　本	710mm×1000mm　1/16	
印　　张	16.25	
字　　数	282 千	
版 印 次	2015 年 3 月第 1 版　2015 年 3 月第 1 次印刷	
书　　号	ISBN 978-7-308-14356-1	
定　　价	36.00 元	